로버트 랭의
완벽한 종이접기

The Complete Book of Origami

Copyright © 1988 by Robert J. Lang.
First published by Dover Publications, Inc.
Korean Edition Copyright © 2019 by Vision B&P. Co., Ltd.
All rights reserved.
This translated edition published with arrangement by Dover Publications, Inc
through Biagi Literary Management and Shinwon Agency Co.

이 책의 한국어판 저작권은 신원에이전시를 통해 저작권자와 독점 계약한 (주)비전 B&P에 있습니다. 저작권법에 의해 한국 내에서 보호를 받는 저작물이므로 무단 전재와 무단 복제를 금합니다.

섹시한 두뇌계발 시리즈 9

로버트 랭의
완벽한 종이접기

The Complete Book of Origami

로버트 J 랭 지음 ㅣ 장용익 감수 ㅣ 김지원 옮김

비전코리아

초급부터 고급까지 종이접기 뇌 운동

짐, 캐롤린, 그레그, 말라,
그리고 언제나처럼 다이앤에게 이 책을 바칩니다

프롤로그

놀랍도록 정교한 일본의 종이접기 예술은, 그 역사를 살펴보면 종이가 발명된 시기까지 거슬러 올라가는 오래된 기술이다. 또한 여전히 전 세계 수천 명의 사람들이 몰두하고 있는 취미 활동이기도 하다. 유명 종이접기 전문가이자 연구 물리학자인 로버트 랭은 이 책에서 유행을 타지 않는 37가지 모형을 만드는 방법을 보여 주고, 초보자와 전문가들 모두에게 다양한 영감과 도전거리를 던져 준다.

종이접기는 가위, 자, 족집게처럼 집에서 흔히 볼 수 있는 물건을 이용해 종이를 예술적으로 변형시키는 작업이다. 종이접기 애호가들은 로켓이나 쥐처럼 간단한 모형에서부터 뻐꾸기시계나 바이올린 연주자처럼 움직이는 부분이 포함된 복잡한 모형까지 만들 수 있다. 단계별 지시와 1000개가 넘는 상세한 그림을 통해 독자는 각각의 창의적인 경험을 헤쳐 나가게 될 것이다.

이 모형들은 난이도 순서로 간단한 것부터 어려운 것까지 배열되어 있다. 처음에는 쉽게 시도할 수 있는 모형들을 만들게 될 것이다. 모자, 백조, 상어, 캥거루, 독수리, 작은 새, 투탕카멘 등이 여기 속한다. 난이도가 한 단계 높아지면 게르빌 쥐, 잠자리, 대머리 독수리, 메뚜기, 사슴, 날개 달린 페가수스가 나온다. 그다음 입체 종이접기 부분에서는 정육면체, 토끼, 코끼리, 앵무새, 복엽비행기, 거북이, 전갈, 매미에 도전하게 될 것이다. 마지막으로는, 고난이도의 기술을 구사하는 종이접기 고수들을 위한 '움직이는 종이접기' 부분이 있다. 갈매기, 원숭이, 콘트라베이스 연주자, 피아니스트 등으로, 일부분이 움직이는 환상적인 모형이다.

《로버트 랭의 완벽한 종이접기》는 초보자들에게는 쉽게 입문할 수 있는 쉬운 모형들을, 전문가들에게는 결코 만만치 않은 도전 과제들을 던져 초보자와 전문가 모두에게 즐거움과 만족감을 누리게 해 줄 것이다.

추천의 말

다시 종이접기가 유행하고 있다. 미국의 많은 종이접기 애호가들이 독창적인 종이접기 모형 분야의 세계 최고의 고안자로 이름이 올라 있다. 이유가 뭘까? 나는 이것이 우연의 일치라고 생각한다. 아름다움에 관한 두 가지 서로 다른 개념이 우연히 합쳐진 것이다.

종이접기는 일본식 절제미를 보여 준다. 세 줄로 된 하이쿠(일본 전통시)가 석양이나 계절을 암시하고 붓질 몇 번으로 대나무를 표현하는 것처럼 말이다. 암시의 예술인 종이접기는 노골적이지 않게 형체를 보여 준다.

종이접기는 경제적인 예술이기도 하다. 몇 번 간단히 접기만 하면 동물이 나타난다. 방법을 조금만 바꾸면 전혀 다른 동물이 된다. 일본식 감성에서 볼 때 완성된 종이접기 모형의 성공 여부는 형체와 모양, 비율을 보는 창작자의 안목에 달려 있다. 모형이 형체의 진정한 모습과 머리와 팔다리의 위치, 어깨와 엉덩이의 모양을 잘 드러내고 있는가? 미끄러지거나 뛰거나 걷는 동물의 움직임을 표현하는가? 종이로 만든 형태가 원래의 동물과 그냥 닮았을 뿐인가, 아니면 가장 중요한 특징을 깊게 파고들었는가? 일본의 종이접기에서는 이런 점들을 중요하게 여긴다.

미국에서는 예술가가 아니라 과학자와 공학자, 건축가가 종이접기에 빠졌다. 1950년대에 새로운 미적 기준으로 기하학이 등장했다. 아름다움에 관한 수학자들의 개념은 이상적인 세계, 규칙적이고 대칭적이고 질서정연한 세계에서 영향을 받았다. 아름다움은 단순성과 경제성으로 규정되었다. 유클리드의 공리, 피타고라스 정리, 조화 운동 등과 같은 것이었다. 수학은 물리적 세계의 한계에서 벗어나 꿈의 세계에 뛰어들고 있다. 수학적 아름다움이란 중력에서 벗어나 공간을 떠다니는 기하 도형과 같다. 즉, 오일러의 항등식 $e^{i\pi} + 1 = 0$ 같은 단순함, 짧은 수학적 증명의 우아함인 것이다.

수학자들은 단순한 기하학적 구조에서 종이접기의 아름다움을 찾는다. 종이 한 장 한 장에 기하학적 패턴이 잠재되어 있고, 종이를 흥미로운 대칭 형태로 만들어 주는 각과 비율의 조합이 숨어 있다. 수학자들은 이렇게 묻는다. 이 모형을 현재의 기하학에 유용하게 사용할 수 있을까? 접는 순서가 우아하고 깔끔하고, 선이 반듯하고, 접힌 부분이 간결하고, 비율이 간단하고 균등한가? 종이가 남거나 어색하게 두껍거나 제멋대로 접힌 부분은 없는가? 각각의 단계가 모두 중요한가?

로버트 랭의 종이접기 모형은 일본과 미국의 미적 기준을 모두 충족시킨다. 이 모형들은 해부학적으로 정확하지만(일본이 아닌 미국의 조건에 따랐을 때를 말한다) 형태 이상의 것을 암시한다. 축소형 기계처럼 교묘하게 만들어진 모형들은 변화무쌍한 창의력을 보여 준다. 랭이 고안한 움직이는 모형들은 비길 데가 없다. 그의 종이접기 방식은 종종 예상 밖이지만 절대로 아무렇게나 접는 것이 아니다. 또 전체 모형이 완성된 다음에야 과정의 이유를 알 수 있는 경우도 있다.

어느 시대든 창의적인 예술가라면 다 그렇듯이 랭은 단순하고 유행을 타지 않는 모양을 창조해서 전례 없는 방법으로 끌어낸다. 그의 종이접기를 하다 보면 수학자들과 일본의 화가들이 누리던 아름다움을 느낄 수 있을 것이다.

피터 엔겔 Peter Engel
종이접기 전문가·과학 저술가·그래픽디자이너·건축가

차례

프롤로그   5
추천의 말   6

1장 종이접기의 세계로

01 역사   14
02 도구와 재료   18
03 부호와 용어   21

2장 두뇌계발 워밍업
: 종이접기를 시작해 보자

01 하얀 얼굴의 쥐   26
02 오리   28
03 물고기   30
04 백조   34
05 모자   38
06 상어   42
07 캥거루   46

08	로켓	50
09	앉아 있는 여자	52
10	수녀	56
11	독수리	60
12	작은 새	64
13	투탕카멘	70

3장 본격 두뇌계발
: 종이접기 난이도를 올려 보자

14	게르빌 쥐	78
15	잠자리	82
16	대머리 독수리	86
17	메뚜기	90
18	디메트로돈	96
19	사슴	100
20	페가수스	108

4장 두뇌계발 레벨업
: 입체 종이접기에 도전해 보자

21	정육면체	114
22	별 모양 육팔면체	116
23	토끼	126
24	코끼리	130
25	앵무새	136
26	복엽비행기	144
27	거북	152
28	전갈	160
29	타란툴라 거미	168
30	매미	178

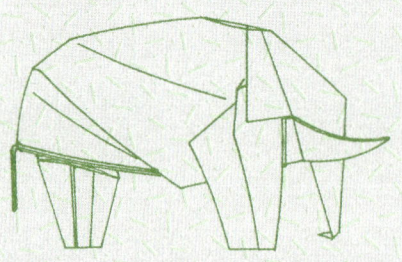

5장 두뇌계발 끝판왕
: 움직이는 종이접기를 만들어 보자

31 갈매기	**192**
32 원숭이	**196**
33 바이킹의 배	**200**
34 바이올린 연주자	**206**
35 콘트라베이스 연주자	**212**
36 피아니스트	**220**
37 뻐꾸기시계	**234**
감사의 말	246
감수자의 말	247

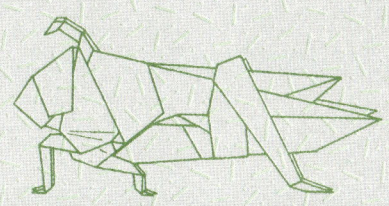

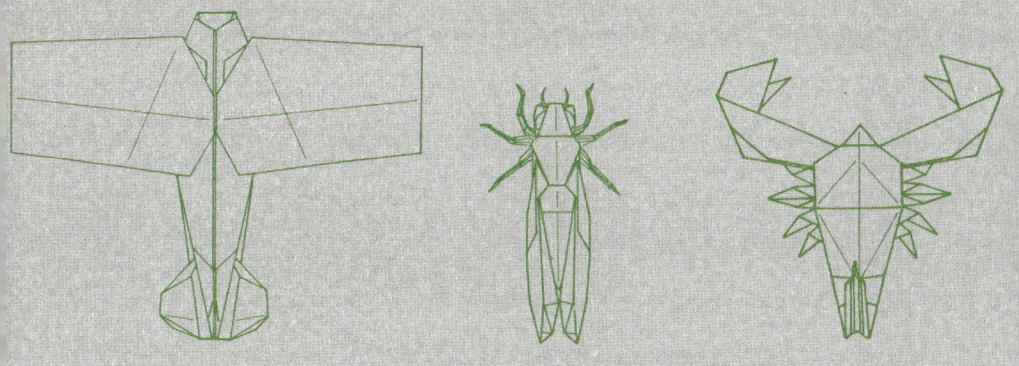

1장_
종이접기의 세계로

01. 역사

종이접기는 종이를 자르지 않고 접기만 해서 새나 동물 같은 모양의 장식품을 만드는 예술이다. 자르지 않은 종이를 써야 한다는 엄격한 규정이 있긴 하지만 종이접기 대상으로는 무엇이든 가능하다. 어떤 크기든, 어떤 복잡한 물체든 괜찮다. 종이접기 전문가들은 0.4밀리미터 크기의 새도, 3미터 높이의 실물 크기 코끼리도 만든다.

한 모형을 만들기 위해 종이를 접는 횟수는 겨우 몇 번에서 그야말로 수백 번이 될 수도 있다. 복잡한 종이접기의 정교함은 가끔 꽤 놀랍다. 현대의 종이접기 전문가들은 종이접기의 현실성과 복잡함을 전례 없는 수준까지 끌어올렸다. 단순한 새는 일 분도 걸리지 않고 만들 수 있지만, 상급 종이접기 레벨로 올라가면 복잡한 곤충을 만드는 데 두세 시간씩 걸리는 경우도 흔하다. 발전된 종이접기 기술 대부분은 지난 50년 사이에 등장했지만, 종이접기 자체는 오래된 예술이다. 그 기원은 앞서도 말했듯이 종이의 발명 시기까지 거슬러 올라간다.

종이를 만드는 기술은 중국에서 개발되어 세계의 다른 지역으로 퍼졌다. 불교의 수도승들이 6세기에 일본으로 종이를 가져갔고, 일본 최초의 종이접기가 그 시대에 시작되었다. 처음에는 종이는 진귀한 물건이었기에 사용처 또한 제례에만 한정되어 있었다. 이런 예식에 쓰이는 종이접기는 간단했다. 동물, 예복을 입은 사람, 예식의 디자인 등을 정형화한 모양새였고, 현대의 방식에서는 하지 않지만 전통적인 종이접기에서는 흔히 종이를 자르기도 했다.

디자인은 부모에서 자식으로 수 세대에 걸쳐 이어졌다. 종이접기 방법에 대한 문서 기록은 거의 남아 있지 않기 때문에 지속되어 온 것들은 단순한 것들뿐이지만 어쨌든 많은 전통적인 종이접기들이 지속적인 아름다움을 보여 주었고, 그 단순함 역시 매력적이었다.

좀 더 현대로 와서 종이접기는 서구 사회에서 나타났다. 일본만큼 오래된 것은 아니지만 스페인 사람들도 오랜 종이접기 전통을 갖고 있다. 단순한 종이접기 방법이 반복해서 재해석되곤 했고, 그래서 여러 가지 똑같은 종이접기 방법이 동양과 서양 양쪽 모두에서 나타났다. 심지어 미국에도 종이접기 전통이 있다. 모자나 배, 비행기, 흔한 점치기 종이나 '운세 뽑기' 등을 한 번도 접어 본 적이 없는 아이들은 거의 없을 것이다.

　종이는 인쇄에 필수적인 물건이고, 누군가가 인쇄 기술과 종이접기 기술을 합쳐서 종이접기 설명서를 인쇄하게 된 것은 어찌 보면 당연한 수순일 것이다. 아무도 이 멋진 결합이 언제 처음 일어난 일인지 정확하게는 모른다. 하지만 가장 오래된 현존하는 설명 몇 가지가 1797년 일본에서 출간된 《천 마리 학 접기秘伝千羽鶴折形》에 실려 있다.[1] 서양의 초기 종이접기 책으로는 머리와 리그니의 《재미있는 종이접기Fun with Paperfolding》(1928년, 도버 출판사에서 재간)와 《후디니의 종이 마술Houdini's Paper Magic》 같은 것이 있다.[2] 종이접기는 1950년대와 60년대에 일본의 종이접기 전문가 요시자와 아키라가 점선과 줄표, 화살표 등 체계적인 부호를 고안하며 엄청난 붐을 일으켰다. 요시자와는 역사상 최고의 종이접기 전문가로 여겨진다. 1960년대 초에 서양에서 하빈과 랜들렛에 의해 이 부호들이 도입됐고, 약간의 수정을 거쳐서 그 이후 거의 모든 종이접기 책에 사용되고 있다. 이것은 지금까지 종이접기 분야에 있어서 (종이를 제외하면) 가장 중요한 발명일 것이다. 덕분에 전 세계

1　학은 일본에서 전통적으로 행운을 상징하고, 학을 천 마리 접으면 접은 사람의 소원 한 가지가 이루어진다고 한다. 이런 전통은 제2차 세계대전 후에 어린 일본 소녀 사다코 사사키가 히로시마 원폭의 영향으로 백혈병에 걸렸을 때 널리 알려지게 되었다. 소녀는 병이 낫게 해 달라는 소원을 빌며 학 천 마리를 접기 시작했지만, 성공까지 365마리를 남긴 채 죽었고, 소녀의 학교 친구들이 나머지를 접어 주었다. 이 학들은 사다코와 함께 묻혔고, 이 이야기는 그 후 전 세계 사람들을 감동시켰다. 이때부터 종이로 접은 학은 평화의 상징이 되었다.

2　종이접기는 특히 마술사들의 흥미를 사로잡는 것 같다. 프로와 아마추어를 막론하고 놀랄 만큼 많은 마술사가 종이접기를 한다. 영국 종이접기 협회의 전 협회장이었던 로버트 하빈Robert Harbin은 세계적으로 유명한 마술사이다. 그는 또한 약간 오해의 여지가 있는 제목인 《종이 마술Paper Magic》이라는 종이접기 책을 펴내 많은 마술사들을 종이접기의 세계로 끌어들인 장본인이기도 하다.

가 공통된 언어로 종이접기 기술을 교환할 수 있게 되었으니 말이다. 부호들은 굉장히 보편적이라 종이접기를 하는 사람들은 종종 외국의 종이접기 책을 사서 거기 있는 그림만 보고 종이를 접는다. 약간의 변형을 거쳐서 지난 사반세기 동안 표준 부호가 만들어졌고, 이 책에서도 그 부호들을 사용한다.

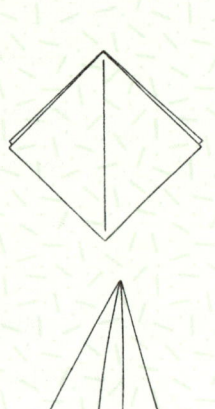

1960년대에 서양의 종이접기 세계에서는 여러 가지 일들이 일어났는데, 그중에는 두 개의 종이접기협회의 탄생도 있었다. 미국 종이접기센터The Friends of the Origami Center of America와 영국 종이접기협회The British Origami Society는 책과 종이, 도구를 제공하고 종이접기를 하는 사람들의 흥미를 끌 만한 내용이 담긴 뉴스레터를 발간한다. 미국과 영국 협회 둘 다 전 세계적으로 회원 자격을 주는 국제적인 조직이다.

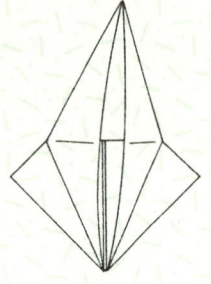

1960년대에 벌어진 활동들은 그 세대 사람들에게 본보기가 되었고, 종이접기는 여러 가지 새로운 방향으로 뻗게 되었다. 과거의 평평한 2차원적 종이접기에서 똑같은 모형을 여러 개 조립해서 다면체를 만드는 '유니트' 종이접기가 탄생했다.[3] 종이 한 장으로 다각형 별처럼 유니트 접기로 만든 모형들을 만들어 보려는, 어찌 보면 반동적인 움직임도 있다. 또한 3차원 종이접기와 하나의 접기에 여러 가지 주제를 합치는 종이접기, 심지어는 잡아당기면 움직이는 종이접기도 관심을 받고 있다. 종이의 형태도 더 이상 전통적인 정사각형에 제한된 것이 아니라 직사각형이나 다른 다각형을 쓰기도 한다(하지만 일반적으로는 모서리각이 180°를 넘는 것, 예컨대 별 모양 같은 것은 쓰지 않는다). 1달러 지폐로 접는 종이접기도 많다. 종이접기는 교묘한 방식으로

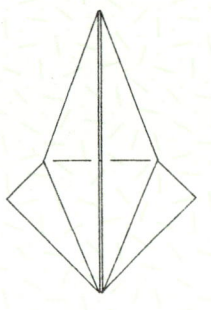

---

[3] 종이를 여러 장 쓰는 것은 한 장을 쓸 때 잘라서는 안 된다는 규칙이 상충되는 게 아닌가 생각하는 사람들이 있다. 나 역시 그렇다. 잘라도 된다, 안 된다는 논쟁은 서양에서 가장 큰 문제이다. 종이접기가 시작되었다고 할 수 있는 일본에서는 종이의 일부를 잘라서 버리는 게 아니라면 선을 만드는 정도의 자르기는 허용하는 사람들도 많이 있다.

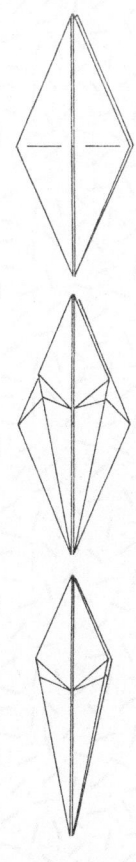

과학 분야에도 끼어들었다. 어떤 엔지니어는 종이비행기를 접다가 새로운 종류의 날개를 발견하고 특허를 냈다.[4] 또한 '뒤집어접기reverse fold'는 광학계 시뮬레이션에 유용하다는 사실이 밝혀졌다.[5]

이 책에 실린 종이접기는 복잡함과 난이도가 다양한데, 이 두 가지가 항상 일치하는 것은 아니다. 내 목표는 초보자를 위한 입문 모형뿐만 아니라 전문가를 위한 도전 과제까지 제시하는 것이다. 초보자는 책에 실린 순서대로 모형을 접어야 한다. 입문용 종이접기의 모형 하나하나에 한두 가지 핵심 접기 방법이 소개되어 있기 때문이다. 뒷부분의 모형들은 앞의 모형의 결과를 기반으로 만들어지는 것이기 때문에 입문편의 모형을 그냥 넘기면 결국에는 문제가 생길 것이다. 장을 넘어갈수록 디자인 역시 어려워진다. 3차원적 입체 종이접기와 더 응용된 움직이는 종이접기도 각각 따로 장을 만들어 실었다.

종이접기를 할 때에는 각 단계를 잘 보고 그에 따른 설명을 읽어야 한다. 이 부분을 최대한 강조하고 싶다. 앞에서 많은 사람들이 그림만 보고 접는다는 이야기를 했지만, 이 책에서는 그런 방법이 통하지 않는다. 특히 뒤쪽의 모형들의 경우에는 각 단계가 대단히 복잡하다. 종이 한 겹에도 여러 장이 겹쳐 있고, 펜 굵기와 공간의 한계 때문에 그걸 전부 그릴 수가 없었다. 그림에 딸린 설명이 그 단계를 마무리하는 데 꼭 필요한 정보를 알려 줄 것이다.

그러니까 다시 한 번 말한다. 그림을 보고, 설명을 읽고, 결과물이 어떤 모양이 되어야 하는지 확인하기 위해서 다음 단계를 먼저 한 번 보라. 그런 후에 지시에 따라

---

4   R. 클라인R.Kline과 F. 포글먼F. Fogelman, 《궁극의 종이 비행기The Ultimate Paper Airplane》, 사이먼&슈스터, 1986년.

5   J. H. 마이어J.H. Myer, '광학접기-광학계 설계의 도구', 《응용 광학Applied Optics》 8호, 2번, 260쪽, 1969년.

종이를 접어라. 가능한 한 정확하게 선을 접는 것이 중요하다. 모서리를 접을 때에는 끝까지 쭉 접어야 한다. 각을 이등분할 때에는 정확하게 반으로 나누어야 한다. 신중하고 인내심 있게 아름다운 형태를 만들어 낸다면, 독자들 또한 이 근사한 예술 분야로부터 내가 얻은 즐거움과 만족감을 얻을 수 있을 것이다.

02. 도구와 재료

이론적으로 종이접기를 하는 데 필요한 유일한 도구는 당신의 손뿐이고, 유일한 재료는 종이 한 장뿐이다. 하지만 현실적으로는 일을 쉽게 만들어 주는 도구가 몇 가지 더 있다. 종이를 자를 때에는 가위나 작토 나이프 X-acto knife가 유용하다(나는 작토 나이프를 더 많이 쓴다). 칼을 쓴다면 자와 받침대가 필요하다. 복잡한 종이접기에서는 끝이 뾰족한 족집게가 있으면 편리하다. 이것은 여러 단계를 거쳐야 하는 곤충을 만들 때 꼭 필요하다. 많은 사람이 접은 부분을 말끔하게 누를 때 본폴더 folding bone를 쓰는데, 사실 숟가락이나 나무 자, 또는 엄지손톱처럼 단단하고 매끄러운 물체라면 뭐든 상관없다.

종이접기에는 여러 종류의 종이가 다 걸맞다. 전통적인 종이접기 종이는 정사각형 모양에 한쪽 면에 밝은 색깔이 있다. 이런 종이는 두 가지 색깔을 활용하는 종이접기에 꼭 필요하며, 많은 공예에 사용 가능하다. 하지만 이 종이는 좀 비싸고, 질감과 접히는 느낌이 제조사에 따라 다르고, 가끔은 정확한 정사각형이 아니고, 삼각형이나 가로세로가 다른 직사각형 같은 까다로운 형태는 아예 없다. 그리고 이런 모양의 경우에는 직접 종이를 잘라야 하기 때문에 그냥 싼 종이도 사 두는 편이 좋다.

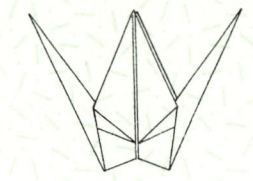

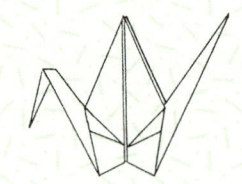

전통적인 일본식 학

일반적인 종이접기 연습용으로는 평범한 인쇄용지 한 연(500장)을 몇 달러면 살 수 있다. 이거면 거의 무한하게 쓸 수 있을 것이다. 아니면 포장지(특히 뒤쪽이 호일로 된 것)나 아트지를 써도 된다. 독특한 무늬나 질감의 종이가 있는지 주위를 잘 살펴보라. 어떤 화방에서는 근사하고 보드라운 동물을 만들 수 있는 보송보송하고 가벼운 마분지를 팔기도 한다.

종이접기 방법이 복잡해질수록 종이의 인장력이 중요하다. 예를 들어 이 책의 첫 번째 동물인 하얀 얼굴의 쥐는 어떤 종이로든 접을 수 있다. 티슈, 신문지, 판금 등 어떤 재료로도 가능하다. 이를테면 사슴 같이 좀 더 복잡한 동물은 가장 좋은 결과물을 만들기 위해서는 얇고 빳빳한 종이가 필요하다. 매미는 두껍거나 흐늘거리는 종이로는 아예 접을 수가 없다. 종이를 고를 때에는 두께와 세기, 접은 선이 유지되는 정도, 빳빳함(평평한 면이 종이를 얼마나 잘 받칠 수 있는가)과 피로 내구forgiveness(구김이 종이에 얼마나 손상을 입히는가)를 고려해야 한다. 하지만 이런 특성은 상충되는 면이 있다. 빳빳한 종이는 모형의 선을 말끔하게 만들어 주지만 은근한 형태와 완만한 곡선을 표현하지는 못한다. 두꺼운 종이는 얇은 종이보다 접었을 때 선이 더 깔끔하지만, 종이가 여러 장 겹치게 되는 복잡한 모형에서는 두께 때문에 접합 부위가 두툼해진다.

뒷면이 호일인 종이(포장지)는 복잡한 종이접기에 흔히 쓰이게 되었다. 접은 선이 굉장히 오래가고, 인장 강도가 적절하고, 쉽게 모양을 잡을 수 있기 때문이다. 하지만 피로 내구가 굉장히 형편없어서 아주 살짝만 구겨져도 표면에 지울 수 없는 자국이 남고, 몇 번만 접고 나면 종이가 놀랄 만큼 약해진다. 반짝이는 금속성 표면은 많은 사람에게 그다지 매력적으로 여겨지지 않지만, 금속 색깔 면을 모형의 안쪽으로 접으면 되니까 큰 문제는 아니다. 어쨌든 이 책의 모든 모형은 호일지로도 접을 수 있기 때문에 사 두는 것이 좋을 것이다. 호일지는 대체로 포장지와 함께 문구점에서 판다. 많은 화방에서 커다란 낱장 종이로 호일지를 팔고 있는데, 여기서 가장 얇은 종이를 구할 수 있다.

이 책의 마지막 몇 개 모형만 보통의 인쇄용지 외에 다른 종이가 필요하다. 어떤 종이접기를 할 때도 나는 개인적으로 카본지 second sheet 라고도 하는 9파운드(약 4.08킬로그램) 매니폴드를 가장 즐겨 쓴다. 이것은 인쇄할 때 사용하는 종이로 사무용품점에서 종종 칙칙한 파스텔 톤의 다양한 색깔로 판매한다. 이 종이는 양면이 같은 색깔이기 때문에 하얀 얼굴의 쥐와 같이 두 가지 다른 색깔을 표현하기 위해 종이의 양면을 사용하는 모형에는 쓸 수 없다. 하지만 이 종이는 굉장히 싸고, 다용도로 쓸 수 있다.

직접 종이를 자른다면 필요한 정확한 수치에 맞춰서 잘라야 한다. 직사각형으로 자를 때에는 모서리가 정확히 직각이어야 하고, 정삼각형으로 자를 때에는 정확히 60°여야 하는 식이다(종이의 사각형 모서리가 직각일 거라고 곧이곧대로 믿지 마라. 종이 제조사들마다 천차만별이다). 종이접기에서는 처음에 저지른 사소한 실수가 종이를 접으면서 점점 더 커지게 된다. 정사각형 대신 사다리꼴 종이로 접기 시작하면 만족스럽지 못한 결과물이 나올 수밖에 없다.

내 종이접기에는 종종 가로세로가 다른 직사각형이 필요한 경우가 있다. 나는 직사각형의 크기를 '1:x'로 표현하는 습관을 들였다. 'x'는 직사각형의 긴 변 길이이다. 이것을 실제 수치로 환산하기 위해서는 직사각형의 짧은 변 길이에 x를 곱하라. 예를 들어, 직사각형의 비율이 1:2.138이고 짧은 변의 길이를 15센티미터로 하고 싶다고 가정하자. 그러면 15에 2.138을 곱해서(계산기를 사용하라) 32.07센티미터를 얻을 수 있다. 결과적으로 직사각형은 가로세로 15×32.07가 된다. 흔한 사각형 크기 몇 가지를 들자면 1:1(정사각형), 1:1.414(유럽 편지지 또는 A4), 1:1.294(미국 편지지), 그리고 1:2.360(달러 지폐)등이 있다.●

● 각 작품마다 센티미터로 환산한 사이즈를 표기해 두었으니, 특히 종이접기에 처음 도전하는 경우에는 표기 사이즈로 시도하기를 권한다. -감수자

03. 부호와 용어

전문화된 취미 분야 대부분이 그렇듯이 종이접기에도 특정한 의미를 가진 나름의 용어와 부호가 있다. 부호는 최소한 기초적인 접기에 있어서는 대부분 표준화되어 있다. 좀 더 복잡한 방법에서는 부호가 약간 변형된다. 접는 방법을 이야기하기 전에 부호와 용어 목록부터 설명하겠다. 이 책의 첫 번째 파트에서는 한 번에 한두 개 정도만 나올 것이다.

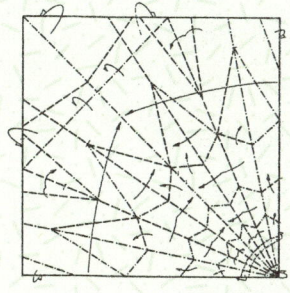

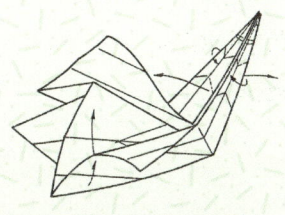

종이 한 장을 한 번 접을 때에는 두 방향으로 접을 수 있다. 접은 부분이 앞으로 튀어나오게 만드는 것을 산접기라고 하고, 아래로 가게 만드는 것은 골접기라고 한다. 산접기를 뒤집으면 골접기가 된다. 모든 종이접기는 산접기와 골접기를 여러 번 조합한 것이다. 그렇다면 다른 용어들은 무엇 때문에 필요한지 궁금할 것이다. 그냥 종이를 접는 부분을 전부 그리고, 산접기와 골접기만 표시한 후 어떻게 되는지 보여 주면 되는 거 아닌가? 사실 그럴 수도 있다. 오른쪽의 그림을 보라. 그런 식으로 백조를 접는 법을 표현한 것이다. 보다시피 이런 간단한 종이접기에도 꽤 많은 선이 필요하고, 이 모든 것을 한꺼번에 보면 정신이 아찔하다. 더 복잡한 모형의 경우에는 완전히 끔찍해진다. 손바닥 위에 올릴 수 있는 크기의 벌레를 만드는 선을 모두 합치면 5미터, 10미터가 될 수도 있다.

종이접기 모형에서 산접기와 골접기는 서너 개의 선의 묶음으로 나타나곤 한다. 이 묶음을 조합접기라고 한다. 조합접기는 산접기, 골접기와 함께 종이접기의 기본 구성 요소를 이룬다. 사실 모든 모형의 90퍼센트 정도가 열 번에서 열다섯 번 가량의 조합접기로 이루어진다. 나머지 10퍼센트에서는

대체로 모형의 아주 작은 한 부분에 특별한 기술이 필요한데, 그러고 나면 다시 쉬워진다.[6]

이 책에서 몇 가지 모형에는 한쪽 면은 하얀색이고 반대편에는 색깔이 있는 종이가 필요하다. 종이의 색지 면을 표현하기 위해서 그림에 음영을 넣었다. 나머지 모형은 양면 색깔이 똑같은 종이를 사용해도 된다. 아니, 반드시 색이 같은 종이를 사용해야만 한다. 하지만 일반적으로 파는 종이접기 종이는 양면이 각기 다른 색이기 때문에 설명 초반에 모형의 주요 색상을 결정하기 위해 어느 면을 위로 해야 하는지 이야기해 두었다.

다른 기술과 마찬가지로 종이접기를 배우는 방법도 직접 하는 것뿐이다. 예를 들어 뒤집어접기를 능숙하게 하는 유일한 방법은 여러 번 해 보는 것이다. 중요도가 높은 조합접기들이 다음 장에 나오는 모형에 들어가 있다. 조합접기와 모형은 단계별로 조금씩 어려워지기 때문에 고급 기술을 요하는 3장에 도달할 무렵이면 기초에는 익숙해져 있을 것이다. 천천히, 신중하게, 계속해서 자신의 모형을 그림과 비교해 가며 작업하라. 앞에서 말했듯이 설명을 읽어라. 설명은 뒤쪽 모형보다 앞쪽 모형에서 좀 더 상세하다. 뒤쪽 모형에서 쓰는 단어가 불분명하다면 제일 처음 형태로 되돌아와서 확인하라. 종이접기는 앞선 노력을 바탕으로 이루어지는 것이기 때문에 모형을 완전히 터득한 후에 다음으로 넘어가야 한다.

---

6 항상 그런 것은 아니다. 매미의 처음 4분의 1은 다음에 줄줄이 이어지는 50개 넘는 선을 접는 복합 과정을 준비하기 위해 미리 접기 선을 만드는 과정이다.

접기 용어

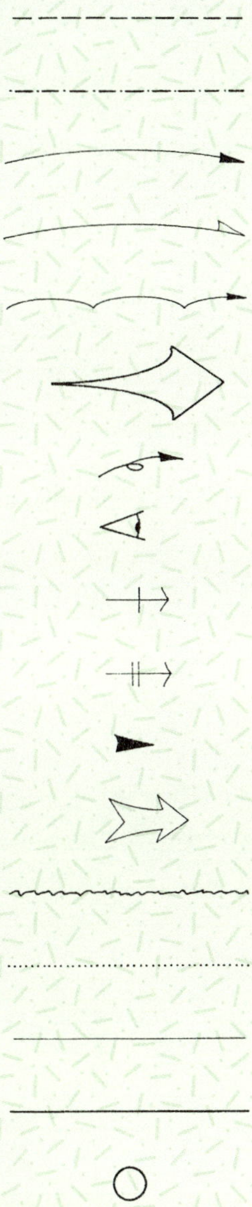

- 골접기
- 산접기
- 앞으로 접기
- 뒤로 접기
- 두 번 접기
- 확대
- 뒤집기
- 다음 번 모양 보기
- 한 번 반복하기
- 두 번 반복하기
- 함몰접기
- 부풀리기
- 내부 모습
- 가려진 선
- 미리 만든 선
- 가장자리
- 이 부분 누르기

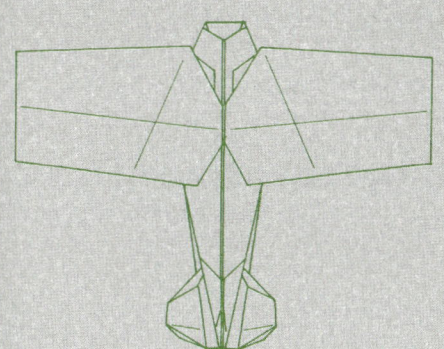
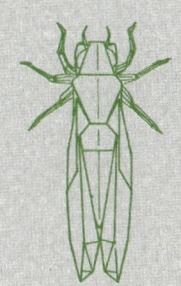
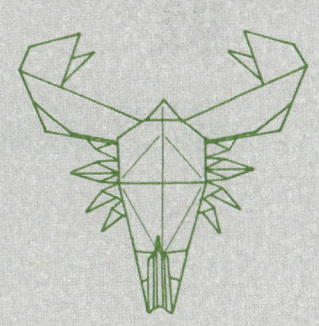

2장
두뇌계발 워밍업_
종이접기를 시작해 보자

01
하얀 얼굴의 쥐

● **종이**_ 정사각형(15×15 센티미터 이상)
● **색깔**_ 하얀 면을 위로

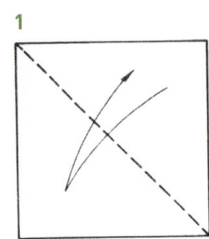 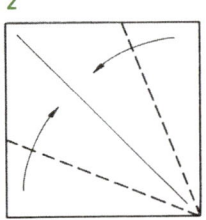

1. 대각선으로 종이를 반으로 골접기한 다음 펼친다. 골접기는 접히는 선을 항상 점선으로 표시하고, 종이가 움직이는 방향을 까만색 화살표로 나타낸다. 화살표가 이 그림처럼 다시 돌아오는 것은 선을 만든 다음 종이를 다시 펴라는 뜻이다. 이렇게 다시 펴는 이유는 대체로 앞으로 쓸 기준선을 만들기 위해서다.
2. 아래쪽 가장자리와 오른쪽 가장자리를 1번에서 만든 대각선에 맞춰 골접기한다.

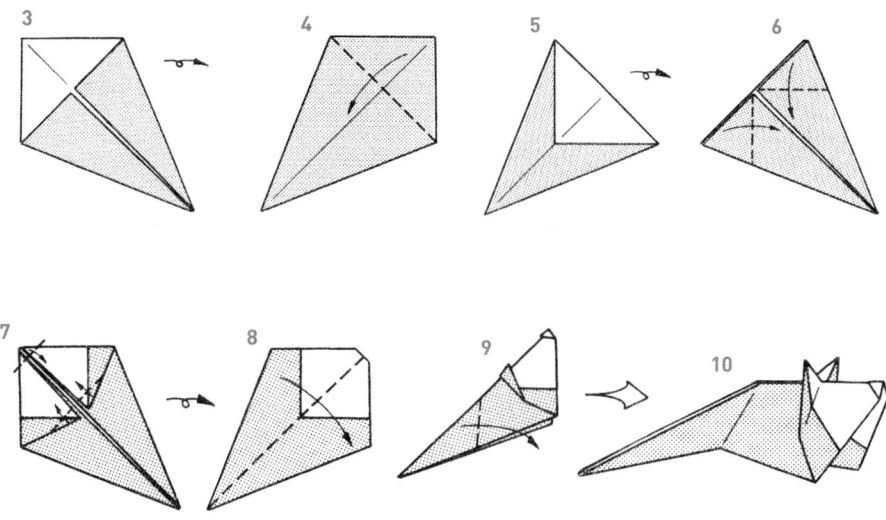

3 기본형을 뒤집는다. 이 기본형을 아이스크림 기본형이라고 부른다.

4 오른쪽 위의 모서리를 골접기한다. 선은 정확히 모서리에서 모서리까지 이어져야 한다.

5 모형을 다시 뒤집는다.

6 양 모서리를 각각 골접기한다.

7 이제 목표물의 특징이 종이에도 나타나기 시작할 것이다. 왼쪽 위 모서리는 코이다. 6번에서 접은 양 모서리는 귀이고, 아래쪽의 길고 가늘고 뾰족한 부분은 꼬리다. 코끝을 아래쪽으로 골접기하고 두 개의 귀도 골접기해서 세운다. 모형을 뒤집는다.

8 미리 만들어 놨던 선을 따라 모형을 반으로 골접기한다. 선은 모형의 자연스러운 대칭축이 된다.

9 꼬리를 한쪽 옆으로 골접기한다.

10 뚱뚱한 흰색 화살표 다음에는 확대한 모습을 볼 수 있다. 하얀 얼굴의 쥐가 완성되었다.

오리

● **종이**_ 정사각형 (15×15 센티미터 이상)
● **색깔**_ 하얀 면을 위로

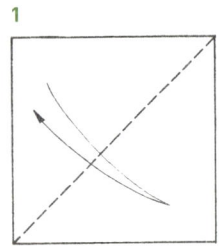 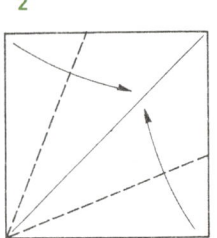 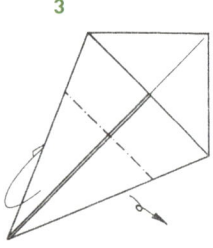

1. 앞의 모형처럼 대각선을 따라 종이를 반으로 접었다 펼친다.
2. 1번에서 생긴 대각선에 맞춰 왼쪽과 아래쪽 가장자리를 골접기하여 아이스크림 기본형을 만든다.
3. 가늘고 뾰족한 부분의 끄트머리가 넓고 뾰족한 부분의 끄트머리와 만나도록 뒤로 산접기한다. 산접기는 항상 1점 쇄선으로 표현되고(어떤 설명에서는 2점 쇄선인 경우도 있다), 접는 방향은 한 방향 흰색 화살표로 표시될 것이다. 모형을 뒤집는다.

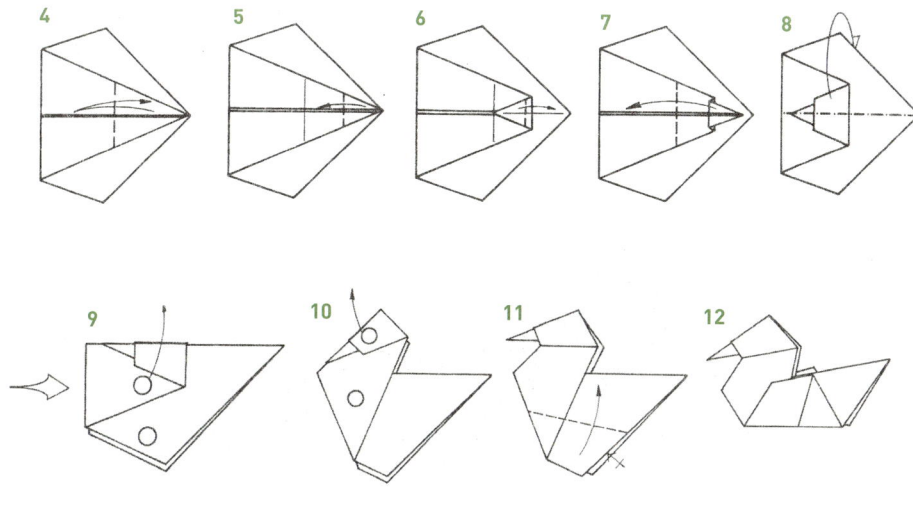

4   모형을 뒤집었을 때 산접기의 결과가 보일 것이다. 하지만 종이가 여러 겹이 되는 후반 모형에서는 이런 경우를 잘 볼 수 없을 수도 있다. 모형 오른쪽의 좁은 모서리가 왼쪽 가장자리에 닿게 골접기로 접었다 펼친다. 선을 뚜렷하게 만든다.

5   오른쪽의 좁은 모서리가 방금 만든 선에 닿도록 골접기한다.

6   이렇게 해서 생긴 이등변삼각형을 오른쪽 밑변 기준 4분의 1 지점에서 선을 남겨 두고 골접기한다.

7   5번에서 만든 선을 따라 다시 골접기로 접는다. 이 부분이 머리와 부리가 될 것이다.

8   모형을 반으로 산접기한다. 지금쯤이면 산접기와 골접기 부호를 익혔을 것이다.

9   확대한 모습. 두꺼운 원으로 표시한 부분에 손가락을 대고 모형을 누른다. 그런 다음 머리와 목이 약 45° 각도가 될 때까지 위로 당긴다.

10   목을 잡고 머리를 들어 올린 다음 납작하게 누른다. 머리 아래쪽 선이 등 위쪽 선과 평행을 이뤄야 한다.

11   아래쪽의 종이 한 겹을 위로 골접기한다. 가장자리를 등 위쪽 선에 맞춘다. 뒤쪽도 똑같이 반복한다. 가운데 십자 표시가 있는 짧은 화살표는 모형의 다른 부분에 똑같은 접기를 반복하라는 뜻이다. 화살표의 세로줄 개수는 반복해야 할 횟수와 동일하다.

12   오리가 완성되었다.

03
물고기

● **종이_** 정사각형(15×15 센티미터 이상)
● **색깔_** 하얀 면을 위로

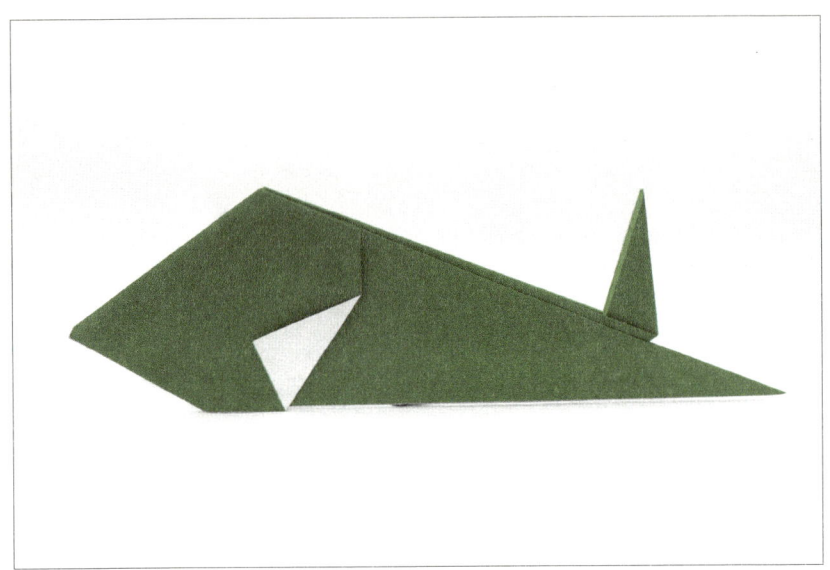

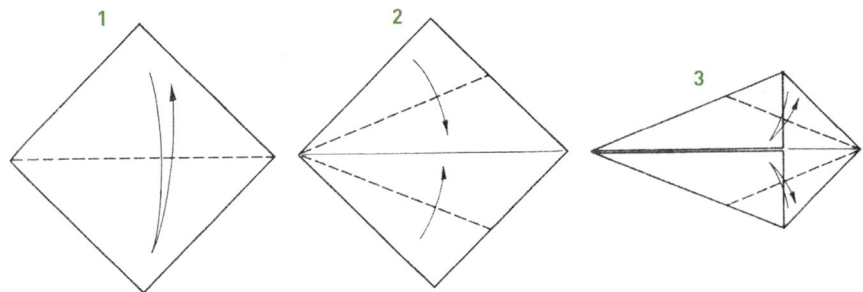

1 대각선을 따라 종이를 접었다 펼친다.
2 앞의 두 모형에서 했던 것처럼 중심선에 맞춰 두 가장자리를 접어 아이스크림 기본형을 만든다.
3 오른쪽 위아래 가장자리도 중심선에 맞춰 접고 다시 펼친다.

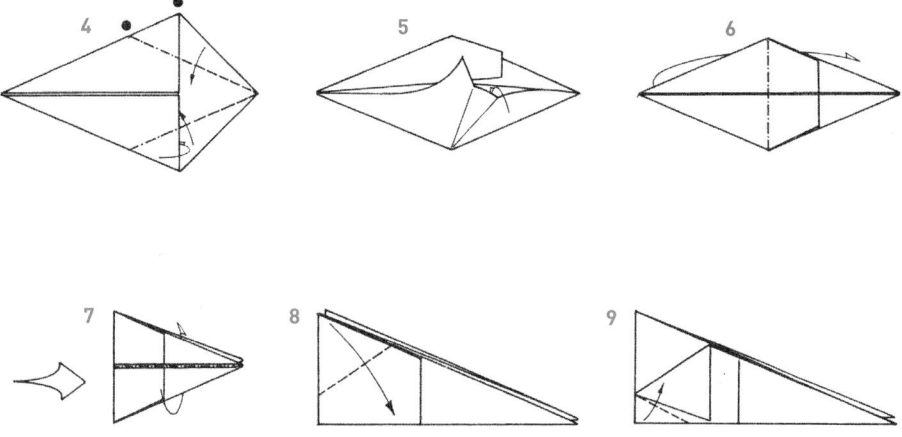

4 3번에서 접은 선을 기준으로 삼아 위의 모서리 부분을 안으로 접어 넣는다. 선의 '등' 부분(두 점 사이 부분)을 종이 겹 사이로 밀어 넣으면 된다.

5 위쪽은 뒤집어접기가 완성된 모습 아래쪽은 진행 중인 모습이다. 뒤집어접기는 두 종류가 있다. 이것은 '안으로 뒤집어접기'로, 겹으로 된 부분이 모형의 안쪽으로 밀려 들어가는 것이다. '밖으로 뒤집어접기'는 잠시 후에 나올 것이다.

6 왼쪽의 뾰족한 부분을 뒤로 산접기한다.

7 가로로 반을 접는다.

8 한쪽 모서리를 골접기해서 모형의 아래쪽 가장자리에 닿도록 한다. 이때 만들어지는 삼각형의 오른쪽 변은 모형의 아래쪽 가장자리와 수직을 이뤄야 한다.

9 모형의 왼쪽 아래 모서리를 위로 접어서 왼쪽 가장자리가 8번에서 만든 선에 겹치게 만든다.

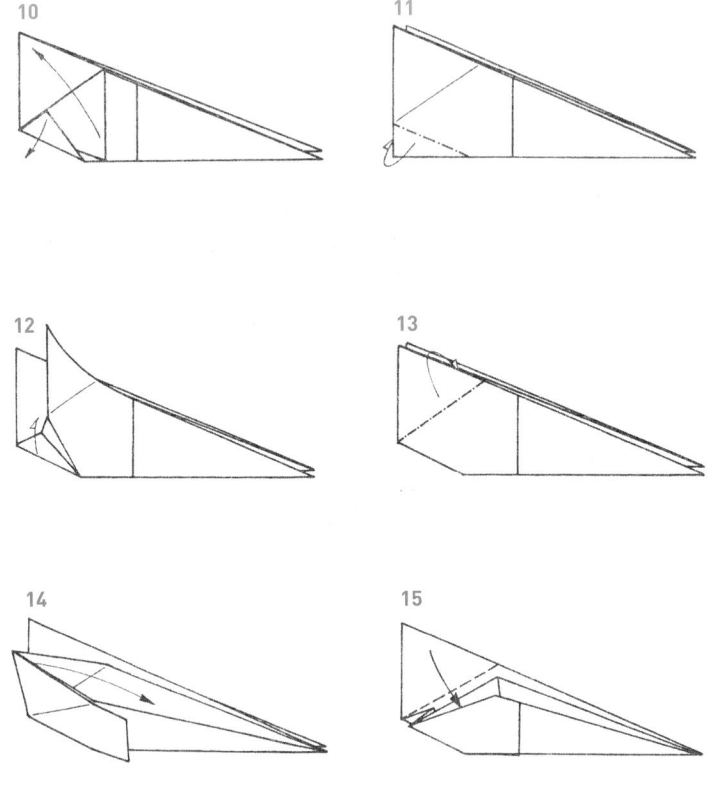

10 8번과 9번에서 접은 것을 펼친다.

11 모형의 아래쪽 모서리를 접어 뒀던 선을 기준으로 안으로 뒤집어접기한다.

12 이런 식으로 만든 후 모형을 납작하게 만든다.

13 왼쪽 위 모서리도 안으로 뒤집어접기한다. 모형의 위쪽에 종이가 네 장 겹쳐질 것이다. 그림만 보고 작업하면 뒤집어접기를 했는지 산접기를 했는지 정확히 알 수가 없다. 그래서 항상 설명을 읽어야 하는 것이다.

14 안으로 뒤집어접기를 하고 있는 과정이다. 두 개의 모서리 중 하나만 한 상태이다.

15 다른 쪽 모서리를 뒤집어접기로 만들어진 주머니 안으로 끼워 넣는다. 이렇게 하면 물고기의 앞부분이 고정된다.

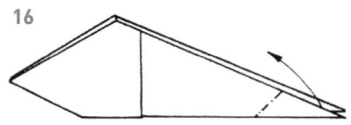

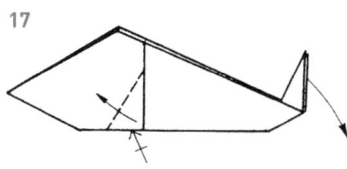

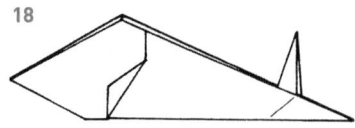

16 두 개의 겹이 겹쳐진 꼬리 부분을 모두 위쪽으로 뒤집어접기해서 몸통과 수직이 되게 만든다. 앞선 과정으로 이미 알겠지만, 접어 놓은 선이 이미 있으면 뒤집어접기가 훨씬 쉬워진다. 그러므로 미리 접는 선을 만드는 과정을 따로 보여 주지 않더라도, 뒤집어접기를 할 부분에 미리 골접기와 산접기를 해 두는 것이 좋다. 지금부터는 미리 접는 선을 만들라는 지시를 생략할 것이다.

17 몸통의 종이 겹을 골접기해서 지느러미를 만든다. 반대쪽도 반복한다. 꼬리를 가르기 위해서 바깥쪽 뒤집어접기 하나를 다시 펼친다.

18 물고기가 완성되었다.

04
백조

종이_ 정사각형(15×15 센티미터 이상)
색깔_ 하얀 면을 위로

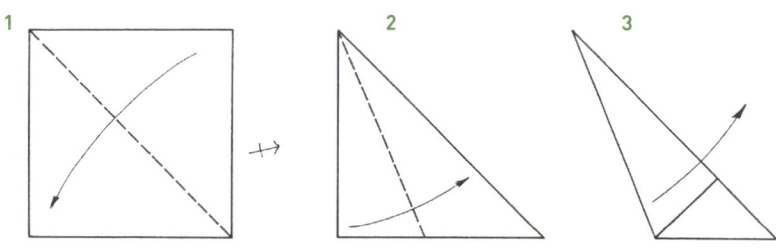

1 대각선을 따라 정사각형 종이를 반으로 골접기한다.
2 왼쪽 가장자리를 대각선에 맞춰 접는다. 뒤쪽도 똑같이 접는다.
3 위의 한 겹을 위로 당겨 펼친다. 아이스크림 기본형이 뒤집혀 있는 모양이 된다.

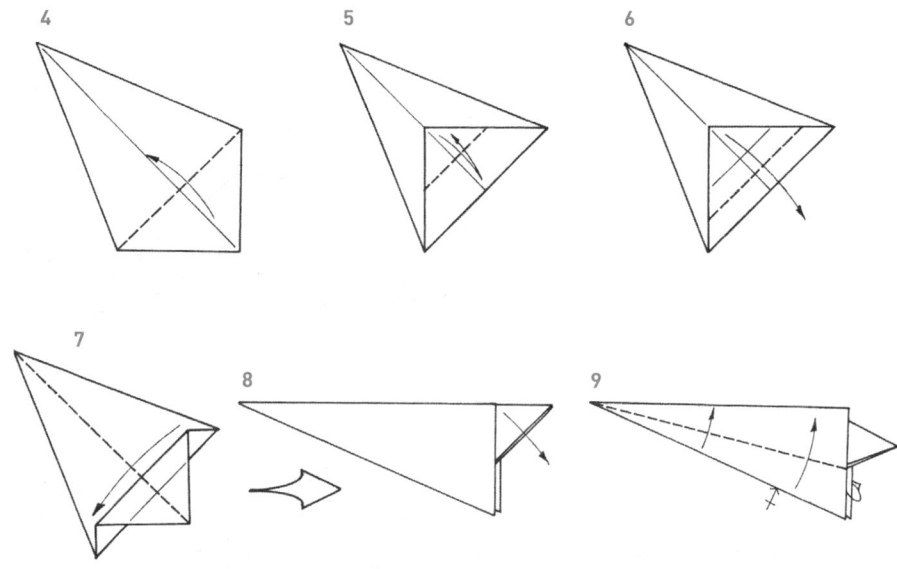

4 오른쪽 끝부분을 골접기하여 작은 이등변삼각형을 만든다.

5 이등변삼각형을 그 밑변을 기준으로 골접기하고 다시 펼친다.

6 이등변삼각형을 다시 골접기하되, 5번에서 만든 선이 이등변삼각형의 밑변과 겹치게 한다.

7 모형을 반으로 골접기한다.

8 확대한 모습. 튀어나온 작은 삼각형을 오른쪽 아래로 30° 정도 내린다(정확한 각도는 중요하지 않다). 오리의 머리와 목을 만들 때와 같은 방법으로 아래로 당긴 후 모형을 납작하게 만들고 필요하면 새로운 선을 따라 접는 식으로 한다.

9 아래쪽 가장자리를(종이 한 겹만) 위로 골접기해서 등 부분에 맞춘다. 대칭이 되도록 뒤쪽도 반복한다.

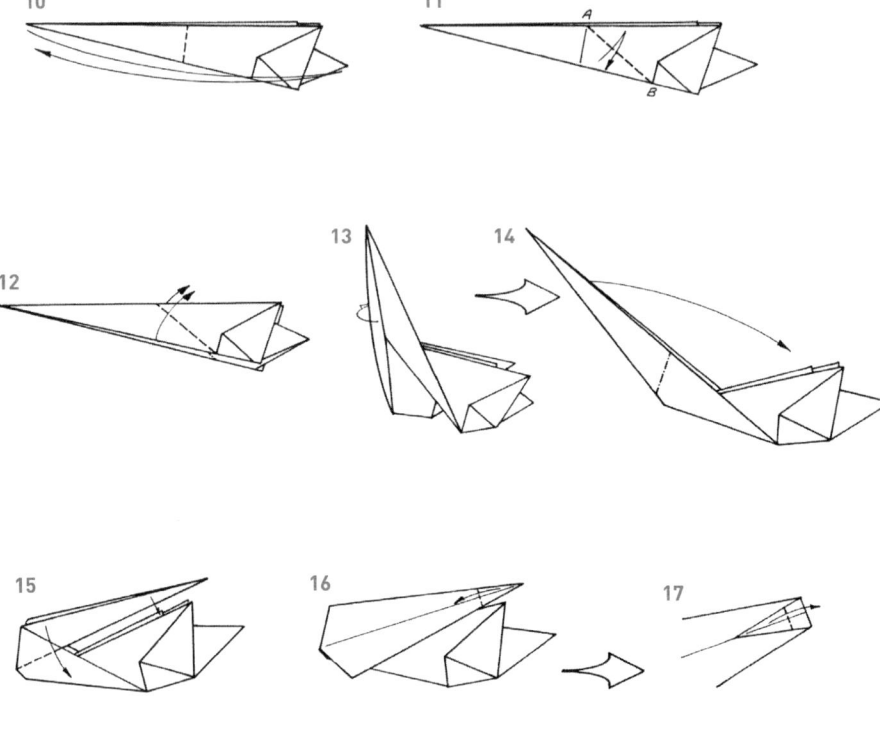

10 가늘고 뾰족한 부분(곧 머리와 목이 될 부분이다)이 꼬리에 닿게 접는다. 선을 만든 후 다시 펼친다.

11 골접기로 점 A와 점 B가 이어지는 선을 만든다. 선을 만들고 다시 펼친다.

12 목을 밖으로 뒤집어접기한다. 밖으로 뒤집어접기를 할 때는 등 부분을 완전히 뒤집어 종이의 안쪽 면이 바깥으로 나오도록 한다. 안으로 뒤집어접기는 등 부분을 접어 넣는 반면, 밖으로 뒤집어접기는 등 부분을 뒤집어야 한다. 그림으로 보면 밖으로 뒤집어접기는 골접기로 표현되고(지금처럼), 안으로 뒤집어접기는 산접기로 표현된다. 그리고 안으로 뒤집어접기와 마찬가지로 뒤집어접기를 하기 전에 먼저 골접기와 산접기로 선을 만들어 두면 훨씬 쉽다.

13 접고 있는 과정.

14 확대한 모습. 목이 백조의 등과 평행이 되도록 뒤쪽을 향해 안으로 뒤집어접기한다.

15 목 앞쪽을 납작하게 펼친다.

16 목의 1/4 지점을 목 위로 접는다.

17 끝에서 3/4 지점을 다시 원래 방향으로 접는다.

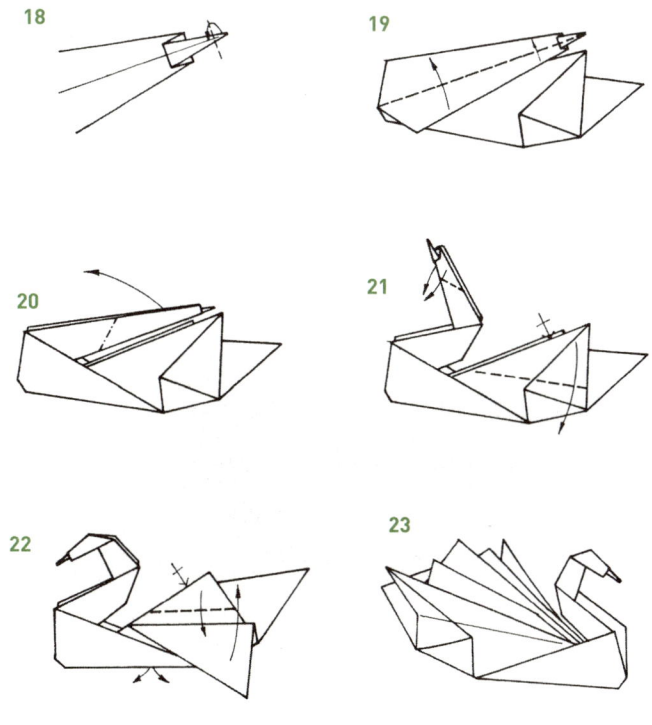

18 끝부분 약간을 안쪽으로 접어서 끝을 뭉툭하게 만든다.

19 목을 다시 골접기로 원래대로 닫는다.

20 머리가 등과 수직이 되도록 앞쪽을 향해 안으로 뒤집어접기한다.

21 머리를 아래쪽을 향해 밖으로 뒤집어접기한다. 앞뒤 양쪽에 있는 두 날개의 끝을 각각 아래쪽으로 접는다.

22 앞뒤 양쪽에 있는 종이의 다음 겹을 날개 위로 접어 내린다. 가운데 부분은 위로 향하게 그냥 둔다. 백조의 아래쪽을 펼치고 등의 종이들을 적당히 벌린다.

23 백조가 완성되었다.

#

종이_ 1:2 비율의 직사각형(10×20센티미터 이상)
색깔_ 색깔 면을 위로

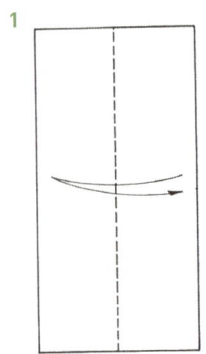 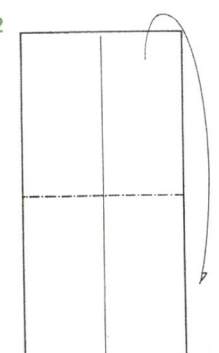

1   종이를 길게 반으로 접어서 선을 만들고 펼친다.
2   1번 선과 수직을 이루도록 종이를 반으로 산접기한다.

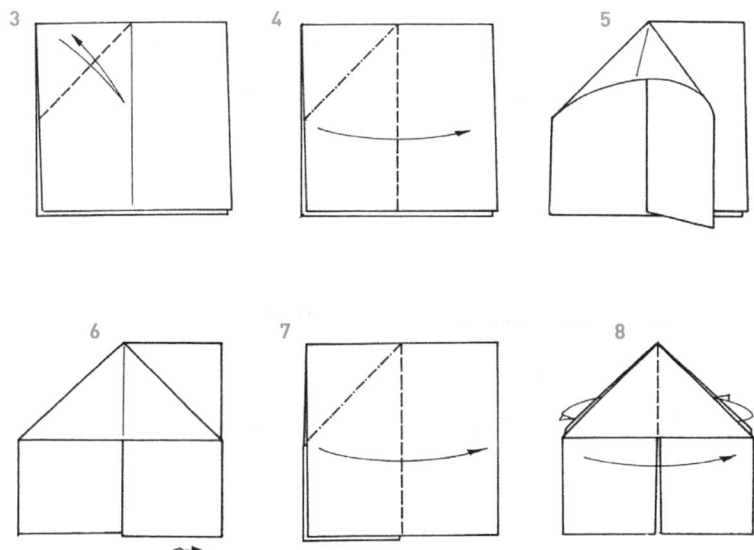

3 왼쪽 위 모서리를 중심선에 맞춰 아래로 접었다 펼쳐서 선을 만든다.
4 왼쪽의 종이 한 장을 오른쪽으로 미리 만든 세로선을 이용해 접는다. 접게 되면 위쪽 모서리가 펼쳐질 것이다. 이것을 대칭으로 눌러서 펼친다. 이것을 눌러접기라고 한다.
5 눌러접기 과정.
6 눌러접기가 완성되었다. 종이를 뒤집는다.
7 남은 면도 똑같은 방법으로 눌러접기한다.
8 왼쪽의 한 장을 오른쪽으로 앞에서 골접기한다. 책장을 넘기는 것과 비슷해서 이것을 책접기라고 한다. 뒤쪽에서 종이 한 장을 오른쪽에서 왼쪽으로 접어서 양면에 종이의 장수가 똑같도록 만든다.

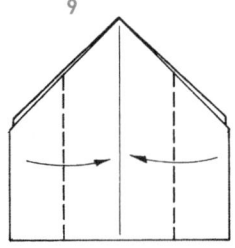 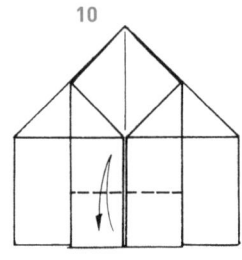

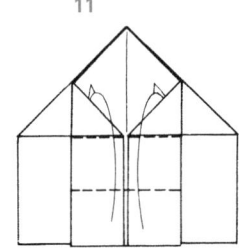 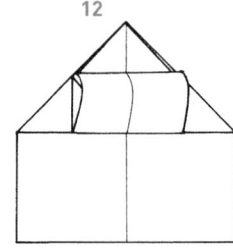

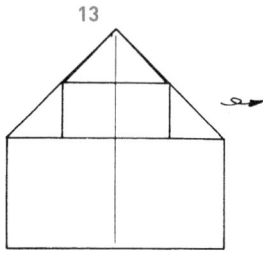 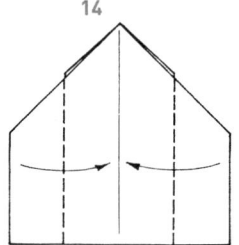

9 왼쪽과 오른쪽 가장자리(한 장씩만)를 중심선에 맞춰 접는다.

10 모형의 아래쪽 종이 날개 부분을 모형의 중심에 있는 가로선에 닿게 위로 접었다가 펼친다.

11 같은 부분을 올릴 수 있는 만큼 위로 올려 접은 후 그림처럼 두 개의 삼각형 주머니 안으로 밀어 넣는다.

12 접는 과정.

13 이렇게 된다. 모형을 뒤집는다.

14 9번처럼 모형의 가장자리를 중심선에 맞춰 접는다.

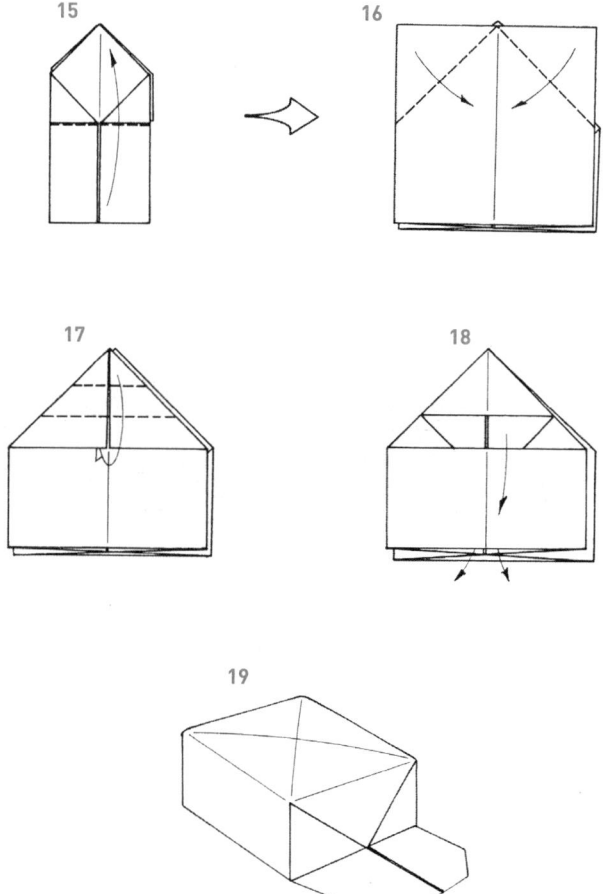

15 아래쪽 덮개 부분을 올릴 수 있는 만큼 위로 올려 접는다.

16 확대한 모습. 두 모서리를 중심선에 맞춰 접는다.

17 뾰족한 부분을 (한 장만) 삼등분해서 아래로 접는다. 마지막 3분의 1은 그림처럼 종이 안쪽으로 밀어 넣는다.

18 챙을 아래로 접어 내리고 모자 안쪽을 벌린다.

19 모자가 완성되었다.

06
상어

● **종이**_ 정사각형 (15×15 센티미터 이상)
● **색깔**_ 하얀 면을 위로

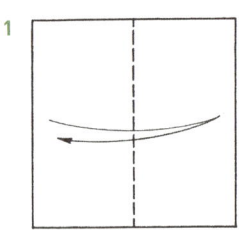
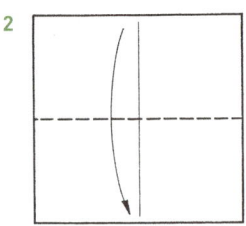
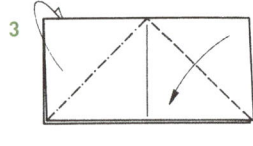

1. 종이를 세로로 반으로 책접기한다. 선을 만들고 펼친다.
2. 종이를 가로로 반으로 접는다.
3. 왼쪽 위 모서리를 뒤로 산접기한다. 오른쪽 위 모서리는 앞쪽으로 골접기한다.

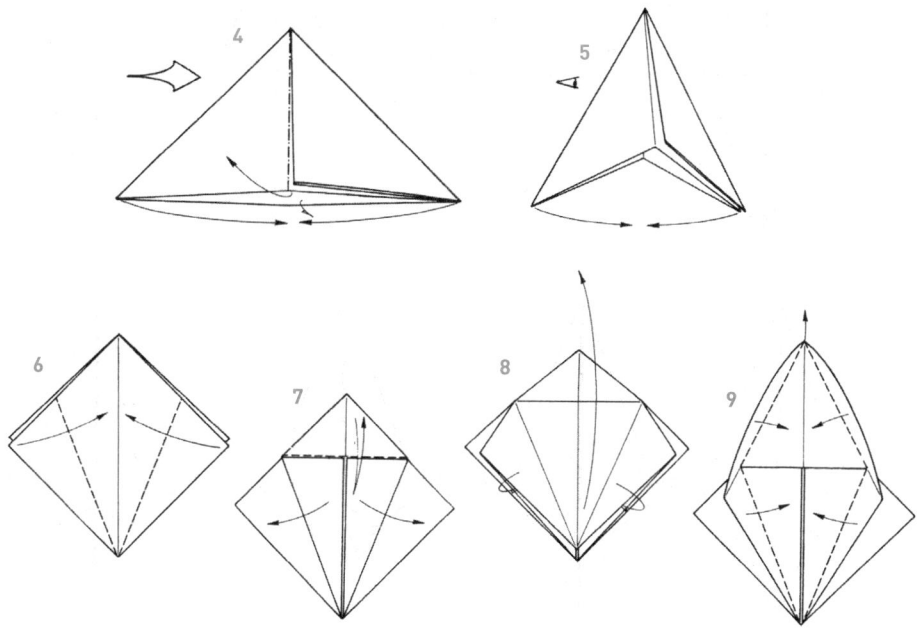

4 확대한 모습. 겹쳐진 종이 안으로 손을 넣어 양쪽 모서리를 하나로 모은다.

5 접고 있는 과정. 그림 옆의 조그만 '눈'은 다음 그림이 이 방향에서 본 것임을 의미한다. 아니면 종이를 옆으로 90° 돌리라는 지시로 생각해도 된다. 이것은 여러 각도에서 본 그림이 필요한 입체 종이접기에서 자주 나올 것이다.

6 오른쪽에도 종이가 두 겹이고 왼쪽에도 두 겹이 되도록 모형을 납작하게 만든다. 이 모양을 사각주머니 라고 부른다. 양쪽 가장자리 한 겹씩을 중심선에 맞춰 접는다.

7 윗부분에 생긴 삼각형을 아래로 접는다. 세 부분을 모두 다시 펼친다.

8 윗겹의 윗 장을 가로선을 따라 위로 들어 올리고 아래 겹들을 누르면 된다. 그러면 윗 장의 가장자리가 마주 보게 될 것이다.

9 가장자리가 자연스럽게 6번에서 만든 선을 따라 움직일 것이다(위쪽은 그림처럼 산접기에서 골접기로 바꿔 줘야 하지만 말이다). 모형을 납작하게 누른다.

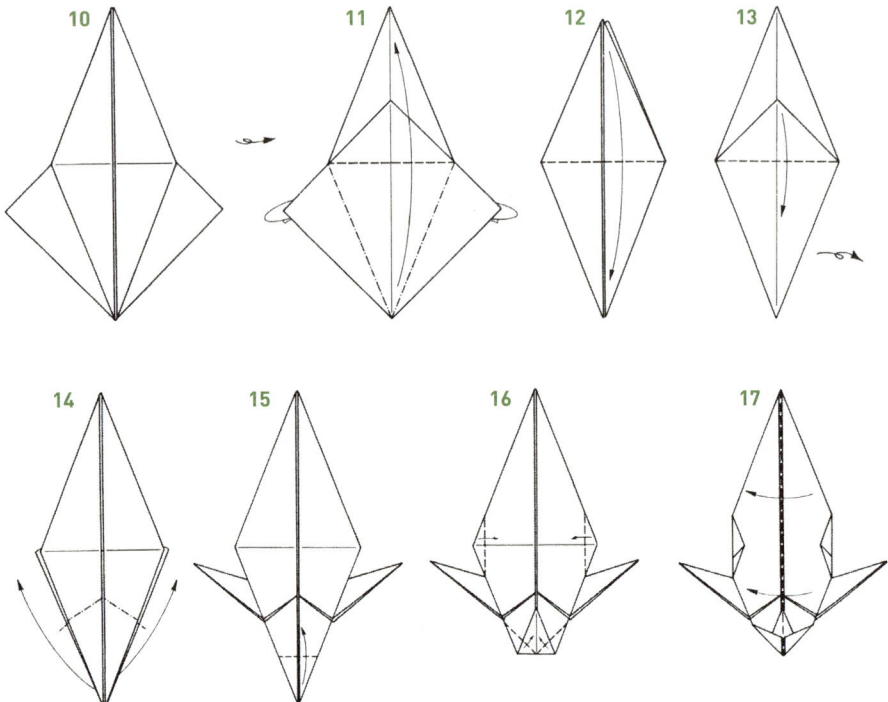

10 이렇게 된다. 모형을 옆으로 뒤집는다.

11 이쪽 면도 똑같은 방법으로 접는다. 지금부터는 마지막 접기에서 나타나는 선만을 표시하겠다. 하지만 뒤집어접기와 마찬가지로 미리 종이를 접어 선을 만들어 두면 훨씬 쉬울 것이다(즉 6번과 7번을 반복한다).

12 이렇게 된다. 이 모양 역시 종이접기에서 아주 흔하다. 이것은 전통적인 일본식 하늘을 나는 새와 학의 기본형이고, 학접기 기본형으로 흔히 알려져 있다. 종이 한 겹을 아래로 접는다.

13 작은 삼각형을 최대한 아래로 내려 접는다. 모형을 뒤집는다.

14 아래쪽 두 개의 뾰족한 부분을 양옆으로 뒤집어접기한다(어떤 종류의 뒤집어접기를 해야 하는지 말하지 않았지만, 그림의 산접기 선을 보면 안으로 뒤집어접기라는 것을 알 수 있을 것이다).

15 아래쪽 끄트머리를 위로 접는다.

16 양옆을 안으로 접고 아래쪽 양 모서리를 안으로 접는다.

17 모형을 반으로 접는다.

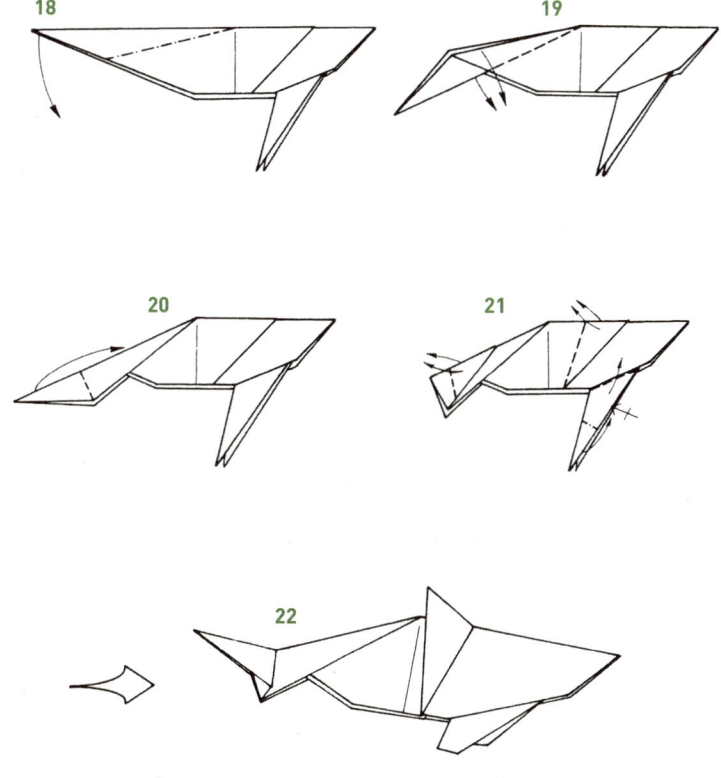

18 꼬리를 아래쪽으로 뒤집어접기한다(안으로 뒤집어접기).

19 종이 한 겹은 앞쪽으로 내려 접고, 다른 한 겹은 뒤쪽으로 내려 접어서 꼬리가 몸통을 감싸게 만든다.

20 꼬리 끝부분을 위쪽을 향해 밖으로 뒤집어접기한다. 꼬리를 납작하게 밖으로 펼치고, 끝부분을 위로 골접기한 다음 꼬리를 다시 닫으면 간단하다.

21 꼬리와 등지느러미를 각각 밖으로 뒤집어접기한다. 가슴지느러미 끝부분을 안으로 접어 넣고 양옆의 지느러미는 골접기한다.

22 확대한 모습. 상어가 완성되었다.

07
캥거루

● **종이**_ 직각이등변삼각형(20×20센티미터 이상의 정사각형을 잘라 만들어도 좋다)
● **색깔**_ 색깔 면을 위로

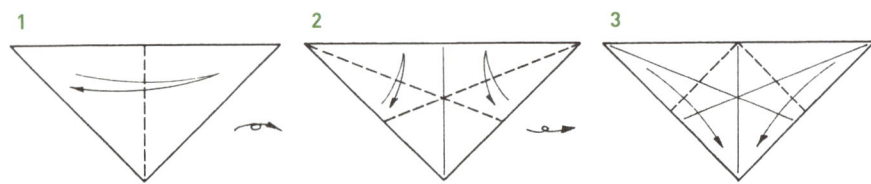

1. 삼각형을 세로로 반으로 접어서 선을 만들고 펼친다. 종이를 뒤집는다.
2. 그림처럼 각을 이등분해서 접어서 선을 만들고 펼친다(삼각형의 짧은 변을 위쪽 변에 맞춰 접었다가 펼치면 된다).
3. 삼각형 양끝의 꼭짓점이 직각의 꼭짓점에 닿게 접는다.

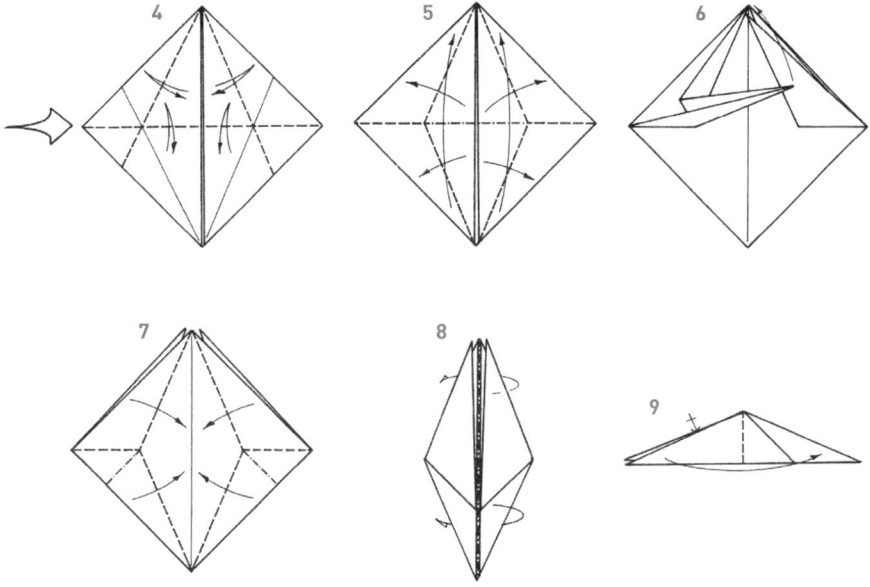

4   확대한 모습. 이제 덮개가 두 개 만들어졌고, 각각이 꼭짓점 하나를 이등분하는 선이 있는 직각 이등변 삼각형이다. 각 삼각형에서 나머지 두 개의 꼭짓점에도 각의 이등분선을 만든다(총 네 개의 접은 선을 더 만든다). 각 삼각형 각의 이등분선 세 개는 한 점에서 교차해야 한다.

5   각각의 덮개에서 세 개의 각의 이등분선을 전부 동시에 골접기하고, 아래쪽 모서리를 위쪽으로 가져온다. 모형을 납작하게 만들다 보면 그림처럼 산접기 형태가 생길 것이다. 이것을 토끼귀접기라고 한다. 이것은 항상 한 점에서 시작되는 골접기 세 개와 산접기 한 개로 이루어진다. 대체로 골접기는 삼각형의 세 꼭짓점으로 향하고, 산접기는 변에서 끝난다.

6   토끼귀접기 과정. 모형을 납작하게 만들고 뒤집는다.

7   토끼귀접기를 두 개 더 한다. 선 모양이 5번에서 만든 것과 거의 똑같지만, 이제 바깥쪽 꼭짓점들이 모형의 가운데로 모인다는 점을 명심하라. 미리 세 개의 골접기 선을 만들어 두면 훨씬 쉽다.

8   모형을 세로로 반으로 산접기한다.

9   종이 한 겹을 오른쪽으로 끝까지 넘겨 골접기한다. 뒤쪽도 반복한다.

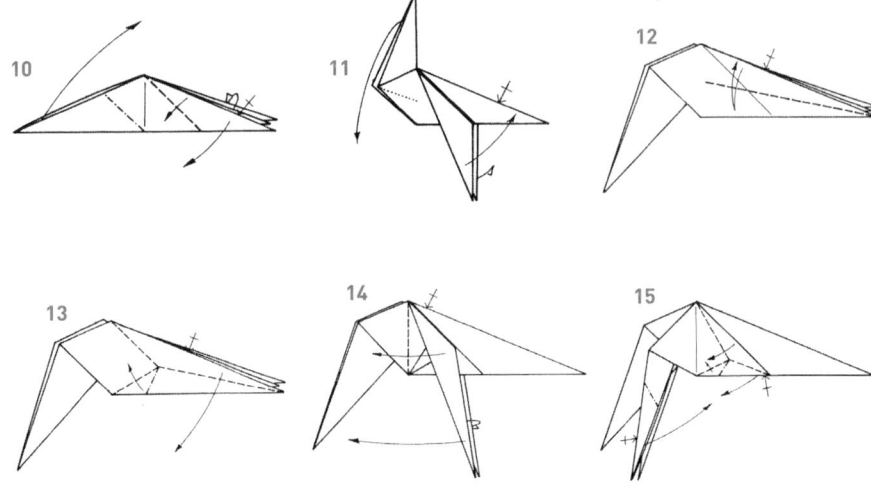

10 왼쪽의 남은 뾰족한 부분을 뒤집어접기해서 수직으로 만든다. 오른쪽의 제일 윗겹을 골접기하되 접힌 선의 끝점이 아래쪽 뾰족한 부분과 일자가 되게 맞춘다. 뒤쪽도 반복한다.

11 세로로 있는 뾰족한 부분을 다시 아래로 뒤집어접기한다. 점선은 가려진 선으로, 종이의 보이는 면 안쪽에 생기는 접히는 부분을 뜻한다. 여기서는 뒤집어접기 선이 어디에 생기는지를 알려 준다. 10번에서 만든 골접기 두 개를 다시 펼친다.

12 확대한 모습. 종이의 위쪽 두 겹에 각의 이등분선을 만든다. 선을 모형 끝까지 다 만들 수는 없다. 이 그림에서 점선이 모형 끝까지 가지 않고 중간에 갑자기 끝나는 것이 그런 뜻이다. 뒤쪽도 반복한다.

13 길고 가는 종이 한 겹으로 다시 한 번 토끼귀접기를 한다. 세 개의 골접기 중 두 개의 선은 이미 있다. 세 번째는 그림처럼 골접기 선 끝부분이 다른 두 선의 교차점과 만난다. 토끼귀접기를 하고 납작하게 할 때 그 자리에 산접기가 생길 것이다. 뒤쪽도 반복한다.

14 모형의 왼쪽으로 두 토끼 귀를 골접기한다. 뒤쪽도 반복한다.

15 더 짧은 삼각형 두 개를 오른쪽으로 토끼귀접기한다. 가장 오른쪽의 골접기는 각의 이등분선이다. 위쪽 골접기는 종이 가장자리와 수직선 사이의 각의 3분의 1만큼이다. 마지막 골접기는 처음 두 개의 교차점과 골짜기 끝을 만나게 만든다. 이것을 납작하게 만들면 산접기가 생긴다. 다리의 3분의 2 지점을 오른쪽으로 뒤집어접기한다. 뒤쪽도 반복한다.

48

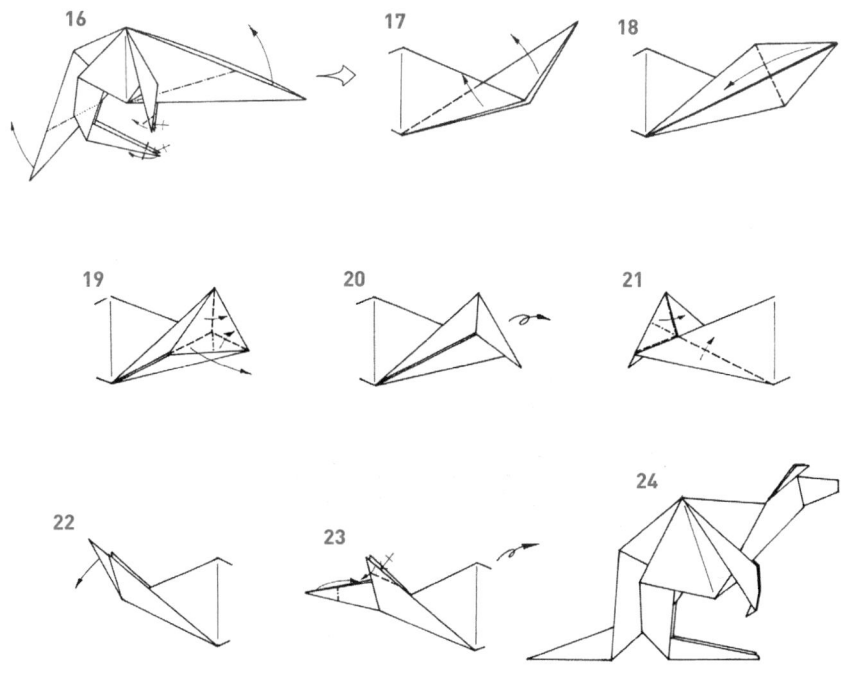

16 꼬리 끝의 선과 발끝의 선이 나란해지도록 꼬리를 뒤집어접기한다. 뒷다리 끝을 안으로 접어 넣어 뭉툭하게 만들어 주고, 캥거루의 앞발을 만들기 위해서 앞다리 끝도 뒤집어접기한다. 목은 위쪽으로 뒤집어접기한다.

17 목을 완전히 펼친다.

18 머리 끝을 아래로 접는다. 접은 선이 모서리에서 모서리까지 닿도록 한다.

19 끝을 토끼귀접기한다. 골접기하는 선은 전부 다 각의 이등분선이다.

20 이렇게 된다. 모형을 옆으로 뒤집는다.

21 그림처럼 목을 토끼귀접기한다. 겹쳐진 부분은 전부 한꺼번에 접는다.

22 머리를(더 긴 종이) 아래로 당긴다. 필요하면 새로운 선을 따라 접어서 모형을 납작하게 만든다.

23 귀를 앞쪽으로 골접기한다. 주둥이를 뭉툭하게 만들기 위해 머리의 끄트머리를 안으로 접어 넣는다. 모형을 옆으로 뒤집는다.

24 캥거루가 완성되었다.

08
로켓

● **종이**_ 정사각형(15×15 센티미터 이상)
● **색깔**_ 하얀 면을 위로

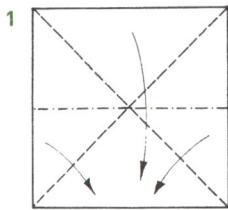
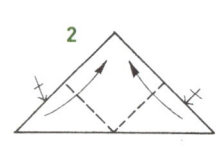
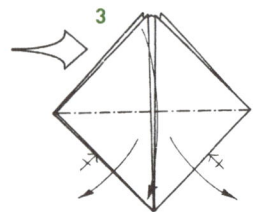

1. 두 대각선을 따라 골접기하고 수평으로 반으로 산접기해서 선을 만든다. 이 선을 사용해서 옆면 가운데 점과 정사각형 윗면을 한꺼번에 밑면 가운데 점으로 가져온다. 이 모형을 삼각주머니 기본형이라고 한다.

2. 1번을 마치면 그림처럼 된다. 왼쪽에 종이 두 겹, 오른쪽에 두 겹이 된다. 왼쪽과 오른쪽에서 각각 종이 한 겹씩 모형의 위쪽으로 접는다. 뒤쪽도 반복한다.

3. 확대한 모습. 끝을 벌려서 눌러 접는다. 뒤쪽도 반복한다.

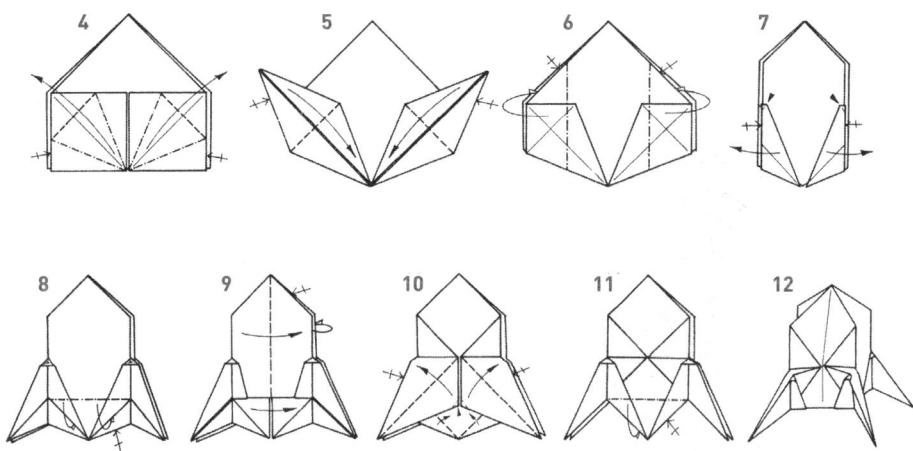

4 네 개의 뾰족한 부분을 모두 펼쳐서 눌러 접는다. 학접기 기본형을 만들 때처럼 미리 선을 만들어 두면 훨씬 쉽다.

5 네 개의 뾰족한 부분을 모두 모형 바닥을 향해 아래로 골접기한다.

6 모형의 가장자리를 안쪽으로 최대한 깊게 산접기해서 넣는다. 뒤쪽도 반복한다.

7 모형 바닥의 뾰족한 부분 네 개를 바깥쪽으로 당긴다. 그러면 검은색 화살표 머리가 가리키는 부분에 조그만 삼각형 덮개가 생길 것이다. 그 부분을 눌러서 납작하게 만든다. 뒤쪽도 반복한다.

8 삼각형 부분을 모형 안쪽으로 산접기해서 넣는다. 뒤쪽도 반복한다.

9 한 겹을 앞쪽으로 넘겨 접고, 또 한 겹은 뒤쪽으로 접는다.

10 다이아몬드 모양 부분의 아래쪽 가장자리를 위쪽으로 골접기한다. 그렇게 하면 모형 아래쪽의 삼각형의 테두리가 위로 올라와서 덮개 형태가 될 것이다. 이것을 눌러서 납작하게 만든다. 골접기를 한 후 눌러 줘야 하는 이런 방법을 회전접기 swivel fold라고 한다(7번에서 만든 조그만 덮개가 여기서도 만들어져야 하지만, 이것은 일반적인 회전접기에서 생기는 것이 아니다). 뒤쪽도 반복한다.

11 8번에서 한 것처럼, 삼각형을 모형 안쪽으로 산접기해서 넣는다. 모형 아래쪽을 넓히고 네 발을 펼친다.

12 로켓이 완성되었다.

09
앉아 있는 여자

● **종이_** 1:1.5 비율의 직사각형(10×15 센티미터 이상)
● **색깔_** 하얀 면을 위로

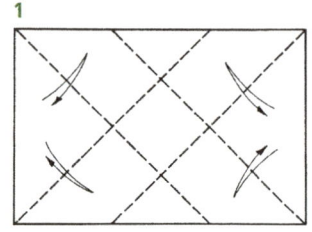

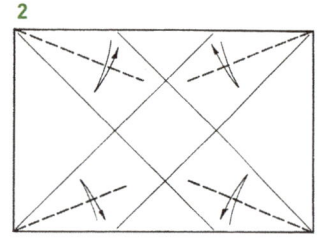

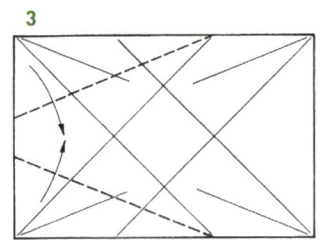

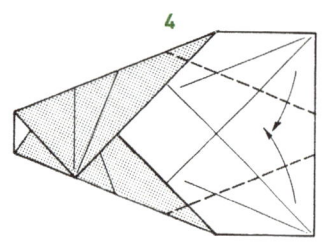

1. 네 모서리를 전부 골접기로 이등분한다. 접었다가 다시 펼친다.
2. 1번에서 만든 대각선과 직사각형의 긴 변 사이를 접어 각각 선을 만든다. 선을 종이 끝까지 만들 필요는 없다.
3. 모형 왼쪽에 있는 대각선에 사각형 위와 아래의 변이 맞도록 왼쪽 모서리들을 접는다.
4. 모형 오른쪽도 반복한다.

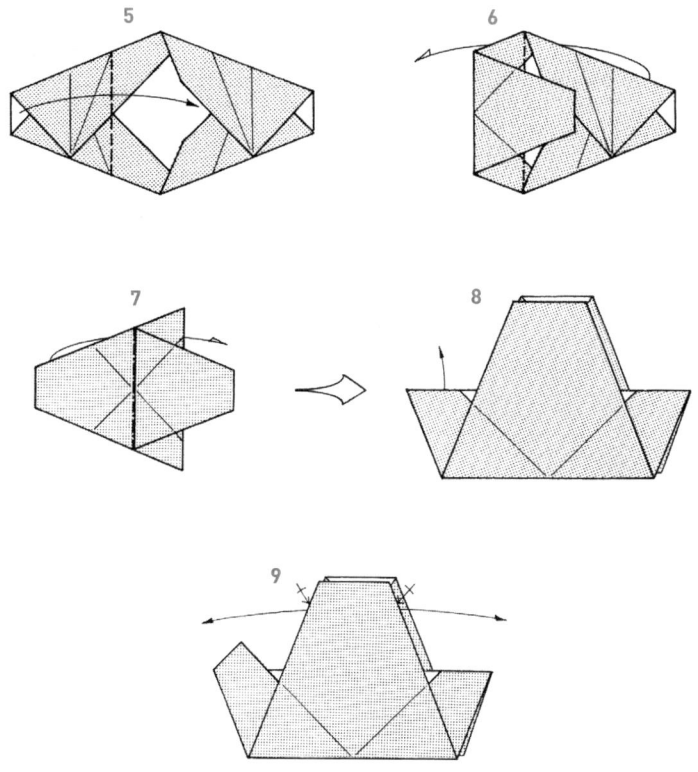

5 모형의 왼쪽 3분의 1을 오른쪽으로 접는다. 왼쪽 가장자리 선이 오른쪽 두 가장자리의 교차점에 닿게 만들면 된다.

6 모형의 오른쪽 절반을 뒤로 산접기한다.

7 뒤쪽 덮개가 위의 종이와 나란하도록 오른쪽 뒤로 산접기한다.

8 90° 돌려서 확대한 모습. 종이 사이에 낀 부분을 최대한 바깥으로 잡아당긴다.

9 모형 안쪽에서 직사각형의 원래 모서리를 찾아 최대한 바깥으로 당긴다. 2번에서 만든 선을 따라 산접기가 생길 것이다. 이것을 이용해서 모형을 납작하게 만들고, 자연스럽게 만들어지는 새로운 선을 따라 접는다.

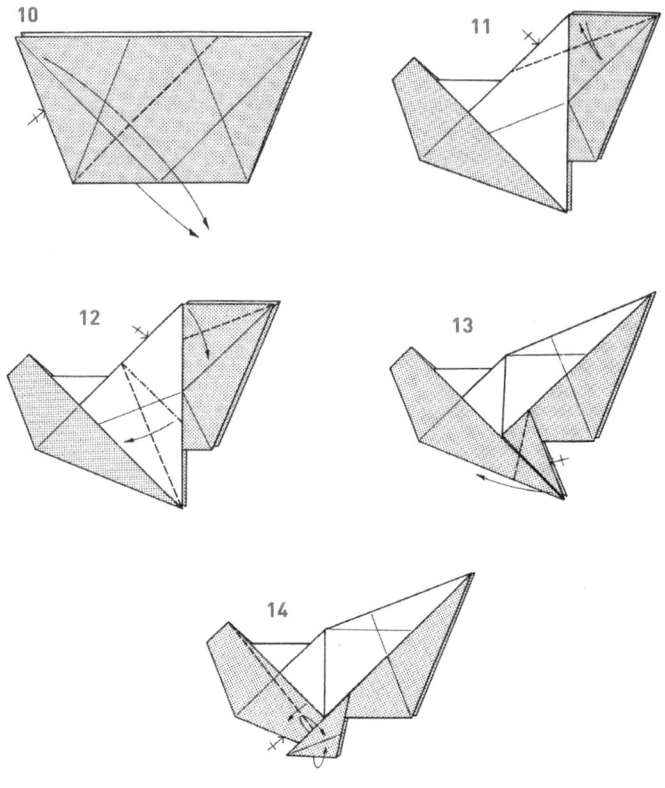

10 왼쪽 위 모서리를 오른쪽 아래로 최대한 당겨 골접기한다(앞쪽과 뒤쪽 둘 다).

11 각을 이등분하는 선을 만든다. 뒤쪽도 반복한다.

12 회전접기를 한다. 오른쪽의 골접기 선은 이미 있다. 이 첫 번째 선과 종이 가장자리가 만나는 점과 바닥의 뾰족한 부분을 잇는 선을 따라 또 한 번 골접기를 한다. 두 골접기를 다 했으면 모형을 납작하게 만든다. 이때 적당한 위치에 산접기가 생길 것이다(회전접기와 토끼귀접기 둘 다 모든 골접기를 다 하고 나면 모형을 납작하게 만들 때 저절로 산접기가 생긴다).

13 아래쪽 끄트머리의 오른쪽 가장자리가 종이의 위쪽 가장자리와 평행하도록(다음 번 그림 참조) 위로 골접기한다. 뒤쪽도 반복한다.

14 작은 끄트머리의 뒤쪽 종이를 꺼내 앞쪽을 덮는다. 윗부분은 쉽게 나오지만 아랫부분을 꺼내려면 길고 가는 골접기를 해야 한다. 뒤쪽도 반복한다.

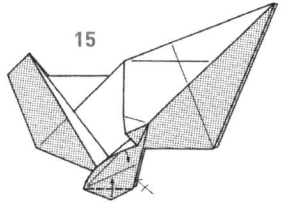 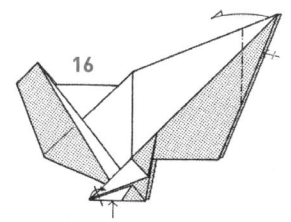

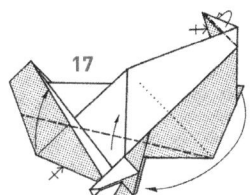 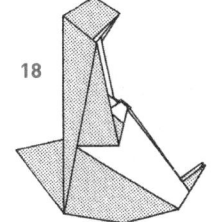

15 덮어 싸는 과정을 보여 준다.

16 덮어접기가 완성되었다. 아래쪽 뾰족한 끝부분을 오른쪽으로 골접기한다. 오른쪽의 두 가지 색으로 된 뾰족한 부분을 다시 왼쪽으로 산접기한다. 뒤쪽도 반복한다.

17 모형의 바닥에 있는 고르지 못한 형태를 위로 골접기한다. 골접기는 오른쪽에 보이는 모서리까지 이어져야 한다. 덮개 부분의 가장 왼쪽 모서리는 위에 있는 모형의 하얀색이 시작되는 부분에 닿아야 한다. 오른쪽에 살짝 보이는 뭉툭한 부분을 바닥 쪽으로 뒤집어접기한다. 점선은 가려진 선으로, 뒤집어접은 선이 종이 안쪽 어디에 생기는지를 알려 준다. 마지막으로 발(오른쪽 위)을 반으로 산접기한다. 뒤쪽도 반복하고 모형을 시계 방향으로 90° 돌린다.

18 앉아 있는 여자가 완성되었다.

10
수녀

● **종이_** 1:1.294 비율의 직사각형(21.6×28센티미터 이상)
● **색깔_** 하얀 면을 위로

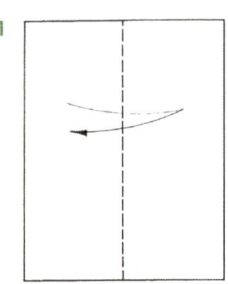

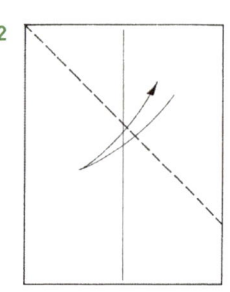

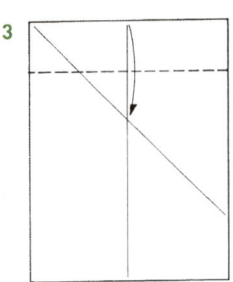

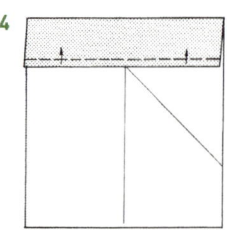

1 종이를 길게 반으로 접어서 선을 만들고 펼친다.
2 왼쪽 상단 모서리의 각을 이등분한 선을 만든다.
3 1번과 2번의 선이 교차하는 점까지 윗부분을 골접기한다.
4 내려온 부분의 끝을 6분의 1정도 접어 올린다.

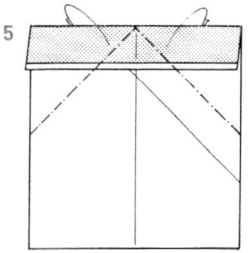 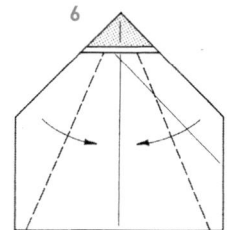 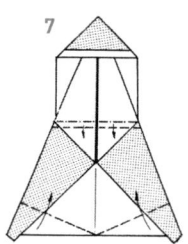

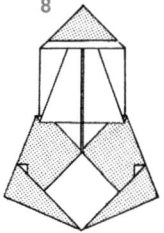  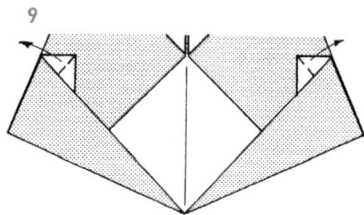

5 모서리들을 뒤로 산접기한다.

6 새로 생긴 가장자리를 중심선에 맞춰 골접기한다. 골접기할 때 작은 '모자' 안쪽으로 뾰족한 부분 끝까지 닿도록 접는다.

7 허리에서 서로 평행하도록 산접기와 골접기를 한다. 이것을 주름pleat이라고 한다. 아래쪽 모서리를 위쪽으로 골접기한다. 접는 선은 모형의 바깥쪽 가장자리와 수직이 되어야 한다.

8 이렇게 된다.

9 확대한 모습. 앉아 있는 여자의 9번처럼 모서리를 바깥쪽으로 당긴다. 다만 이 경우에는 모서리까지 닿는 골접기용 선을 만들어 두어야 한다. 이것은 미리 만들어 두지 않았다.

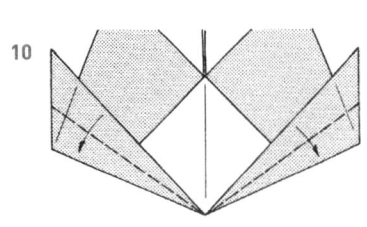
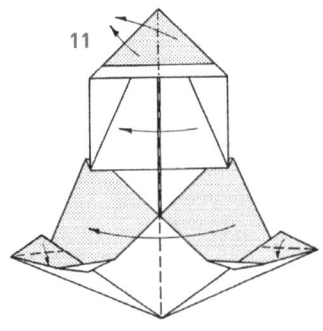

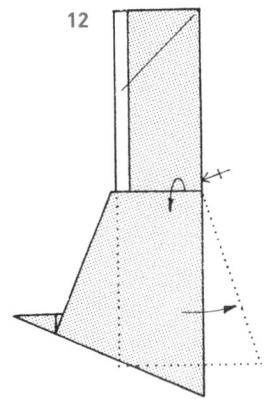
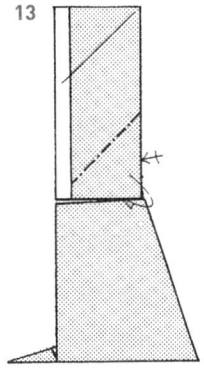

10 각의 이등분선을 따라 삼각형을 골접기한다. 위쪽 가장자리에 로켓의 7번처럼 작은 삼각형 덮개가 생길 것이다.

11 골접기를 해서 발을 가늘게 만든다. 모형을 반으로 골접기하고 납작하게 누르며 꼭대기의 조그만 '모자' 가운데를 모형의 안쪽에서 밖으로 당긴다.

12 주름 사이에 낀 종이를 빼낸다. 모형의 아랫부분을 오른쪽으로 당겨서 모형의 위쪽과 아래쪽의 왼쪽 가 장자리가 직선이 되게 맞춘다. 모형을 납작하게 만든다.

13 그림의 모서리를 뒤집어접기한다. 뒤쪽도 반복한다.

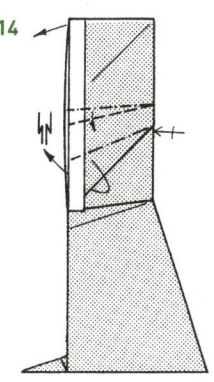

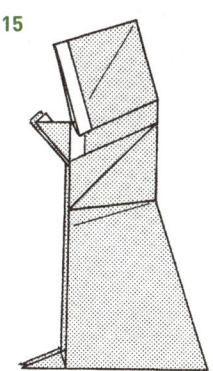

14 모형의 왼편에 있는 두 개의 마주보는 지그재그 선은 앞뒤주름접기crimp fold를 의미한다. 산접기와 골접기를 해서 주름처럼 만들면 된다.* 지그재그가 마주보고 있는 것은 모형의 반대편도 똑같이 하라는 것이다(그러니까 돌려서 보면 두 개의 지그재그 선이 있는 것 같다). 팔을 최대한 아래쪽으로 산접기한다. 뒤쪽도 반복한다.

15 수녀가 완성되었다.

● 종이접기에서는 종이 한 장, 한 겹에만 주름을 잡을 때는 pleat, 여러 장 겹쳐 있는 걸 마주보는 형태로 주름을 잡을 때 crimp라고 쓴다. pleat는 주름, crimp는 앞뒤주름으로 번역하였다. -옮긴이

11
독수리

● **종이**_ 정사각형(15×15 센티미터 이상)
● **색깔**_ 하얀 면을 위로

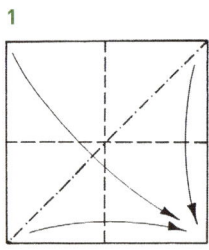
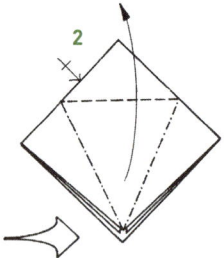

1 종이를 가로 세로로 각각 골접기하고, 대각선으로 산접기해서 선을 만든다. 네 모서리를 한 군데로 모은다. 이것은 사각주머니접기를 하는 또 다른 방법이다.

2 사각형의 네 모서리가 아래로 오도록 모형을 돌린다. 앞과 뒤 모서리를 올려 접어서 학접기 기본형을 만든다.

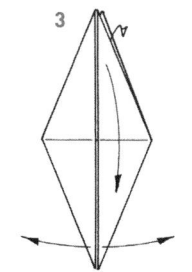

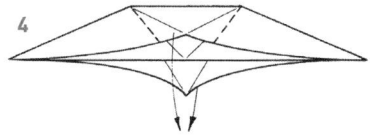

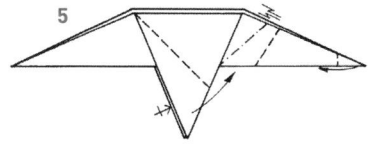

3 위쪽의 뾰족한 두 부분을 아래로 내린다. 아래쪽의 뾰족한 두 부분을 양손으로 각각 잡고 최대한 양옆으로 벌린다.

4 이렇게 된다. 모형을 납작하게 만들면 자연스럽게 그림처럼 골접기가 만들어진다.

5 아래쪽의 뾰족한 부분을 최대한 오른쪽으로 당겨 골접기한다. 오른쪽의 뾰족한 부분은 앞뒤주름접기한다. 이 앞뒤주름은 뒤집어접기를 두 번 차례로 하면 가장 쉽게 만들 수 있다. 우선 산접기 부호가 있는 부분을 안으로 뒤집어접기한다. 그런 다음 앞의 것과 평행하게 안으로 뒤집어접기를 한 번 더 한다. 뒤집어접기를 하기 전에 미리 산접기와 골접기로 선을 만들어 두면 더 쉽다. 마지막으로 꼬리(오른쪽 부분)의 끄트머리를 밖으로 뒤집어접기한다.

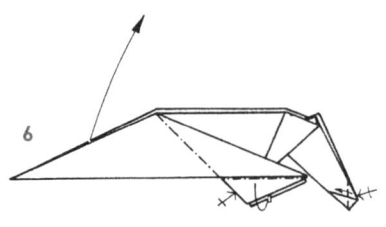 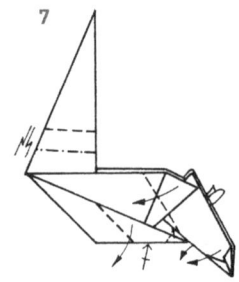

6 왼쪽의 뾰족한 부분을 위를 향해 안으로 뒤집어접기한다. 모형 아래쪽에 오른쪽을 가리키는 두 개의 작고 뾰족한 부분은 다리이다. 다리의 아래쪽 절반을 뒤집어접기하고, 뒤쪽도 반복한다. 꼬리의 모서리를 골접기한다. 뒤쪽도 반복한다.

7 목(왼쪽에 세로로 서 있는 부분)을 앞뒤주름접기한다. 이것 역시 안으로 뒤집어접기 두 번을 하는 것이 가장 쉬운 방법이다. 다리를 아래로 골접기한다. 꼬리를 밖으로 뒤집어접기한다.

8 목의 가장자리를 모형 안쪽으로 산접기해서 밀어 넣는다. 아래쪽에 조그만 삼각형 덮개가 생기는데(회전접기에서처럼) 이것을 납작하게 만든다.

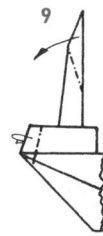 

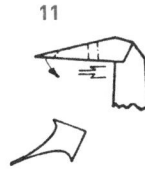 

9 목 꼭대기를 뒤집어접기해서 머리를 만든다. 목의 종이 한 겹의 가장자리를 모형 안쪽으로 산접기해서 밀어 넣는다.

10 머리를 밖으로 뒤집어접기한다. 목의 반대편 가장자리도 모형 안쪽으로 골접기해서 넣는다.

11 머리를 확대한 모습. 부리를 앞뒤주름접기하고(뒤집어접기 두 번을 해서) 부리 끝을 구부러지게 만들기 위해서 아래쪽으로 뒤집어접기한다.

12 독수리가 완성되었다.

12
작은새

- **종이**_ 직각이등변삼각형(15×15 센티미터 이상 정사각형을 잘라 만들어도 좋다)
- **색깔**_ 색깔 면을 위로

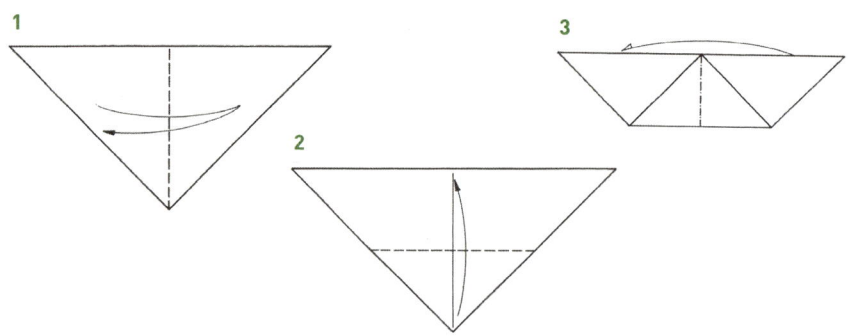

1 삼각형을 세로로 반 접었다가 펼친다.
2 삼각형의 아래쪽 꼭짓점이 위쪽 가장자리에 닿도록 위로 접는다.
3 오른쪽 절반을 왼쪽 절반의 뒤로 산접기한다.

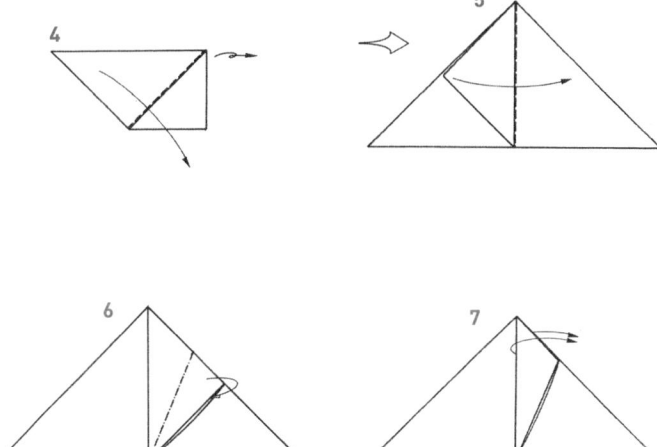

4 종이의 아랫면 가장자리 위로 종이 한 겹을 골접기한다. 모형을 옆으로 뒤집고 5번의 그림처럼 되도록 돌린다.

5 작은 삼각형을 오른쪽으로 골접기한다.

6 그림에 표시된 가장자리를 각의 이등분선을 따라 모형 안으로 뒤집어접기해서 밀어 넣는다.

7 그림에 표시된 부분을 끄집어낸다. 모형을 일부 펼쳐야 할 것이다. 종이는 속을 뒤집는 것처럼 나오는데, 이런 면에서 밖으로 뒤집어접기와 비슷하다.

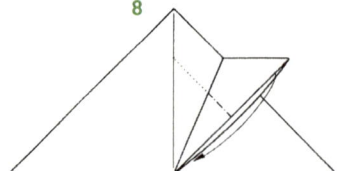 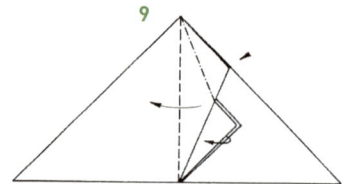

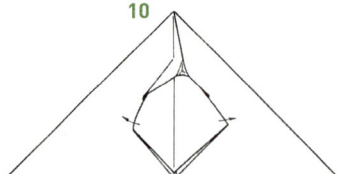 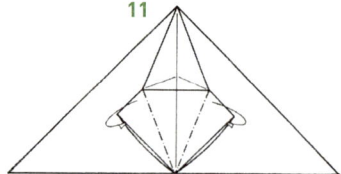

8   그림에 표시된 모서리를 모형의 아래쪽으로 당겨 뒤집어접기한다. 가려진 선이 보여 주듯이 뒤집어접은 선이 모형 안쪽으로 중심선까지 닿을 것이다.

9   모형의 아래쪽 3분의 2 지점에 있는 두 개의 납작한 삼각형을 벌리고 검은색 화살표 머리로 표시된 부분을 눌러 접는다. 이렇게 하는 것을 펼쳐눌러접기라고 한다. 펼쳐눌러접기는 우선 아래쪽에 있는 뾰족한 부분 두 개를 최대한으로 펼치면 쉽게 만들 수 있다.

10   이런 식이다. 위의 뾰족한 부분은 접고 있는 표면에서 앞으로 튀어나올 것이다. 그러면 아래쪽의 뾰족한 부분 두 개를 누른 채 위쪽의 뾰족한 부분도 누른다. 이렇게 하면 가운데 있는 조그만 삼각형 부분은 그림처럼 납작해질 것이다. 이 부분의 세 모서리를 펼쳐눌러접기하면 납작한 부분이 더 커질 것이다. 결국에는 모든 부분이 다 납작해진다. 그러면 종이를 매끈하게 만들어서 새로운 선을 명확하게 눌러 주면 된다.

11   결과물은 이런 모습이 된다. 가장자리를 뒤집어접기해서 모형 안쪽으로 밀어 넣는다(선 자국이 학접기 기본형을 만들 때 사용했던 것과 비슷하다는 것에 주목하라. 이는 종이 모서리를 안으로 접어 넣는 방식으로 이 뒤집어접기를 할 수 있다는 뜻이다).

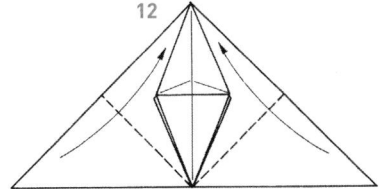 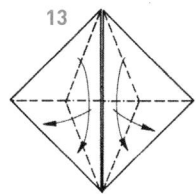

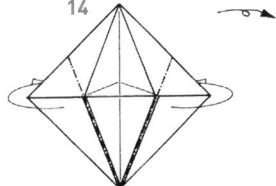 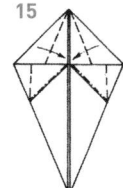 

12 두 개의 커다란 삼각형이 방금 작업한 부분을 덮도록 위로 접는다.

13 두 개의 덮개를 모형 아래쪽을 향해 토끼귀접기한다. 세 개의 골접기는 모두 각의 이등분선이다.

14 가장자리를 뒤쪽으로 산접기한다. 모형을 옆으로 뒤집는다.

15 나머지 가장자리들을 뒤집어접기한다. 나머지 두 번의 접기를 하고 종이를 납작하게 만들면 세로로 골접기가 저절로 생길 것이다. 토끼귀접기를 이용해서 14번에서 이 결과를 얻을 수도 있다.

16 모형을 반으로 산접기한다.

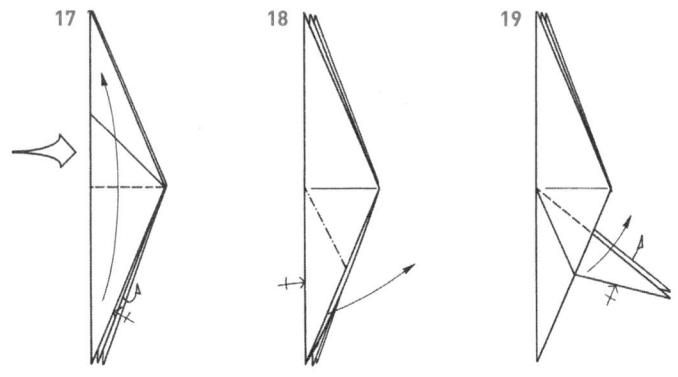

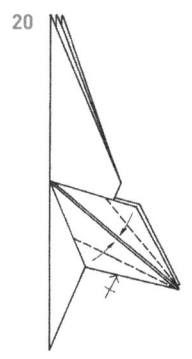 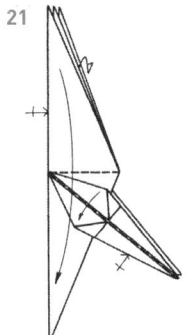

17 확대한 모습. 아래쪽의 한 겹을 모형의 위쪽으로 접는다. 뒤쪽도 반복한다.
18 표시된 뾰족한 부분을 앞으로 뒤집어접기한다. 뒤쪽도 반복한다.
19 뾰족한 부분을 열어서 펼친다. 뒤쪽도 반복한다.
20 가장자리를 중심선에 맞춰 골접기해서 가늘게 만든다. 뒤쪽도 반복한다.
21 뾰족한 부분을 다시 반으로 접고, 모형 위쪽의 뾰족한 부분을 아래로 접어 내린다. 뒤쪽도 반복한다.

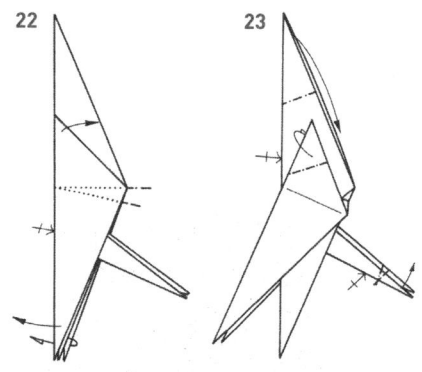

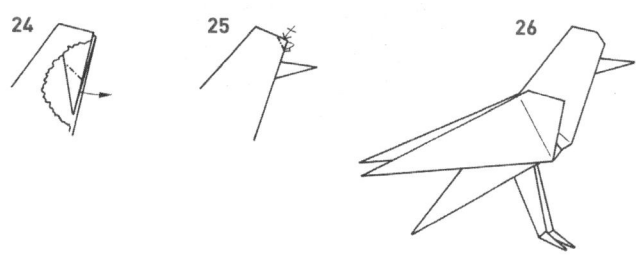

22 날개(크고 긴 삼각형)를 왼쪽으로 당긴다(어깨를 오른쪽으로 움직인다). 새로 생긴 선을 납작하게 누른다.

23 머리를 아래로 뒤집어접기해서 모형 안쪽으로 밀어 넣는다. 어깨 끝부분을 뒤로 산접기한다. 발을 앞쪽으로 앞뒤주름접기한다.

24 삐죽삐죽한 선은 원래는 가려져 있는 내부의 모습임을 의미한다. 마치 종이 앞쪽을 잘라낸 것처럼 보여주는 것이다. 부리를 만들기 위해서 이 부분에 숨겨져 있는 뾰족한 부분을 바깥으로 뒤집어접기한다.

25 머리의 모서리를 모형 안쪽으로 산접기해서 넣는다.

26 작은 새가 완성되었다.

13
투탕카멘

● **종이**_ 정사각형(20×20센티미터 이상)
● **색깔**_ 하얀 면을 위로

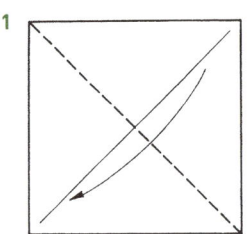
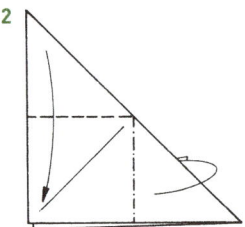

1 대각선 한쪽을 골접기해서 선을 만든다. 반대편을 따라 종이를 반으로 골접기한다.
2 한쪽 모서리를 아래로 골접기한다. 반대쪽 모서리는 뒤로 산접기한다.

2장. 두뇌계발 워밍업
종이접기를 시작해 보자

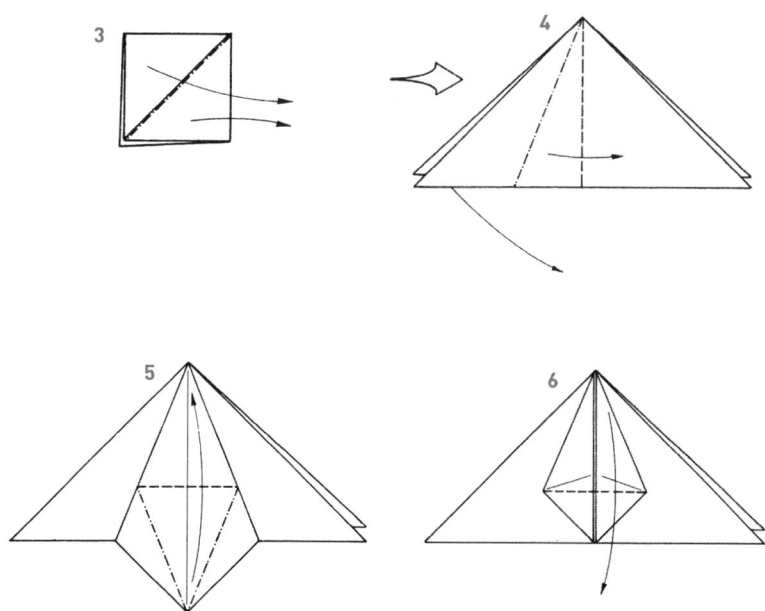

3 안쪽 아래 뾰족한 부분을 양옆으로 벌리고, 옆쪽을 한 군데로 모은다.
4 이것은 삼각주머니 기본형을 만드는 또 다른 방법이다. 한쪽 모서리를 눌러접기한다.
5 모서리를 점선을 따라 올려 접는다.
6 다시 아래쪽으로 접어 내린다.

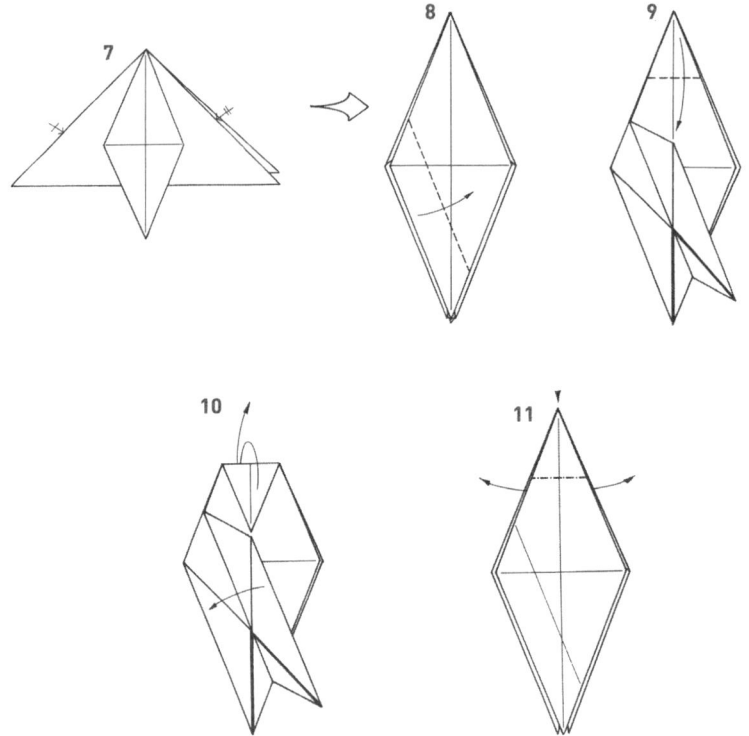

7 다른 세 개의 부분에도 4-6번을 반복한다.

8 확대한 모습. 이것은 꽃접기 기본형이라고 하는 또 하나의 흔한 모양이다. 덮개를 가장자리 선과 평행하게 접어서 덮개의 왼쪽 모서리가 중심선에 닿게 만든다.

9 위쪽의 뾰족한 부분이 모서리에 닿도록 아래로 접어 내린다.

10 뾰족한 부분을 다시 펼치고 같은 선을 따라 이번에는 뒤로 접는다. 8번에서 한 모든 것을 다시 펼친다.

11 위쪽 뾰족한 부분을 함몰접기한다. 이것은 모형의 종이 겹을 벌리고 그 부분이 함몰되도록 눌러서 납작하게 만드는 것이다. 함몰될 부분 주위로 여러 개의 산접기를 해 두면 쉽게 함몰시킬 수 있다(산접기는 9번과 10번에서 만든 선을 따라 해야 한다).

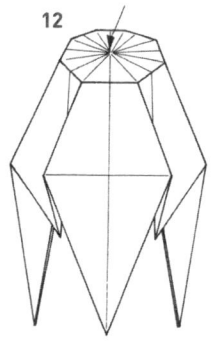 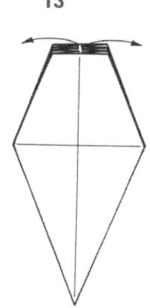

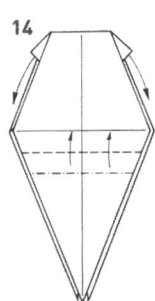 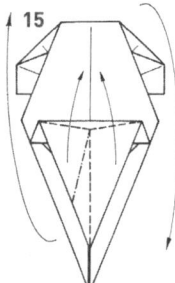

12 함몰 과정을 보여 준다. 함몰될 부분 가운데를 모형 안쪽으로 누르고 모형을 다시 위로 당겨 접는다. 그러면 함몰 부위의 위쪽 가장자리에 주름이 생길 것이다.

13 완성된 함몰접기. 가운데 한 쌍의 주름을 모형 바깥쪽으로 뒤집어접기한다.

14 뒤집은 주름을 최대한 아래로 당긴다. 제일 아래 있는 부분을 주름접기한다.

15 주름접기를 한 부분을 비대칭으로 토끼귀접기를 한다. 이 경우에 미리 선을 만들어 둘 필요는 없다(세로로 골접기 선만 미리 만들어 둘 것). 나머지 선의 위치는 알아서 결정해야 한다. 모형을 180° 돌린다.

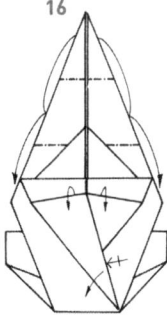 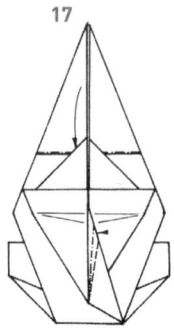

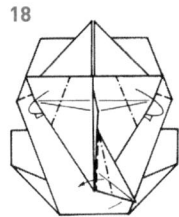 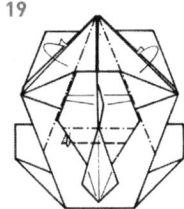

16 모형 위쪽의 뾰족한 부분을 아래로 뒤집어접기하고, 다시 그 안으로 뒤집어접기한다. 토끼 귀 뒤쪽에 낀 종이를 왼쪽으로 잡아당긴다. 오른쪽도 반복한다.

17 모형 끝에 남은 뾰족한 부분을 안으로 함몰접기한다. 모형의 중심선에서 솟아나온 뾰족한 부분에 앞뒤 주름접기를 한다. 앞뒤주름은 코와 수염이 될 것이다.

18 머리 가장자리를 뒤집어접기한다. 수염을 눌러접기한다.

19 머리 가장자리를 산접기한다. 얼굴 아랫부분에 주름접기를 한다.

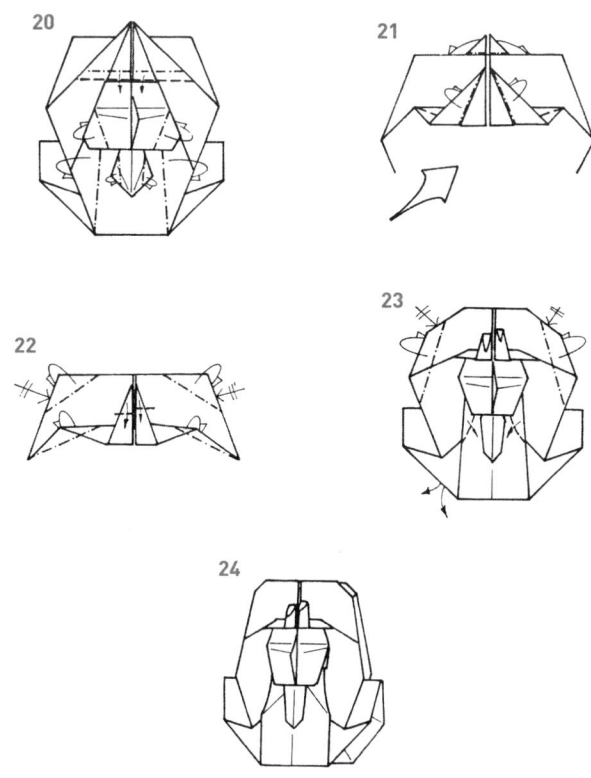

20 얼굴과 수염, 가슴을 산접기로 좁게 만든다. 머리 위쪽 두 개의 뾰족한 부분을 머리 쪽으로 주름접기한다.

21 머리장식 꼭대기에 남은 작고 뾰족한 부분을 모형 한쪽으로 뒤집어접기해서 넣는다. 장식이 될 아래쪽 두 개의 뾰족한 부분은 회전접기한다.

22 머리장식의 모든 모서리와 장식의 모서리들을 산접기한다. 머리를 만들기 위해서 끝부분을 아래로 접는다(각각 독수리와 독사가 될 것이다).

23 머리장식의 모든 가장자리를 모형 안쪽으로 산접기해서 밀어 넣는다. 수염을 좌우로 살짝 누른다. 가면 아래쪽 앞뒤를 펼친다.

24 투탕카멘이 완성되었다.

2장에서는 가장 흔한 접기 기술을 소개했다. 이제 그것을 사용하게 될 것이다. 물론 더 복잡한 단계별 접기가 수없이 많지만, 그런 것들은 앞장에 실린 것들만큼 자주 나오지 않는다. 이번에 나올 종이접기들은 앞의 것들보다 좀 더 어렵다. 이번에는 손재주가 필요한 과정이 여럿 포함된다. 한 단계가 끝날 때 종이가 납작하지 않을 수도 있고, 접은 선이 끝까지 만들어지지 않을 수도 있다. 어떤 경우에는 다섯 개나 열 개의 선을 한꺼번에 만들어야 할 수도 있다. 어쨌든 모든 것이 설명과 그림으로 상세하게 나와 있으니 노력한 만큼의 결과를 얻을 수 있을 것이다.

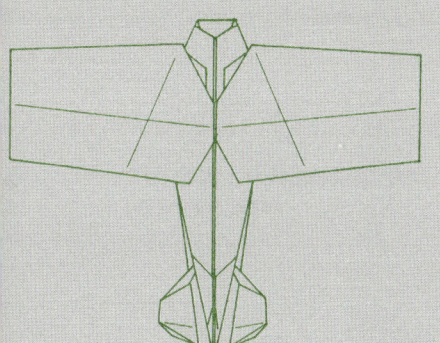
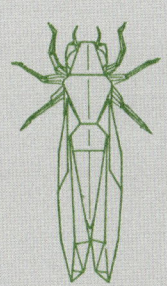
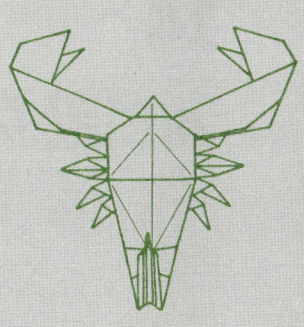

3장 본격 두뇌계발_
종이접기 난이도를 올려 보자

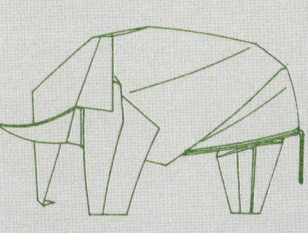

14
게르빌 쥐

● **종이**_ 정삼각형(변의 길이 15센티미터 이상)
● **색깔**_ 색깔 면을 위로

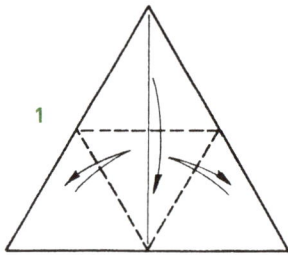
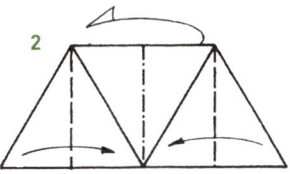

1. 각 모서리가 마주보는 변의 정가운데에 닿도록 접는다. 선을 만들고 펼친다. 제일 윗부분은 접은 채 놔둔다.
2. 양옆을 중심선에 맞춰 접는다. 모형을 반으로 산접기하고 반시계 방향으로 90° 돌린다.

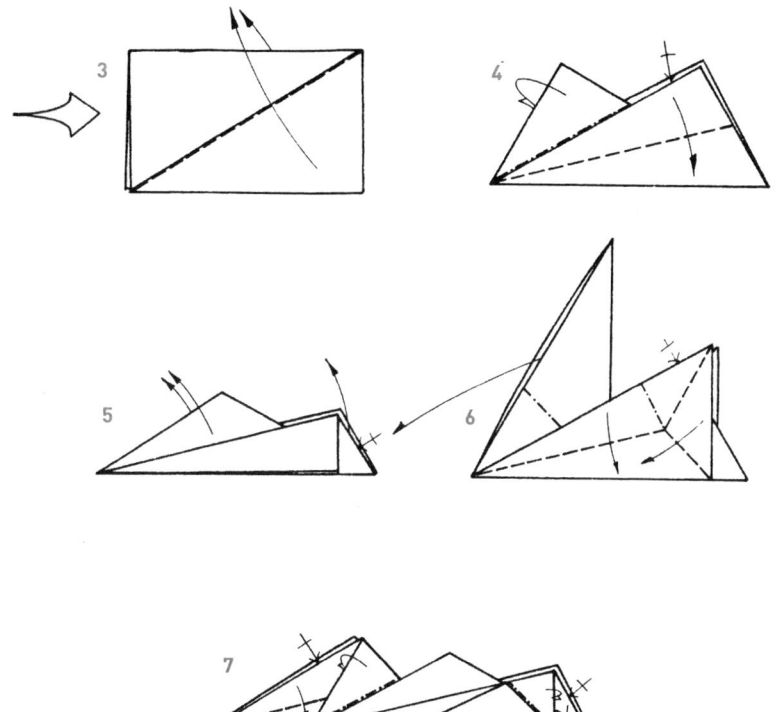

3 확대한 모습. 오른쪽 아래 모서리를 앞뒤 모두 골접기한다.

4 왼쪽 위 뾰족한 부분을 모형 안으로 뒤집어접기한다. 한 겹을 가장자리가 모형 바닥 선에 닿도록 아래로 골접기한다. 뒤쪽도 반복한다.

5 밖으로 뒤집어접기한 것을 펼 때처럼 모형 위쪽을 덮고 있는 종이 한 장을 펼친다. 모형 오른쪽에 있는 삼각형의 원래 모서리 두 개를 펼친다.

6 위쪽의 뾰족한 부분(꼬리)을 아래쪽으로 뒤집어접기한다. 표시된 덮개를 앞뒤 모두 토끼귀접기한다.

7 머리(오른쪽)와 꼬리(왼쪽)의 가장자리를 아래쪽으로 뒤집어접기한다. 뒤쪽도 반복한다.

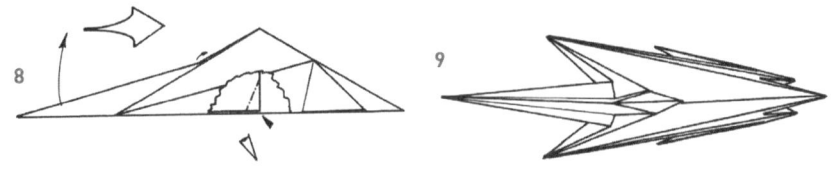

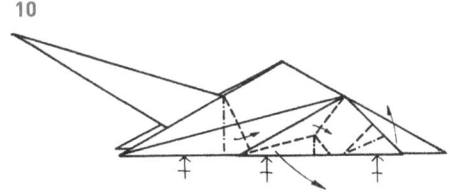

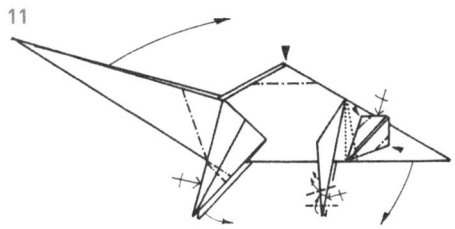

8 확대한 모습. 꼬리를 위로 잡아당긴다. 그러기 위해서는 표시된 모서리를 모형 안쪽으로 함몰시켜야 할 것이다. 삐죽삐죽한 선은 종이에 구멍을 뚫고 그 아래 있는 부분을 보여 주는 것처럼 그린 내부 모습을 뜻한다.

9 이것은 8번 그림에서 '눈' 기호가 있는 시점에서 본 것처럼, 모형의 바닥 부분 종이 배치를 보여 주는 그림이다.

10 뒷다리를 앞쪽으로 앞뒤주름접기한다. 앞다리는 토끼귀접기한다. 귀는 눌러 준다. 반대편에도 반복하여 세 가지를 다 한다.

11 꼬리를 위쪽으로 뒤집어접기한다(얼마만큼 올리는지는 12번을 참조한다). 등 가운데를 함몰시킨다. 발을 앞쪽으로 앞뒤주름접기한다. 앞다리를 밖으로 뒤집어접기해서 발바닥을 만들고, 끝을 안쪽으로 접어 넣어 뭉툭하게 만든다. 귀 모서리를 함몰시켜 둥글게 만들고, 코를 아래쪽으로 앞뒤주름접기한다.

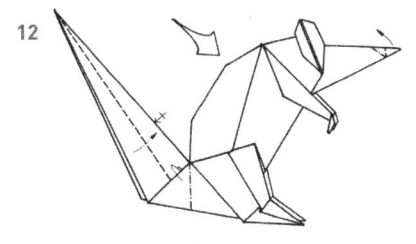

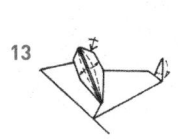
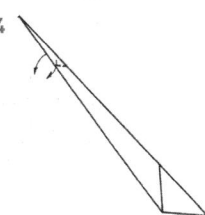

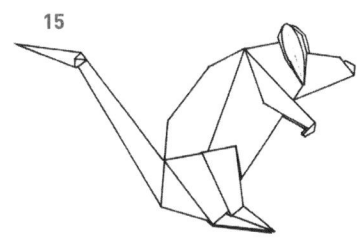

12 확대한 모습. 그림처럼 길게 골접기해서 꼬리를 가늘게 만든다. 여분의 종이를 그림처럼 산접기해서 모형 안쪽으로 밀어 넣는다. 두 번의 뒤집어접기로 코에 앞뒤주름을 잡는다.

13 귀의 종이 겹을 펼친다(뒤쪽도 반복한다). 작게 뒤집어접기해서 코를 뭉툭하게 만든다.

14 꼬리를 밖으로 뒤집어접기하고 꼬리 끝의 종이 겹을 펴 준다.

15 게르빌 쥐가 완성되었다.

15
잠자리

- **종이**_ 1:2 비율의 직사각형(10×20센티미터 이상)
- **색깔**_ 하얀 면을 위로

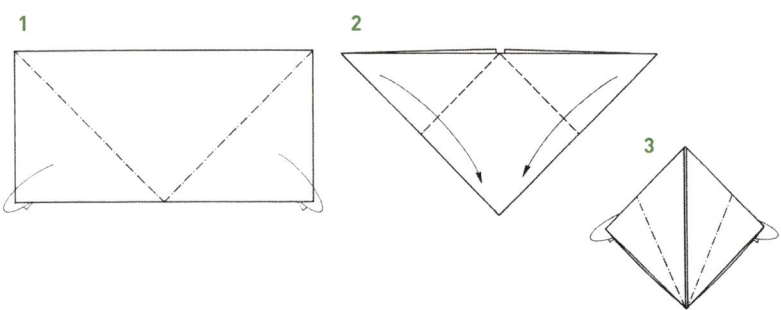

1 양 모서리를 뒤쪽으로 산접기한다.

2 모서리를 아래쪽으로 골접기한다.

3 모서리를 각의 이등분선을 따라 모형 안으로 뒤집어접기한다.

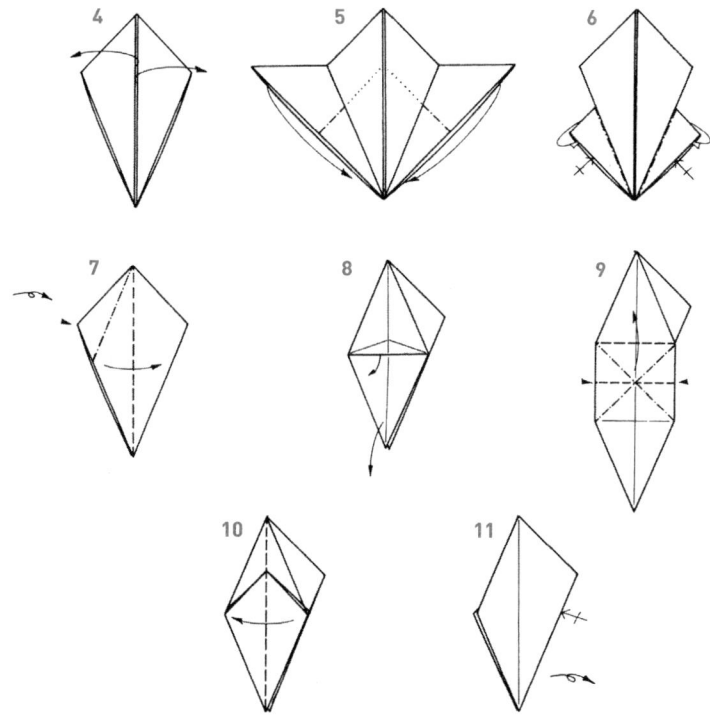

4 밖으로 뒤집어접기를 펴는 것처럼 모형을 덮은 덮개를 펼친다.

5 바깥쪽의 뾰족한 부분을 모형 아래쪽으로 뒤집어접기한다.

6 아래쪽 네 개의 모서리를 모형 안으로 뒤집어접기해서 넣는다. 모형을 뒤집는다.

7 왼쪽 모서리를 펼쳐함몰시키기 spread-sink 를 한다.

8 모형 아래쪽에 있는 종이 제일 윗겹을 잡고 아래쪽으로 당긴다. 중간에 겹쳐 있는 종이가 튀어나올 것이다.

9 튀어나온 종이 옆쪽을 표시된 방향으로 비틀고 작은 정사각형 가운데를 위쪽으로 최대한 다시 들어 올려 산접기한다. 모형을 납작하게 만든다. 이렇게 하면 원래의 직사각형 절반으로 학접기 기본형을 만든 셈이다.

10 학접기 기본형의 모든 종이 겹을 왼쪽으로 접어 넘긴다.

11 오른쪽도 7-10번까지 반복한다. 모형을 뒤집는다.

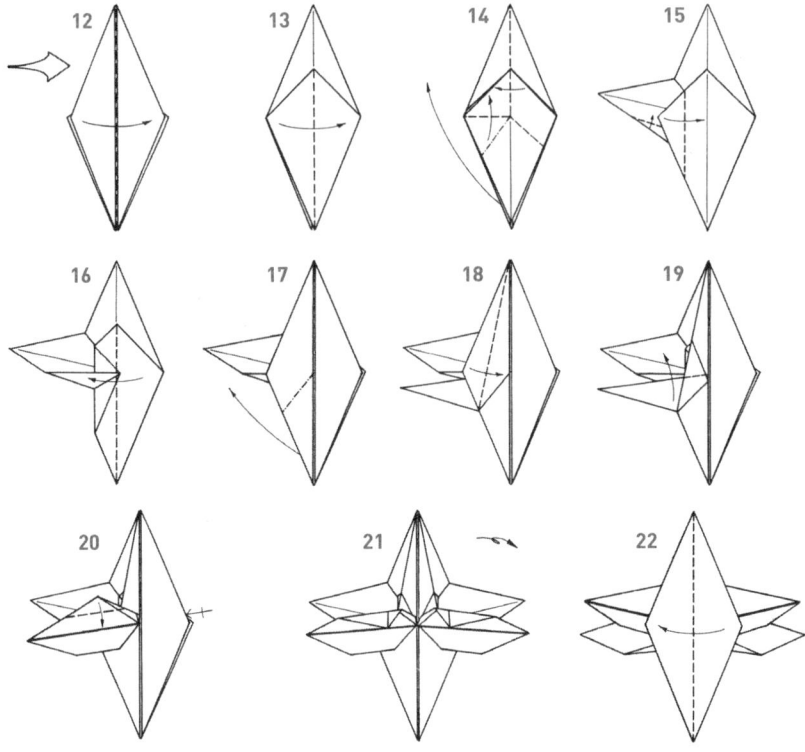

12 확대한 모습. 종이 한 겹을 왼쪽에서 오른쪽으로 책접기한다.

13 한 겹 더 책접기한다.

14 표시된 종이 한 겹을 위쪽으로 토끼귀접기하고 오른쪽에서 한 겹을 가져온다. 뾰족한 부분이 수평보다 약간 위쪽으로 몸통에서 튀어나와야 한다.

15 회전접기한다. 모서리가 중심선을 약간 지나쳐 튀어나오게 만든다.

16 오른쪽에서 왼쪽으로 한 겹을 책접기한다.

17 뒤집어접기한다.

18 골접기한다.

19 이 날개에서 한 겹을 위쪽으로 골접기해서 납작하게 만든다.

20 모서리를 아래쪽으로 골접기한다. 오른쪽에도 12-20번을 반복한다.

21 이렇게 된다. 모형을 옆으로 뒤집는다.

22 종이 한 겹을 책접기한다.

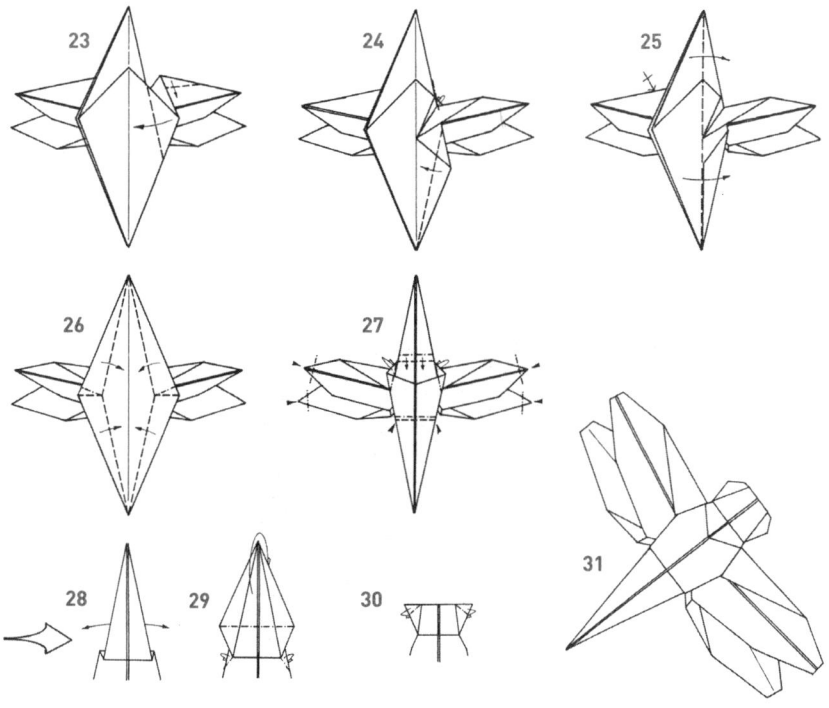

23 회전접기한다.

24 길고 가는 가장자리를 골접기한다. 날개 바로 위의 조그만 부분을 모형 안쪽으로 산접기해서 밀어 넣는다.

25 종이 한 겹을 다시 오른쪽으로 책접기한다. 왼쪽에도 22-25번을 반복한다.

26 토끼귀접기를 두 개 한다.

27 어깨에 있는 조그만 덮개를 모형 안쪽으로 접어 넣는다. 머리에 주름을 만든다. 날개 바로 아래 복부에 앞뒤주름을 만든다. 네 개의 모든 날개 끝을 함몰접기한다.

28 머리를 확대한 모습. 머리 양옆 바닥에서 종이를 한 장씩 최대한 많이 끄집어낸다.

29 머리 끝과 목 모서리를 산접기한다.

30 눈의 모서리를 뒤집어접기한다.

31 잠자리가 완성되었다.

16

대머리 독수리

- **종이_** 1:2 비율의 직사각형(15×30센티미터 이상)
- **색깔_** 하얀 면을 위로

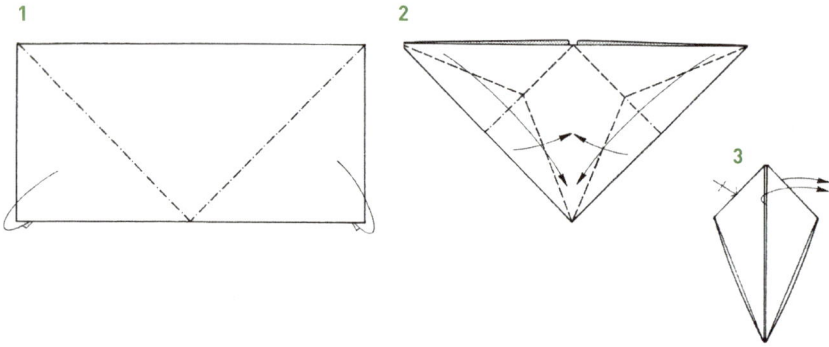

1. 두 모서리를 뒤로 산접기한다.
2. 모서리를 토끼귀접기한다.
3. 그림에서 겹쳐 감싸고 있는 부분을 밖으로 연다.

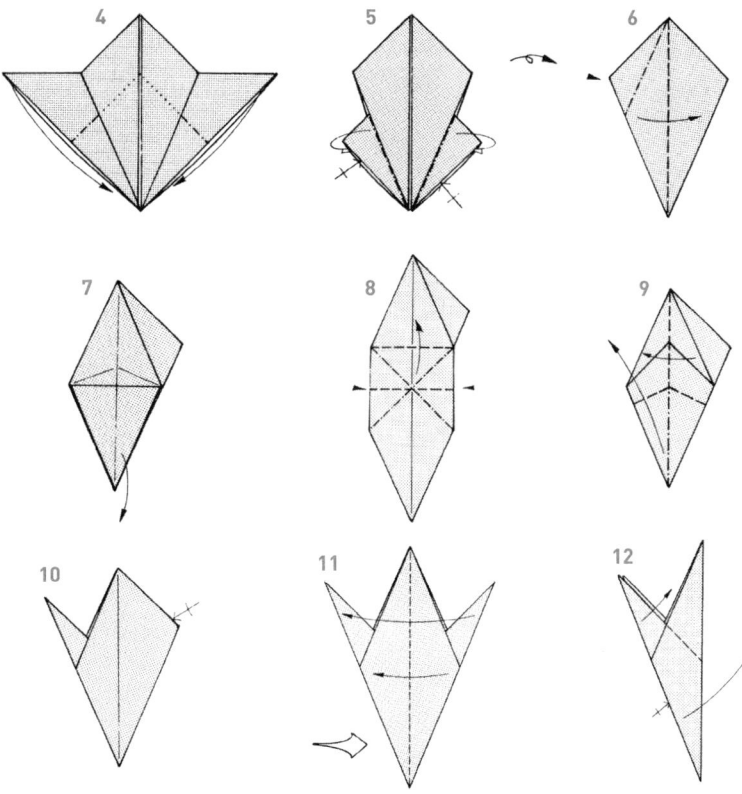

4 두 모서리를 아래로 뒤집어접기한다.

5 네 모서리를 모형 안으로 뒤집어접기해서 밀어 넣는다. 모형을 뒤집는다.

6 종이 한 겹을 펼쳐함몰시키기를 한다.

7 종이 한 겹을 최대한 많이 잡아당긴다.

8 표시된 선을 따라 종이를 다시 접어 학접기 기본형을 만든다.

9 학접기 기본형을 반으로 접으면서 바닥의 종이 한 겹을 뒤집어접기한다.

10 오른쪽에도 6-9번을 반복한다.

11 확대한 모습. 모형 전체를 반으로 접는다.

12 종이의 제일 윗겹을 연다. 뒤쪽도 반복한다.

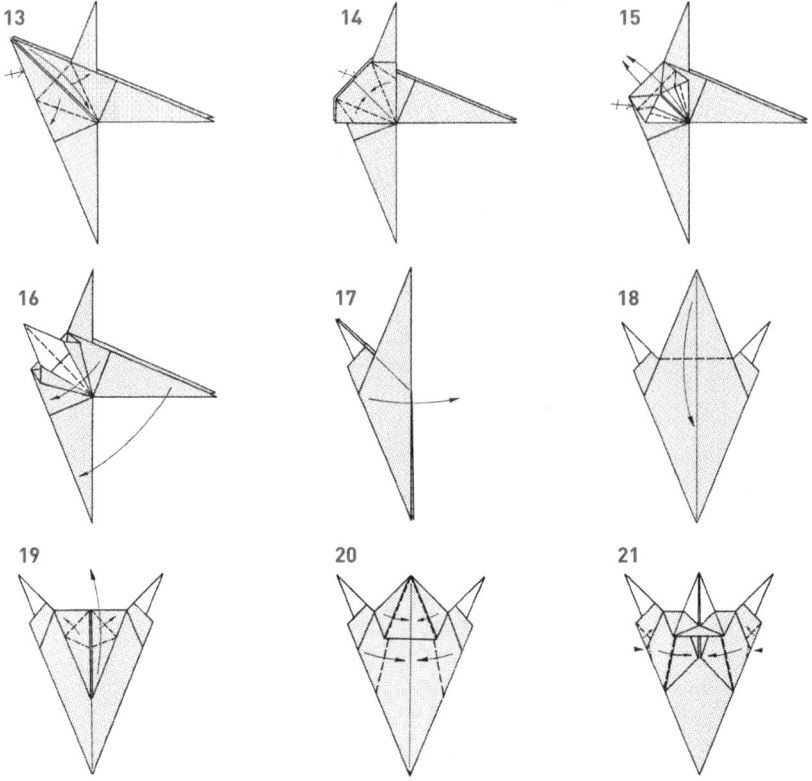

13 왼쪽 위의 덮개 끄트머리를 모든 가장자리가 만나는 교차점으로 당기면서 그 덮개의 가장자리를 전부 연다. 뒤쪽도 반복한다.

14 표시된 가장자리들을 눌러접기한다. 뒤쪽도 반복한다.

15 끄트머리를 최대한 당겨 올려 접는다. 뒤쪽도 반복한다.

16 뾰족한 부분을 반으로 접어 모형을 12번의 형태로 다시 만든다(끄트머리 색깔만 바뀌었다). 뒤쪽도 반복한다.

17 모형을 세로로 다시 연다.

18 위쪽의 뾰족한 부분을 최대한 아래로 내려 접는다.

19 끄트머리를 다시 위로 접으면서 그림처럼 가장자리는 펼친다.

20 그림처럼 양 가장자리를 골접기한다. 몸통을 접을 때에는 머리 아래쪽 끝까지 접는다.

21 몸통의 다음 번 종이 겹을 접는다. 다리의 가장자리는 위쪽으로 돌아갈 것이고 모서리는 살짝 함몰시켜야 한다(로켓에서처럼).

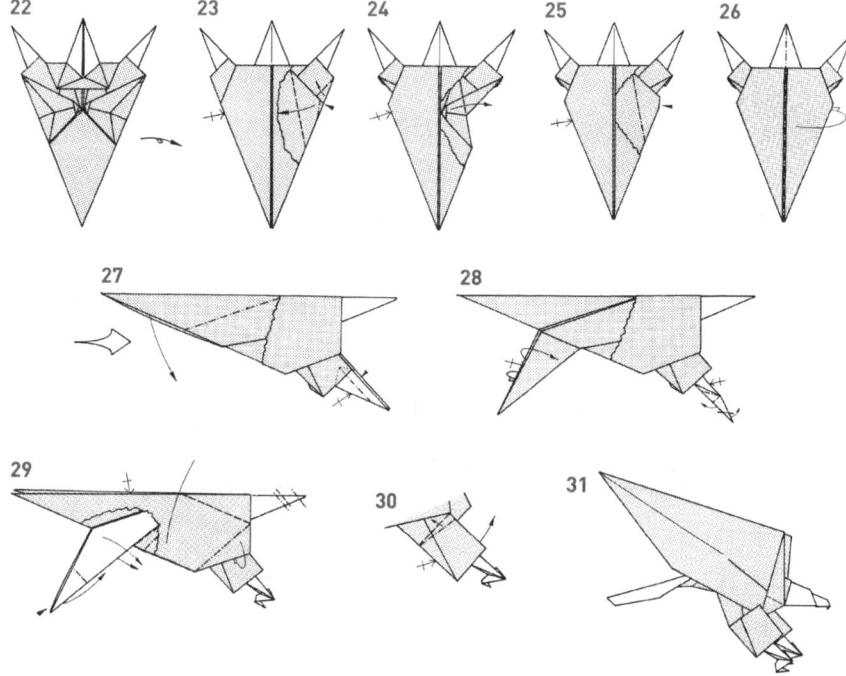

22 이렇게 된다. 종이를 뒤집는다.

23 오른쪽의 내부 모습. 가려진 종이 부분이 그 아래 종이 겹과 맞도록 돌린다.

24 돌려 접은 부분을 펴지 않고 가려진 종이 겹을 다시 오른쪽으로 골접기한다. 왼쪽도 반복한다.

25 이번에도 돌려 접은 부분을 펴지 않고 표시된 모서리를 그 안으로 밀어 넣는다(이전 단계에서 만든 선을 따라서). 이것을 닫힌함몰이라고 한다. 함몰된 뾰족한 부분이 그대로 닫혀 있기 때문이다(일반적인 함몰, 또는 열린함몰의 경우에는 뾰족한 부분이 함몰되는 중간에 납작해지며 열린다). 왼쪽도 반복한다.

26 모형을 반으로 산접기한다.

27 확대한 모습. 꼬리(왼쪽의 뾰족한 부분)를 아래쪽으로 뒤집어접기한다. 표시된 산접기한 다리의 앞쪽 가장자리를 뒤집어접기한다. 점선은 산접기를 유지하려면 다리 안쪽의 어느 부분을 추가적으로 접어야 하는지를 알려 준다. 반대편 다리도 반복한다.

28 가능한 모든 종이 겹을 꼬리 안쪽에서 바깥쪽으로 빙 둘러싼다. 세 번의 뒤집어접기로 발을 만든다.

29 꼬리 끝을 함몰시킨다. 꼬리가 몸통과 만나는 부분의 종이에 앞뒤주름을 만든다. 각 날개를 위쪽으로 회전접기한다. 앞뒤주름을 잡아서(두 개의 평행한 뒤집어접기) 부리를 만들고 끝부분에 또 한 번 뒤집어접기를 한다.

30 발의 상세 그림. 다리에 주름을 잡아서 끝부분이 위로 향하게 만든다. 뒤쪽도 반복한다.

31 대머리 독수리가 완성되었다.

17
메뚜기

- **종이**_ 정사각형 (20×20센티미터 이상)
- **색깔**_ 하얀 면을 위로

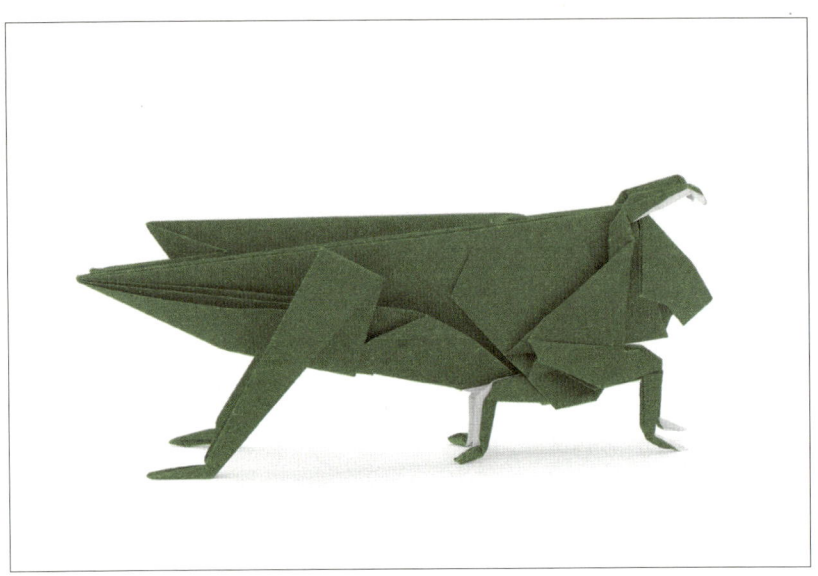

1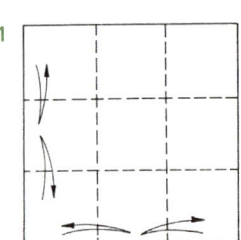
2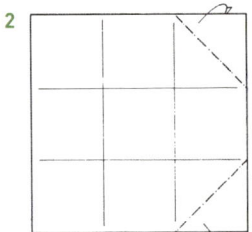
3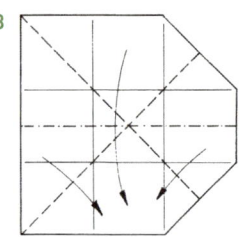

1 종이를 가로 세로 양쪽 다 삼등분해서 선을 만든다.
2 두 모서리를 산접기한다.
3 현재 상태의 종이로 삼각주머니 기본형을 만든다.

3장. 본격 두뇌계발
종이접기 난이도를 올려 보자

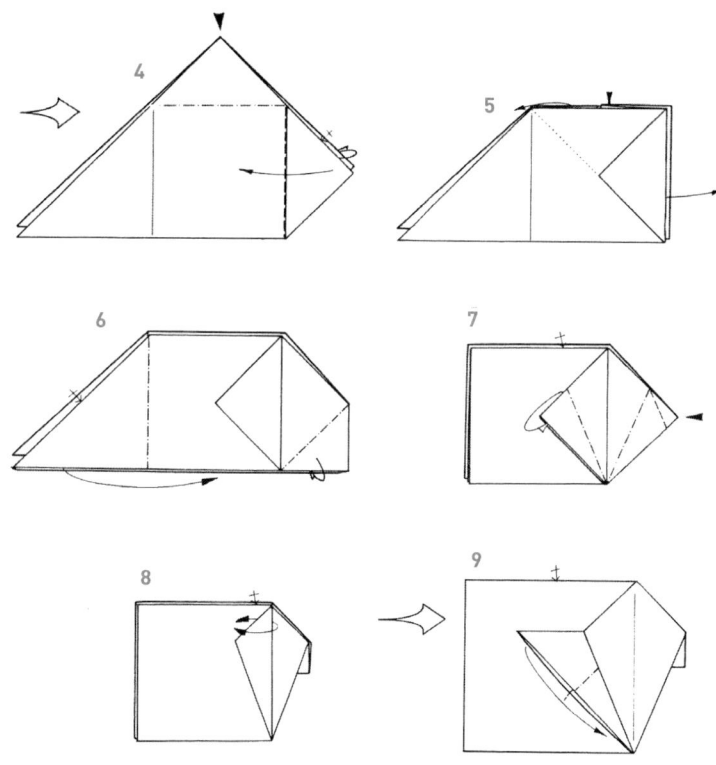

4 확대한 모습. 삼각주머니 기본형의 위쪽 3분의 1을 함몰시킨다. 끝을 접어 놓은 모형의 두 모서리를 왼쪽으로 골접기한다(앞뒤 모두).

5 모형의 위쪽 면 가운데에 함몰로 생긴 모서리가 두 개 있다. 왼쪽 모서리를 최대한 크게 뒤집어접기한다. 동시에 오른쪽 모서리는 함몰시키고 모형의 오른쪽 두 겹 사이의 종이를 최대한 당긴다.

6 이렇게 된다. 왼쪽 두 개의 모서리를 모형 안으로 뒤집어접기해서 밀어 넣는다. 오른쪽 아래 모서리도 뒤집어접기해서 넣는다.

7 모형의 오른쪽 부분은 이제 사각주머니와 비슷해졌다. 사각주머니의 왼쪽 모서리를 뒤집어접기한다. 뒤쪽도 반복한다. 사각주머니에 표시된 오른쪽 모서리를 함몰시킨다.

8 표시된 종이를 펼친다. 뒤쪽도 반복한다.

9 확대한 모습. 모서리를 모형의 바닥 쪽으로 뒤집어접기한다. 뒤쪽도 반복한다.

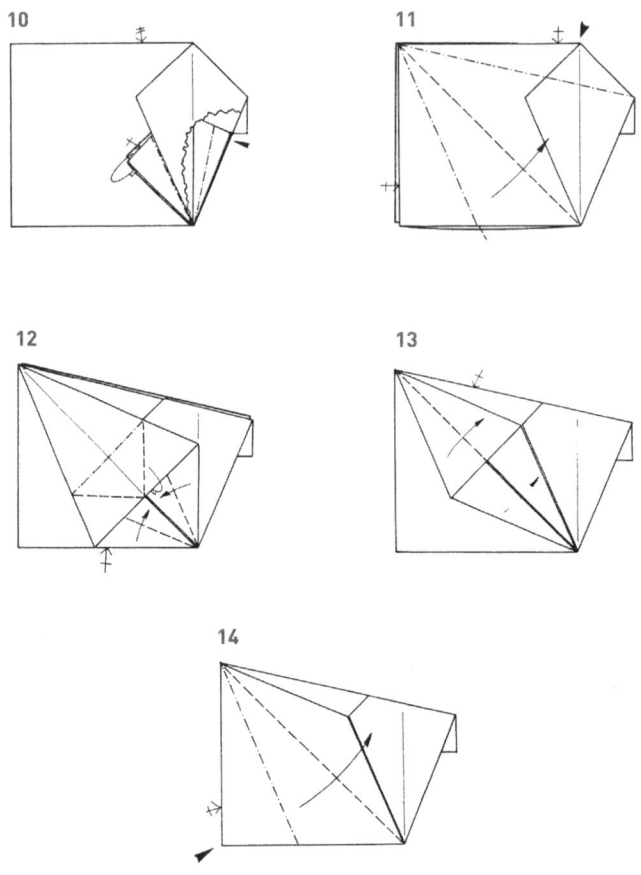

10 그림처럼 앞쪽 두 개, 뒤쪽 두 개의 모서리를 뒤집어접기한다. 오른쪽의 가려진 뾰족한 부분을 함몰시킨다.

11 모형 꼭대기의 긴 삼각형 부분을 닫힌함몰시킨다. 왼쪽 아래 모서리를 대칭으로 눌러접기한다. 뒤쪽도 반복한다.

12 앞 단계에서 접은 부분을 안으로 접어 넣고 튀어나온 부분은 모형 안쪽으로 밀어 넣는다. 뒤쪽도 반복한다.

13 한 겹을 골접기한다. 뒤쪽도 반복한다.

14 종이의 남은 겹을 눌러접기한다. 뒤쪽도 반복한다.

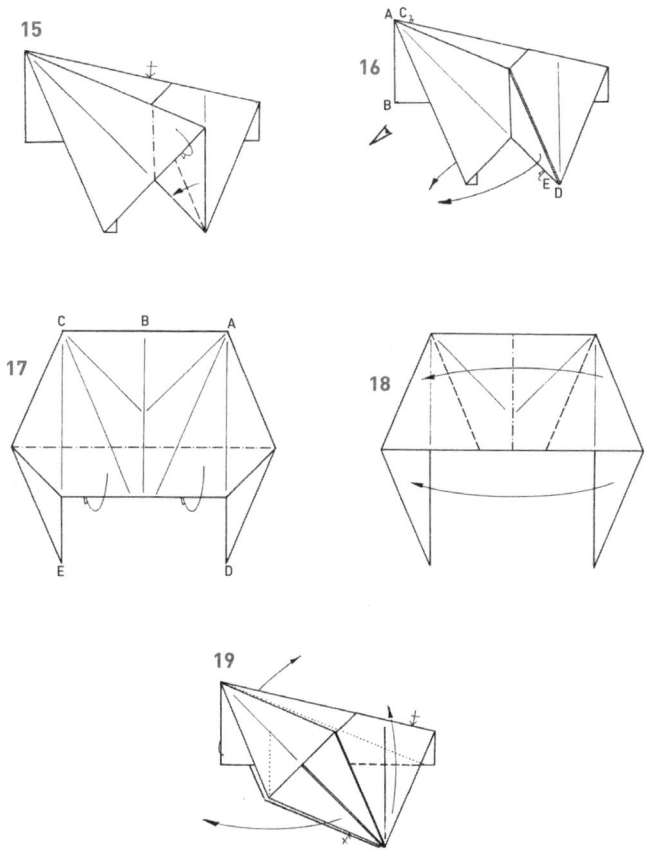

15 그림처럼 뒤집어접기한다. 뒤쪽도 반복한다.

16 뾰족한 부분에 이름을 붙여 두었다. 점 D와 E를 양옆으로 벌린다. 그렇게 하면 모형이 들뜨겠지만, A-E 까지의 부분은 모양을 유지하고 있다.

17 16에서 본 모습. 긴 가로 면을 모형 안쪽으로 접는다.

18 모형을 그림의 선을 따라 원래 형태로 만든다. 모형을 납작하게 만든다.

19 가운데 종이 겹을(점선을 따라) 최대한 많이 뒤집어접기한다. 모형 아래쪽의 가장 길고 뾰족한 부분(곧 뒷다리가 될 부분)을 왼쪽으로 최대한 많이(점선을 따라서) 뒤집어접기한다. 오른쪽의 종이 한 겹을 위로 골접기한다.

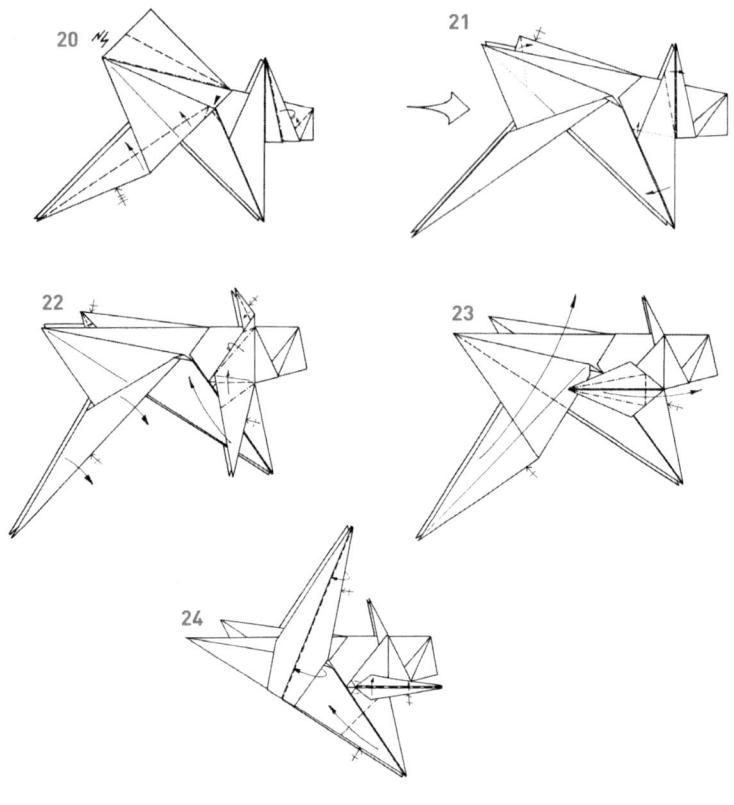

20 등에 앞뒤주름을 잡는다. 뒷다리에서 각각 한 겹씩 골접기하고, 접은 끝부분에 작은 펼쳐함몰시키기를 한다. 각 다리 안쪽에도 반복한다. 오른쪽에 수직으로 서 있는 뾰족한 부분(더듬이)의 가장자리를 회전접기한다. 뒤쪽도 반복한다.

21 확대한 모습. 몸통 안쪽에 거의 숨겨져 있는 꼬리 부분을 뒤집어접기한다. 더듬이의 뒤쪽 가장자리를 앞으로 당기면서 동시에 앞다리 하나를 아래쪽으로 당긴다.

22 각 뒷다리에서 제일 위 한 겹만 펼친다. 꼬리를 더 가늘게 만든다. 회전접기를 한 번 더 해서 더듬이를 더 가늘게 만든다. 앞다리를 각각 눌러접기한다. 뒤쪽도 반복한다.

23 뒷다리 부분을 최대한 위로 골접기해서 올린다. 앞다리를 앞쪽으로 넘겨 접는다. 뒤쪽도 반복한다.

24 각 뒷다리의 앞쪽 가장자리를 다리 안쪽으로 밀어 넣는다(이렇게 하면 다리가 수직 형태로 고정된다). 모형 제일 아래쪽에 남은 뾰족한 부분을 위쪽으로 뒤집어접기한다. 이것은 가운데 다리가 될 것이다. 앞다리를 반으로 골접기한다.

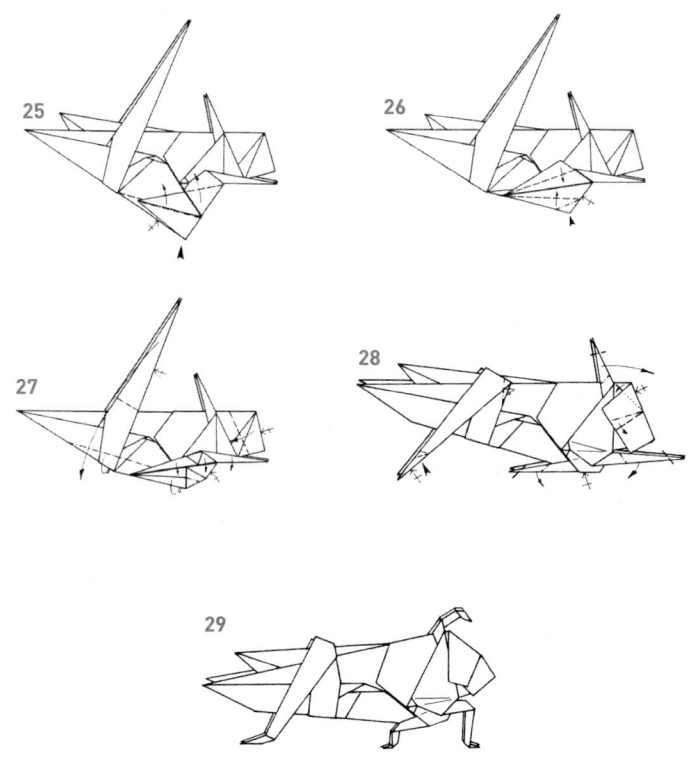

25 가운데 다리의 제일 밑부분을 뒤집어접기한다. 위쪽 절반을 위쪽 방향으로 펼친다. 뒤쪽도 반복한다.

26 가운데 다리를 골접기해서 가늘게 만들고 펼쳐함몰시키기를 한다.

27 몸통 아랫부분을 가늘게 만든다. 머리를 밖으로 뒤집어접기한다. 뒷다리를 아래쪽으로 골접기한다.

28 뒷다리의 발에 앞뒤주름을 잡는다. 뒷다리의 '관절'을 산접기로 가늘게 만든다. 뒤집어접기로 앞다리와 뒷다리, 발을 만든다. 더듬이를 앞쪽으로 뒤집어접기한다. 머리에 앞뒤주름으로 눈을 만든다.

29 메뚜기가 완성되었다.

18
디메트로돈

● **종이**_ 정사각형 (20×20센티미터 이상)
● **색깔**_ 하얀 면을 위로

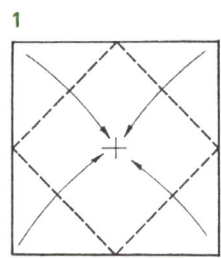

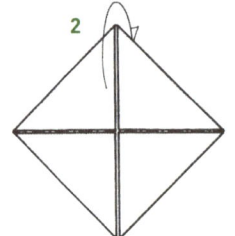

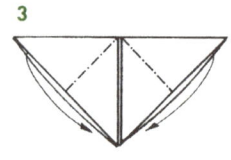

1 네 모서리를 중심에 맞춰 접는다.
2 사각형의 대각선을 따라 반으로 산접기한다.
3 양쪽 모서리를 안으로 뒤집어접기한다.

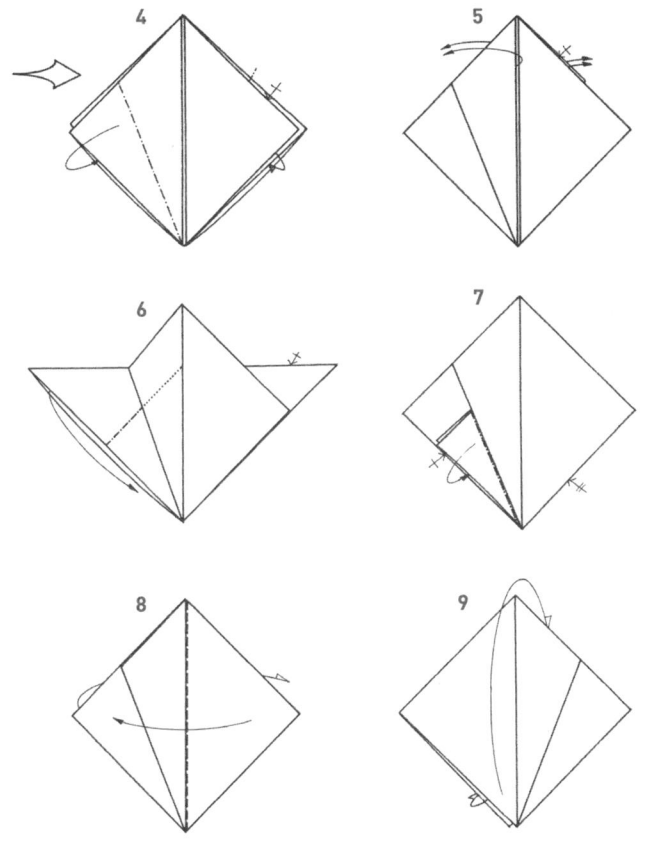

4 확대한 모습. 왼쪽의 모서리 하나를 안으로 뒤집어접기해서 넣는다. 오른쪽 뒤도 반복한다.

5 그림의 종이 겹을 펼친다. 오른쪽 뒤도 반복한다.

6 그림의 모서리를 모형 아래쪽을 향해 뒤집어접기한다.

7 네 모서리를 안으로 뒤집어접기한다.

8 앞에서 종이 한 겹을 오른쪽에서 왼쪽으로, 뒤에서 한 겹을 왼쪽에서 오른쪽으로 책접기한다.

9 모형을 안팎으로 뒤집는다.

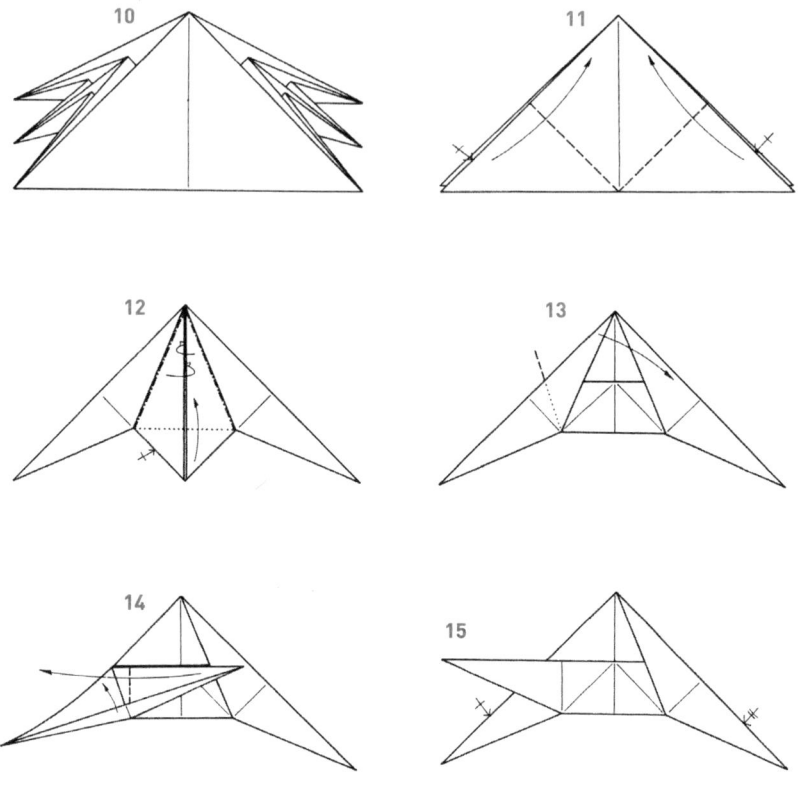

10 이렇게 된다. 모형을 납작하게 만든다.

11 모형 아래쪽의 네 모서리를 모형 위쪽으로 접는다.

12 가운데 세로 틈새를 뒤로 산접기하면 가운데 아래 뾰족한 부분이 위로 올라올 것이다. 뒤쪽도 반복한다.

13 왼쪽 위 뾰족한 부분의 왼쪽 가장자리가 정확히 수평이 될 때까지 당긴다. 왼쪽 아래 뾰족한 부분은 약간 들릴 것이다.

14 표시된 부분에 골접기를 하고 뾰족한 부분을 다시 왼쪽으로 가져온다. 이제 모형 전체를 납작하게 만든다.

15 이렇게 된다. 오른쪽과 뒤쪽도 반복한다.

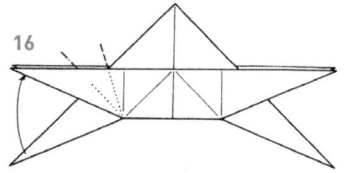 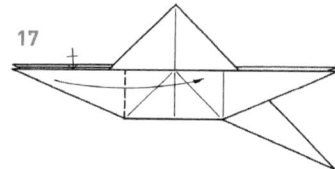

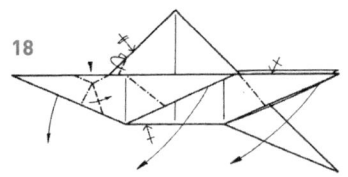 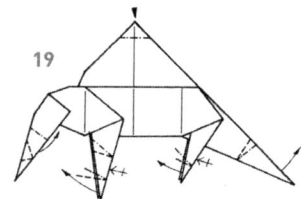

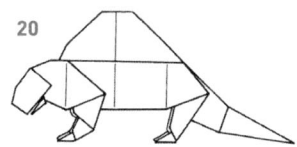

16 왼쪽 아래 뾰족한 부분이 다른 두 개의 뾰족한 부분과 일렬이 되도록 위로 앞뒤주름접기를 한다.

17 종이 한 겹을 왼쪽에서 오른쪽으로 넘긴다. 뒤쪽도 반복한다.

18 머리(왼쪽의 뾰족한 부분)에 아래쪽으로 앞뒤주름을 잡으면서 윗부분을 함몰시킨다. 위쪽 큰 삼각형이 몸통과 만나는 모서리 부분을 산접기한다. 네 다리를 전부 아래쪽으로 뒤집어접기한다.

19 큰 삼각형의 위쪽 끄트머리를 함몰시킨다(닫힌함몰이면 가장 좋지만 보통함몰이어도 괜찮다). 머리 앞쪽을 뒤집어접기해서 입을 만든다. 다리와 꼬리에 앞뒤주름을 잡는다. 뒤쪽도 반복한다.

20 디메트로돈이 완성되었다.

19 사슴

종이_ 1:2 비율의 얇은 직사각형 종이(20×40센티미터 이상)
색깔_ 색깔 면을 위로

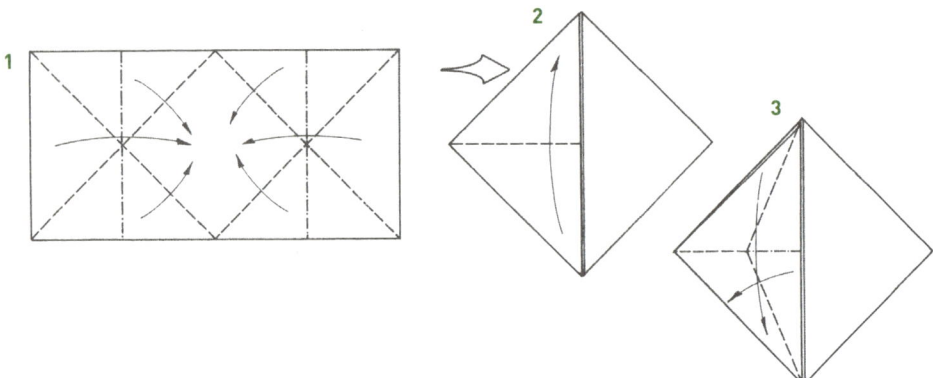

1 직사각형의 양쪽 끝부분을 서로 마주보는 삼각주머니 기본형으로 접는다.
2 확대한 모습. 뾰족한 부분 하나를 위로 올린다.
3 종이 한 겹을 토끼귀접기하고 뾰족한 부분을 다시 아래로 내린다.

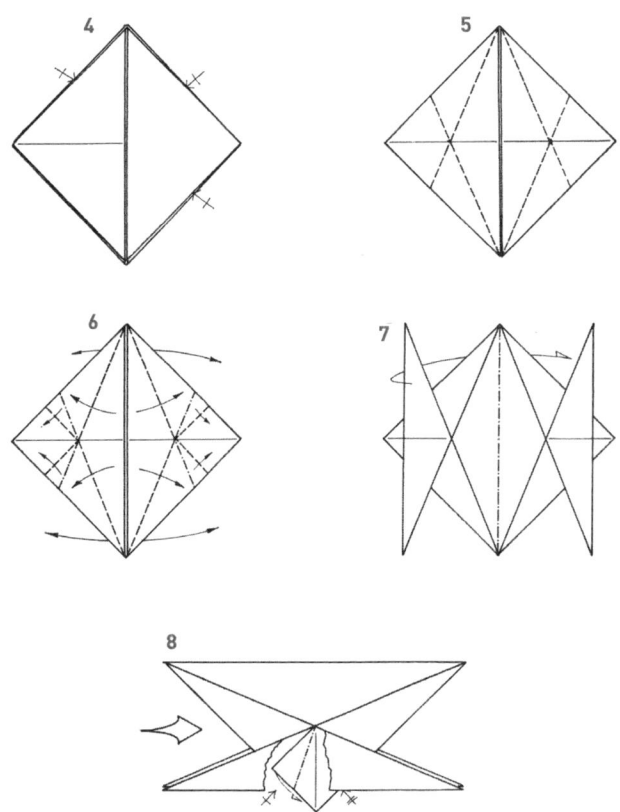

4 다른 세 개의 뾰족한 부분도 반복한다.

5 각의 이등분선을 만든다.

6 그림처럼 산접기와 골접기를 한다. 모형 가운데 있는 종이의 갈라진 가장자리들은 바깥쪽으로 움직일 것이다.

7 이렇게 된다. 반으로 산접기한다.

8 확대한 모습. 그림처럼 가려진 모서리를 네 군데 다 뒤집어접기한다.

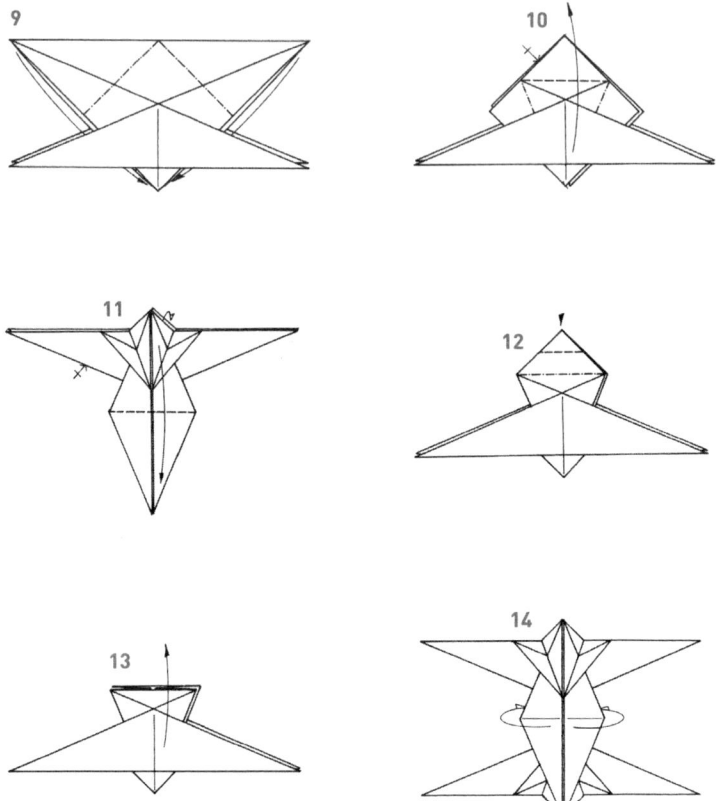

9 모서리를 모형의 아래쪽으로 뒤집어접기한다.
10 점선을 따라 위로 올려 접는다. 다음 번 그림에 나오는 것처럼 조그만 덮개 한 쌍이 만들어질 것이다.
11 앞과 뒤 모두 골접기를 한다.
12 표시된 부분을 이중함몰시킨다.
13 한 겹을 들어 올린다.
14 표시된 종이 겹을 앞에서 뒤쪽으로 감싼다.

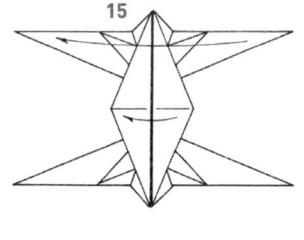 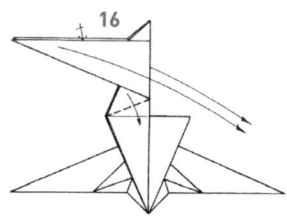

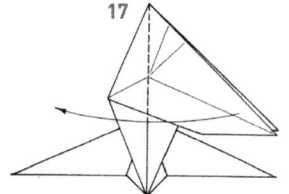 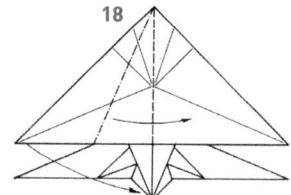

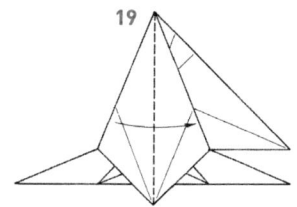

15 종이 한 겹을 왼쪽 위로 접는다.

16 두 개의 길고 뾰족한 부분을 오른쪽 아래로 내린다. 이렇게 하면 접은 부분 여러 개가 도로 펴질 것이다.

17 종이 한 겹을 왼쪽으로 다시 골접기한다.

18 대칭으로 눌러접기를 한다.

19 골접기를 한다.

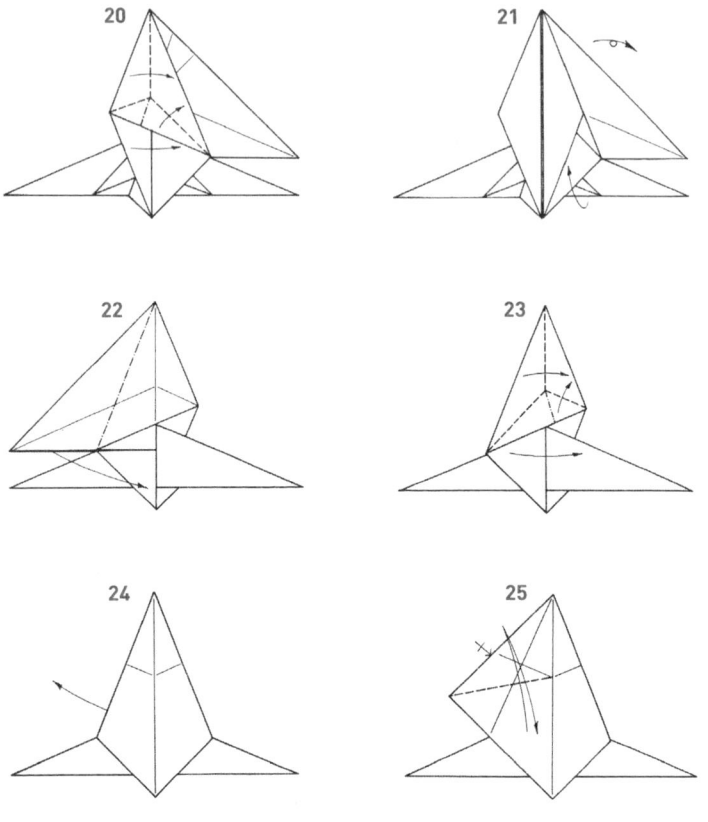

20 종이를 한 겹 더 오른쪽으로 넘겨 접는 동시에 종이의 삼각형 부분을 활용해서 토끼귀접기를 한다.

21 오른쪽 아래 수평으로 뾰족한 긴 부분을 바닥 중심부에 있는 세로로 뾰족한 부분 앞으로 가져온다. 모형을 뒤집는다.

22 뾰족한 부분을 모형 아래쪽으로 뒤집어접기한다.

23 종이 한 겹을 다시 오른쪽으로 넘기면서 그림처럼 안에 토끼귀접기를 한다.

24 왼쪽 덮개 바로 아래에 가려진 종이를 끄집어낸다.

25 이 납작한 삼각형의 모서리에서 그림처럼 앞서 만든 선들의 교차점까지 선을 만든다. 선을 만든 다음에 종이를 오른쪽으로 접고, 오른쪽의 덮개에도 반복한다.

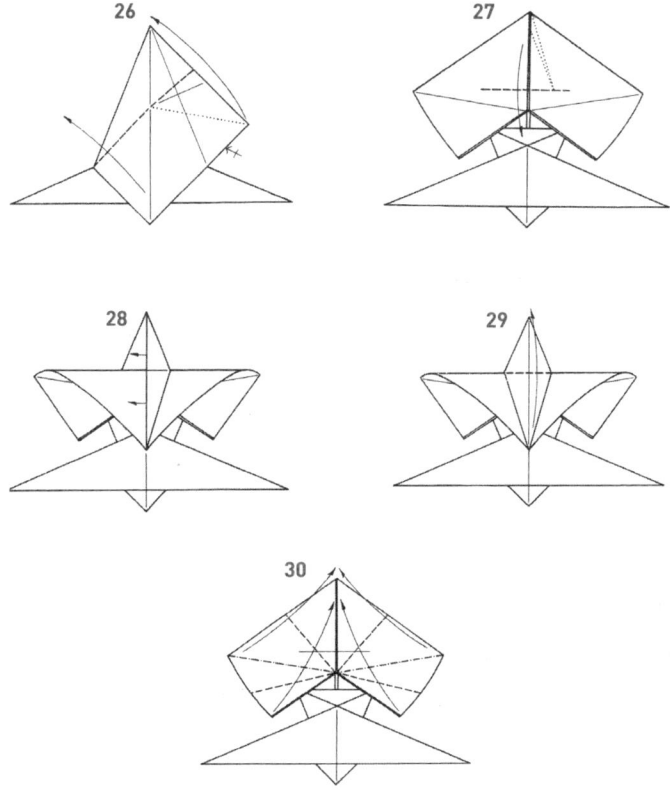

26 작은 덮개의 모서리를 위로 들어 중심선과 일렬이 되게 만든다. 골접기한 아랫부분은 미리 접어 둔 선 자국에 맞추고, 가려진 선으로 표시된 부분 역시 선 자국에 맞춰 접는다. 모형은 약간 들뜰 것이다.

27 결과물은 아래쪽 모서리들이 허공으로 들린 이런 모습이 된다. 위쪽 모서리를 28번 모양처럼 접는다(학접기 기본형을 접을 때와 같은 방식이다).

28 화살표 방향으로 안에 숨겨진 종이를 대칭이 되도록 잡아 꺼낸다.

29 뾰족한 부분을 모형 위쪽으로 다시 접어 올린다.

30 그림처럼 예비선을 만들고 위로 모아 접는다.

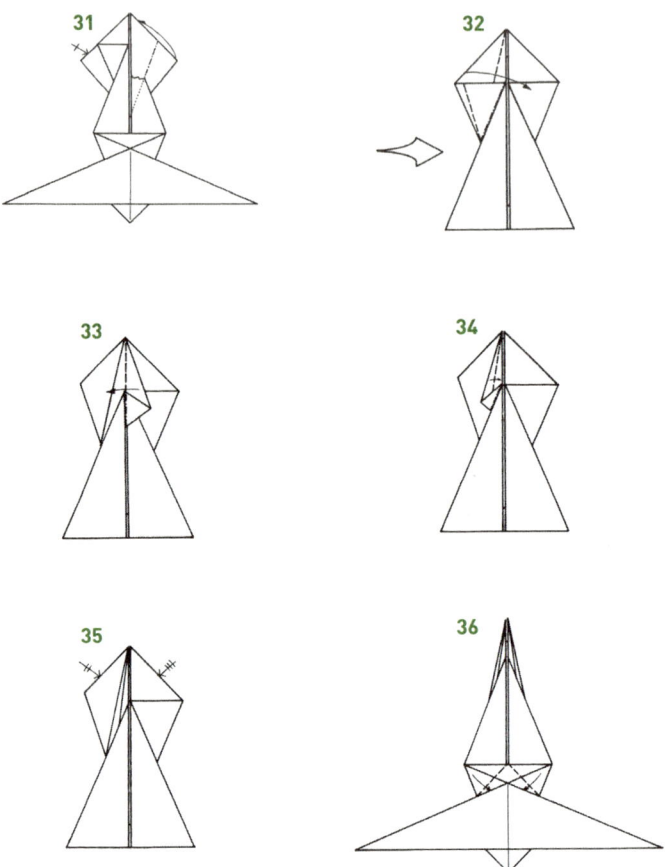

31 중심선에 맞춰 양쪽 가장자리를 뒤집어접기한다.

32 머리를 확대한 모습. 가장자리를 오른쪽으로 뒤집어접기한다.

33 다시 왼쪽으로 뒤집어접기한다.

34 다시 오른쪽으로 뒤집어접기한다.

35 왼쪽으로 두 번, 오른쪽으로 세 번 더 한다.

36 그림처럼 모서리를 가로로 긴 삼각형 안쪽으로 밀어 넣는다.

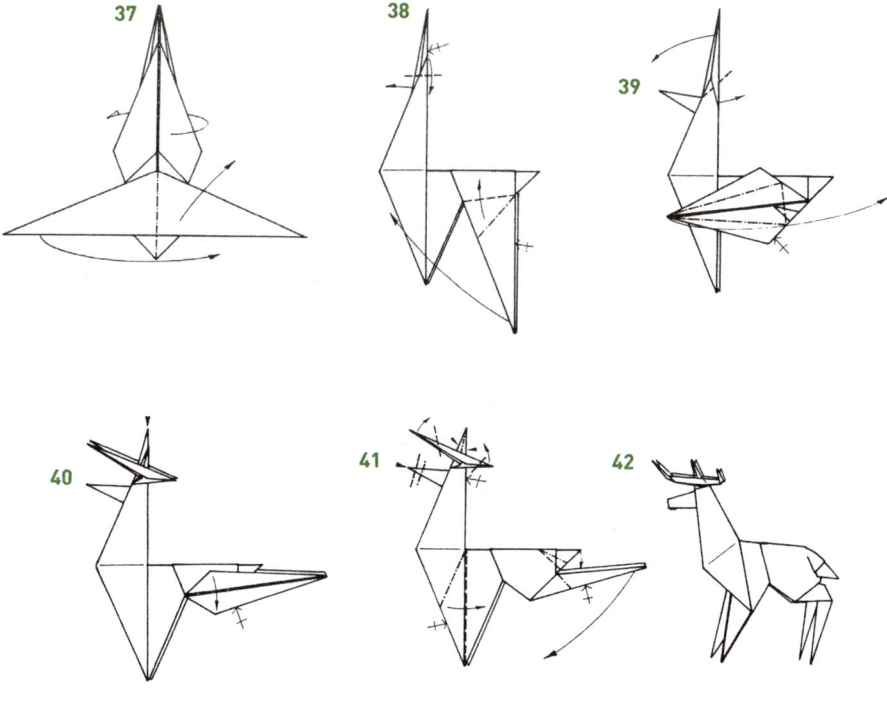

37 모형의 세로 부분을 반으로 산접기하고 아래쪽은 오른쪽으로 돌린다.

38 가장 바깥쪽 사슴뿔을 아래로 골접기해서 내린다. 머리를 모형 안쪽에서 밖으로 뒤집어접기한다. 뒷다리를 눌러접기한다. 뒤쪽도 반복한다.

39 사슴뿔을 아래로 내려 접는다. 긴 부분은 왼쪽으로 가고, 짧은 가지는 오른쪽으로 가게 만든다. 뒷다리를 꽃잎접기한다. 뒤쪽도 반복한다.

40 사슴뿔에서 가운데 긴 부분을 머리 쪽으로 함몰시킨다. 뒷다리를 반으로 골접기한다. 뒤쪽도 반복한다.

41 코를 뒤와 앞으로 뒤집어접기해서 입을 만든다. 사슴뿔의 앞뒤 가지를 뒤집어접기하고, 중앙의 가지를 살짝 꼬집어 준다. 앞다리에 앞뒤주름을 넣는다. 뒷다리를 뒤집어접기한다. 뒤쪽도 반복한다. 꼬리를 아래쪽으로 앞뒤주름접기를 한다.

42 사슴이 완성되었다.

20
페가수스

● 종이_ 1:2 비율의 얇은 직사각형 종이(20×40센티미터 이상)
● 색깔_ 하얀 면을 위로

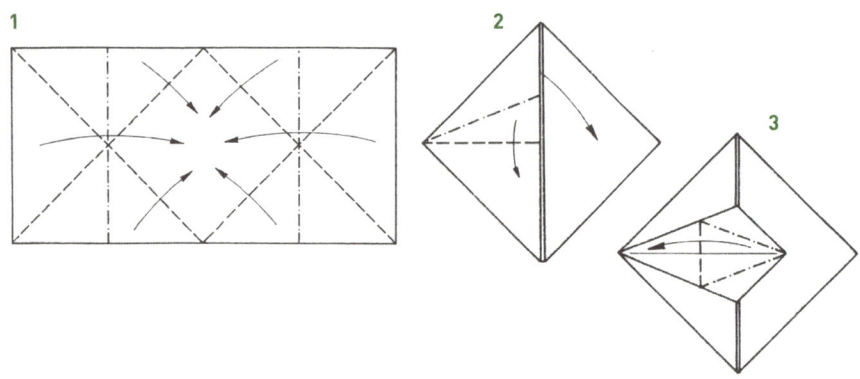

1 직사각형의 절반씩을 이용해 서로 마주보는 삼각주머니 기본형을 만든다.

2 뾰족한 부분 하나를 대칭으로 눌러접기한다.

3 점선을 따라 왼쪽으로 넘겨 접는다.

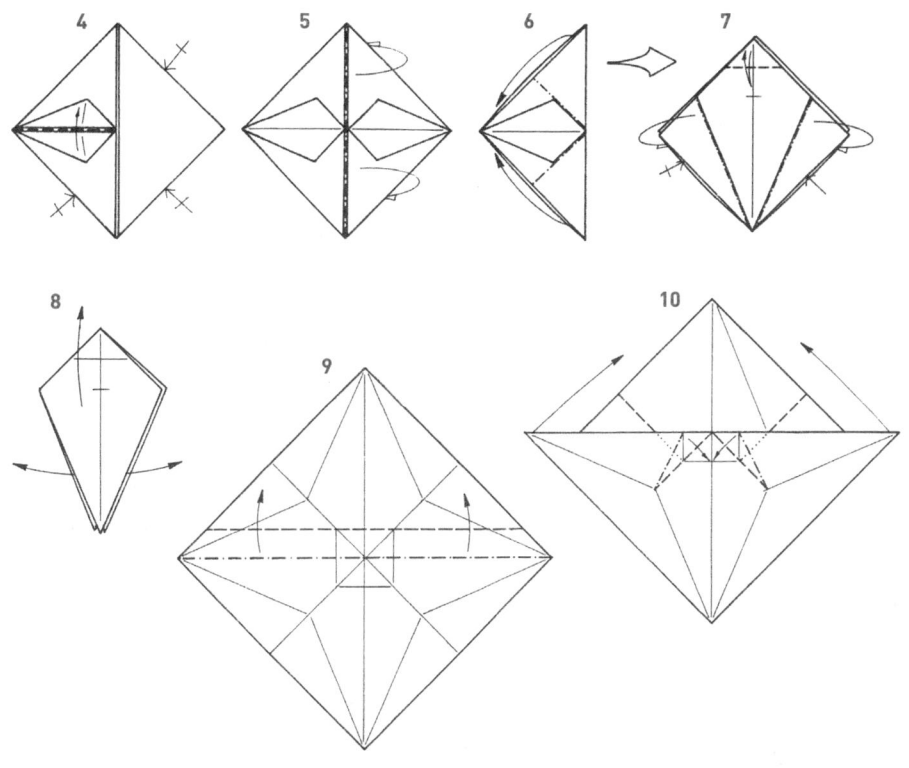

4 뾰족한 부분을 반으로 접는다. 다른 세 부분도 2-4번을 반복한다.

5 종이를 반으로 산접기한다.

6 두 모서리를 왼쪽으로 뒤집어접기한다(사각주머니 기본형을 만들 때와 같다).

7 확대한 모습. 위쪽 모서리를 아래로 골접기한다. 선을 뚜렷하게 만들고 다시 펼친다. 양옆의 네 모서리를 안으로 뒤집어접기해서 넣는다.

8 학접기 기본형을 정사각형으로 펼친다.

9 이미 만들어진 선 자국을 바탕으로 골접기와 산접기를 한다.

10 모형의 중심 부분에 앞뒤주름접기를 한다. 뒤쪽 종이에 골접기를 할 때(이미 만든 선 위로 하게 된다) 가장자리 부근에 있는 9번의 골접기 부분이 펴진다. 모형은 완전히 납작해지지 않을 것이다.

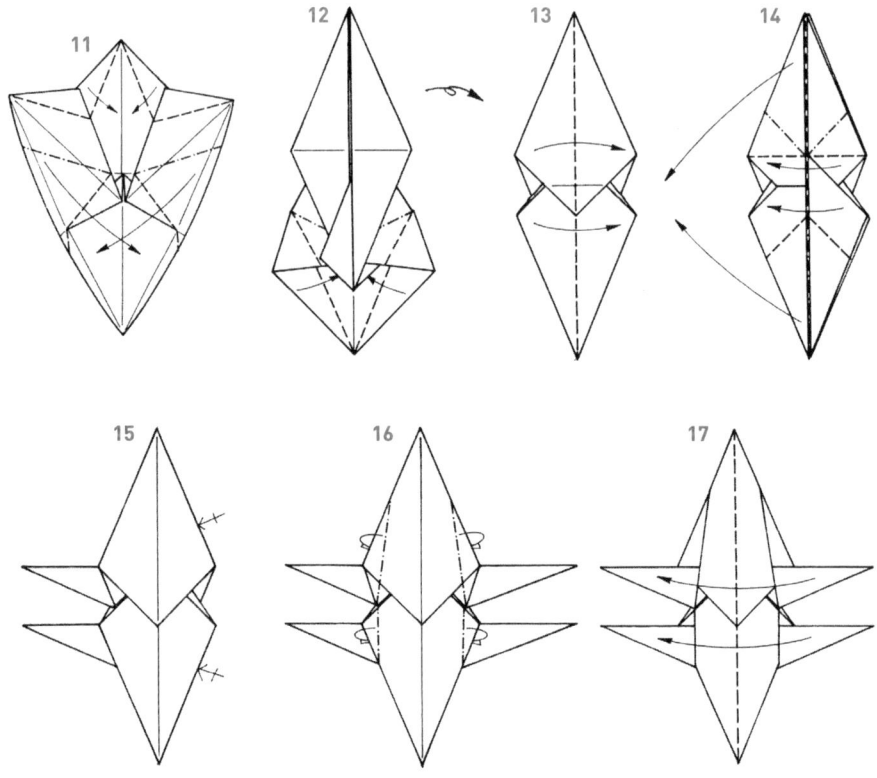

11 양옆의 두 모서리를 다시 아래쪽으로 가져온다. 만들어 놓은 선에 맞춰 위쪽을 골접기하고, 가운데 산접기는 모형을 납작하게 만들어야 하는 부분에 해 준다.

12 모형이 이제 납작해졌을 것이다. 표시된 부분을 안으로 뒤집어접기한다. 모형을 옆으로 뒤집는다.

13 위와 아래 양쪽 다 한 겹씩 골접기한다.

14 종이를 다시 원래 자리로 접는 동시에 뾰족한 부분 두 개를 바깥쪽으로 뒤집어접기한다.

15 모형 오른편에도 13-14번을 반복한다.

16 그림의 덮개 부분을 모형 안쪽으로 산접기해서 밀어 넣는다.

17 모형을 반으로 접는다.

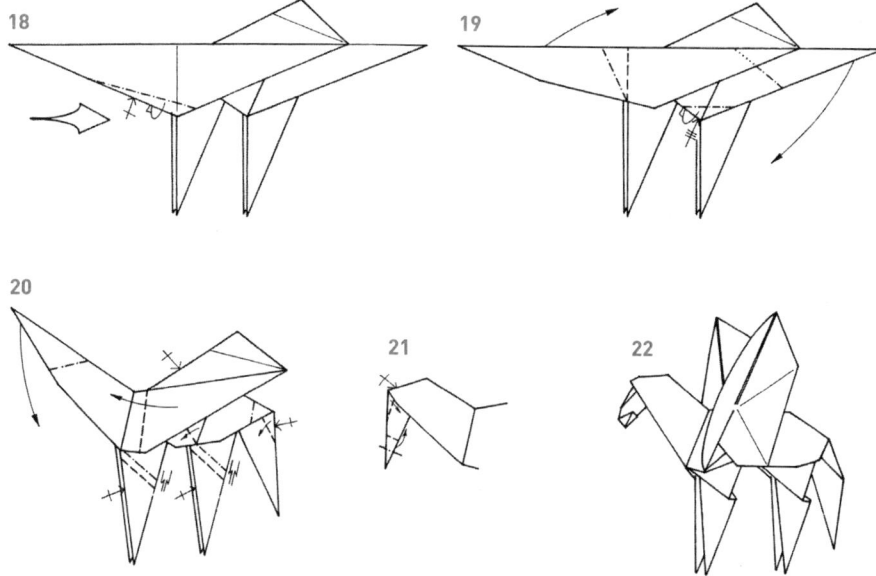

18 확대한 모습. 제일 윗겹을 안쪽으로 산접기한다. 뒤쪽도 반복한다.

19 머리를 위쪽으로 앞뒤주름접기를 한다. 꼬리를 아래쪽으로 뒤집어접기한다. 뒷다리 위쪽 모서리를 모형 안쪽으로 산접기한다. 뒤쪽도 반복한다.

20 머리를 아래쪽으로 뒤집어접기한다. 네 다리 모두 앞뒤주름접기를 한다. 꼬리의 모서리를 안으로 뒤집어접기한다. 각 날개의 앞쪽 가장자리를 앞으로 골접기해서 날개가 몸에서 튀어나오게 만든다.

21 머리의 위쪽 가장자리를 안으로 뒤집어접기해서 귀를 만들고 머리 모양을 잡는다. 끝부분을 이중뒤집어접기해서 입을 만든다.

22 페가수스가 완성되었다.

입체 종이접기는 종이접기 애호가들에게 특별한 도전이다. 이제는 당신도 단단한 바닥에 종이를 놓고 접으며 모형을 매 단계마다 납작하게 눌러 주는 데에 익숙해졌을 것이다. 그런데 이제는 공중에서 종이를 접어야 한다. 앞으로 나올 모형들은 접는 과정을 대부분 납작한 상태에서 할 수 있다. 하지만 마지막 몇 단계에서 모형이 '부풀게' 된다. 이 방식은 선을 똑바르고 명확하게 접어야만 한다는 부담을 조금 덜어 준다. 또한 이제는 항상 종이를 180°로 접는 것이 아니다. 한쪽 날개를 종이 면에서 수직이 되게 접기도 하고, 가끔은 뚜렷한 선을 만드는 대신에 종이를 둥글리는 경우도 있다. 필요한 부분에, 특히 마지막 단계에서 입체 모형을 여러 각도에서 본 그림을 첨부해 두었다. 앞으로는 책의 종이 면과 수직이 되도록 모형을 돌릴 때 사용하는 '눈' 기호를 점점 더 자주 보게 될 것이다. 예를 들어 '눈'이 그림 아래쪽에 있다면, 다음 그림은 모형을 아래에서 본 것이다.

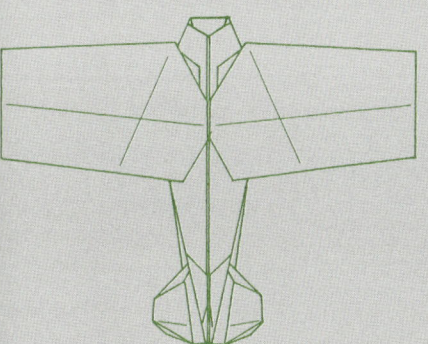
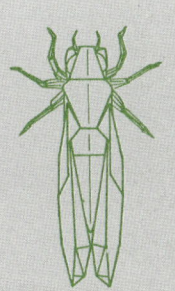
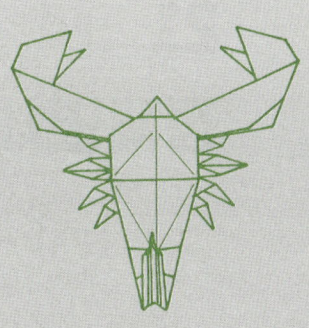

4장 두뇌계발 레벨업_
입체 종이 접기에 도전해 보자

21

정육면체

● **종이**_ 정사각형 (15×15 센티미터 이상)
● **색깔**_ 하얀 면을 위로

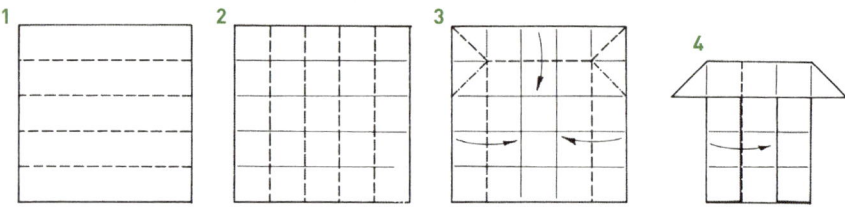

1 종이를 가로로 오등분해서 골접기한다.
2 종이를 세로로 오등분해서 골접기한다.
3 꼭대기와 양옆을 가운데 쪽으로 접는다. 모서리를 토끼귀접기한다.
4 왼쪽 가장자리를 접는다.

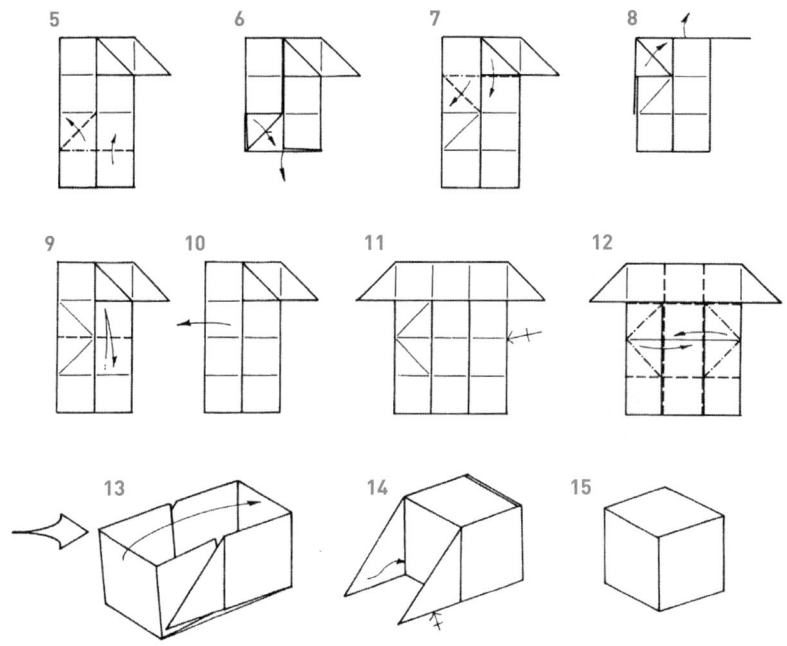

5   모형의 바닥 쪽에 있는 모든 종이 겹을 종이에 수직으로 들어 올린다(즉 이 책의 밖으로 튀어나오도록). 위쪽 종이로는 대각선으로 골접기 선을 만든다.

6   5번을 펴고 종이를 납작하게 만든다.

7   종이의 위쪽 가장자리도 5번과 똑같은 순서로 접는다.

8   선을 만들고 펼친다.

9   모형을 반으로 접어 선을 만들고 펼친다.

10 모형을 4번의 모양으로 되돌린다.

11 오른편에도 5-10번을 반복한다. 5-10번 과정이 어렵다면 11번 그림의 대각선을 그대로 만들면 된다.

12 옆면의 중심점을 당겨서 위와 아래 가장자리가 올라오게 만든다(4-11번에서 만든 선을 이용하면 된다). 위쪽의 삼각형 날개가 다른 모든 것들의 위에 오도록 해야 한다.

13 확대한 모습. 왼쪽의 상자 같은 모양이 오른쪽 절반의 안으로 들어가게 돌린다.

14 삼각형 날개들을 그림에 보이는 주머니 안으로 밀어 넣는다. 여기서는 족집게가 도움이 된다.

15 정육면체가 완성되었다.

22
별 모양 육팔면체

● 종이_ 1:2.138 비율의 한 면이 호일인 직사각형 종이(30×64.14 센티미터 이상)
● 색깔_ 하얀 면을 위로

1
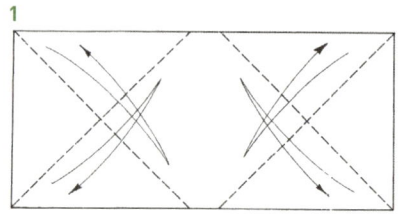

2
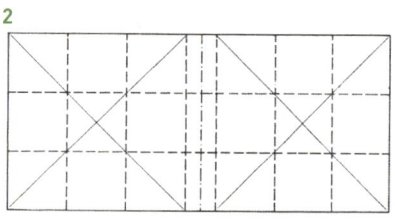

3
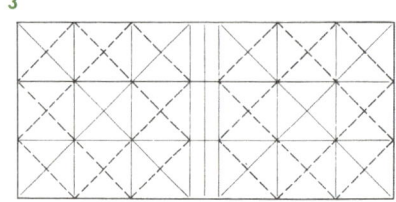

4
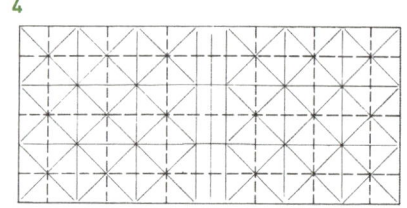

1 네 개의 모서리를 기준으로 한 대각선을 접었다 펼친다.
2 직사각형을 짧은 변을 기준으로 삼등분한다. 대각선과 가로선의 교차점을 지나도록 골접기를 해서 선을 만든다. 중간 지점에 산접기로 선을 만든다.
3 그림처럼 골접기를 해서 선을 만든다.
4 가로와 세로선을 더 만든다.

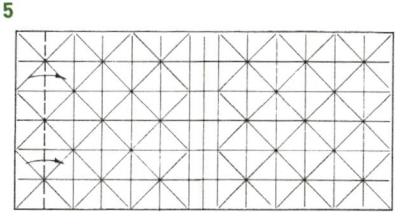
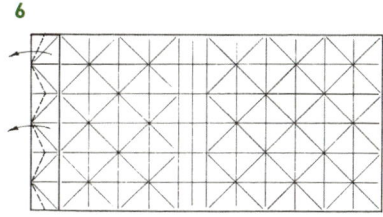
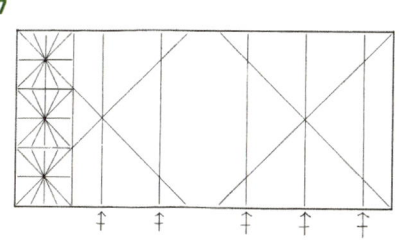
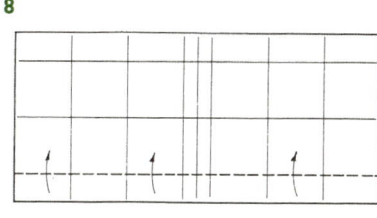
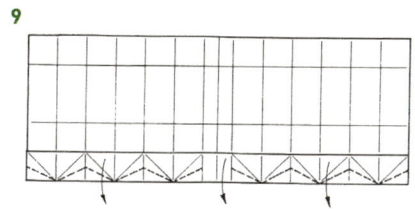

5 왼쪽 가장자리를 미리 만든 선을 따라 접는다.

6 종이 두 장을 한꺼번에 겹친 채 각의 이등분선을 만든다. 접은 것을 펼친다.

7 이 그림은 6번의 결과 생긴 선을 보여 준다. 반복 화살표로 표시한 각 세로선 모두에 5번과 6번을 반복한다.

8 아래쪽 가장자리를 미리 만든 선을 따라 접는다.

9 종이 두 장을 겹친 채 각의 이등분선을 만든다. 접은 것을 펼친다.

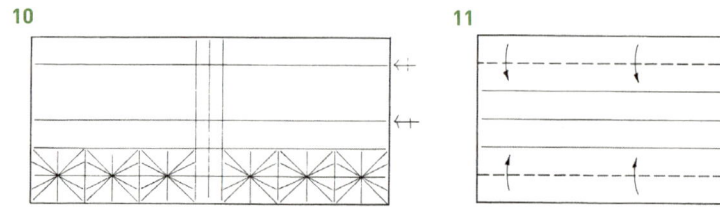

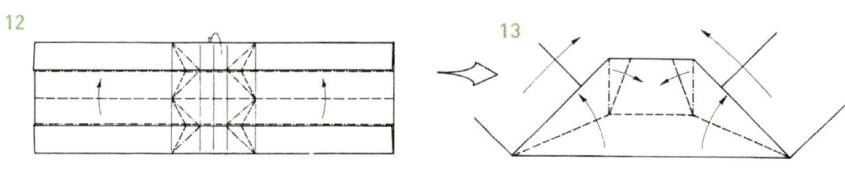

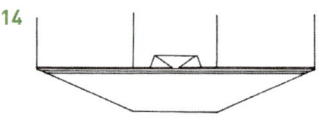

10 표시된 두 개의 선에 각각 8번과 9번을 반복한다.

11 두 가장자리를 미리 만든 선을 따라 접는다.

12 긴 세로 면에 주름을 만들면서 그림처럼 미리 만든 선을 따라 앞뒤주름을 함께 만든다.

13 확대한 모습. 종이의 모든 겹을 한꺼번에 접어서 두 개의 토끼 귀를 만든다.

14 이렇게 된다. 모형을 뒤집는다.

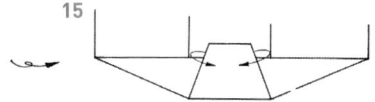 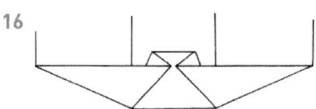

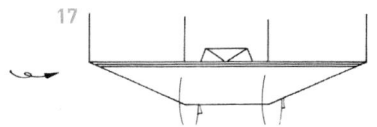 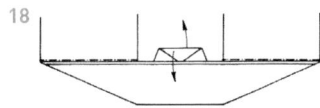

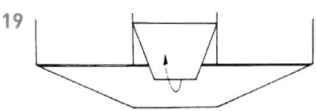

15 종이 한 겹을 꺼내 오른쪽과 왼쪽에서 앞으로 감싼다.

16 모형을 다시 뒤집는다.

17 종이 한 겹을 뒤로 감싼다.

18 배 모양 구조 안쪽에 있는 종이를 위로 당겨 그림처럼 산접기를 한다.

19 제일 위의 종이를 살짝 들어 올린다.

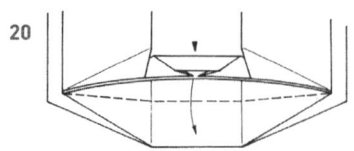 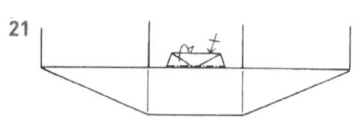

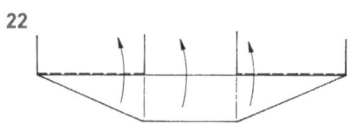 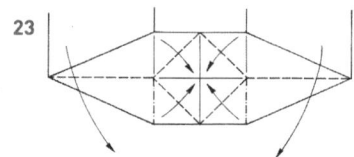

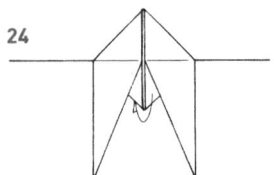

20 그림의 가장자리를 아래로 최대한 닫힌함몰시킨다.

21 작은 덮개 부분이 배 모양의 '뱃전'과 높이가 같아지게 산접기를 한다.

22 종이 한 겹을 위로 들어 올린다.

23 종이의 모든 겹을 한꺼번에 접어서 두 개의 토끼 귀를 만든다.

24 아래쪽의 뾰족한 부분을 뒤로 보내 뒤쪽으로 접는다.

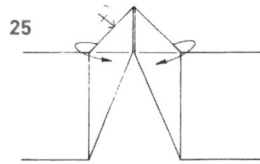
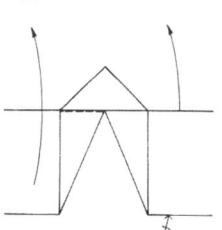
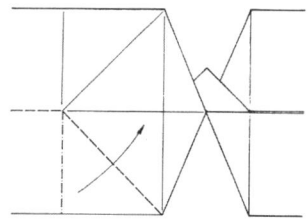
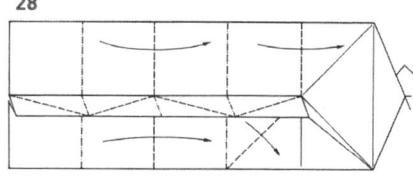
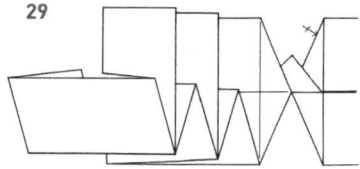

25 가운데에서 종이 한 겹을 꺼내 앞쪽으로 감싼다. 뒤도 반복한다.

26 왼쪽 앞과 오른쪽 뒤에서 각각 종이를 한 장씩 들어 올린다. 여기서부터 36번까지 왼쪽 앞에서 하는 모든 것을 오른쪽 뒤에 똑같이 해야 하고, 오른쪽 앞에 하는 모든 것은 왼쪽 뒤에 똑같이 해야 한다.

27 종이 한 겹을 살짝만 들어 올린다.

28 그림처럼 접은 부분을 따라 긴 세로 면을 접는다.

29 이렇게 된다. 모형을 납작하게 만들고 오른쪽도 반복한다.

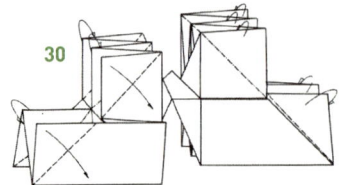
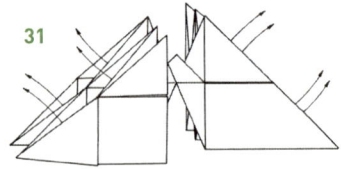

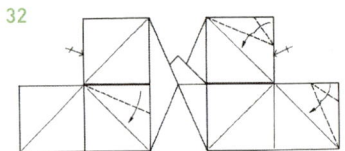
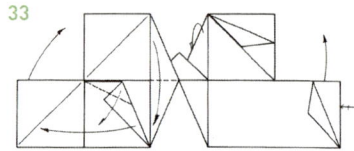

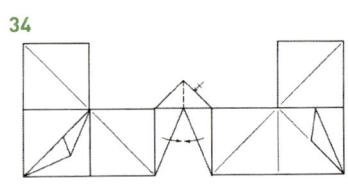

30 왼쪽의 종이 두 겹을 골접기하고 오른쪽의 가장자리 세 개를 뒤집어접기한다. 모형의 반대편도 반복한다.

31 30번에서 만든 뒤집어접기 부분 사이에 자리한 종이들을 빼낸다. 오른쪽도 반복한다.

32 그림처럼 종이들을 골접기한다. 뒤쪽도 반복한다.

33 뒤집힌 L 모양의 꼭대기를 아래로 내리고 시계방향으로 90° 돌린다. 오른쪽도 반복한다.

34 그림처럼 가장자리를 앞뒤 모두 하나로 모은다. 그러면 종이 면에서 똑바로 튀어나올 것이다.

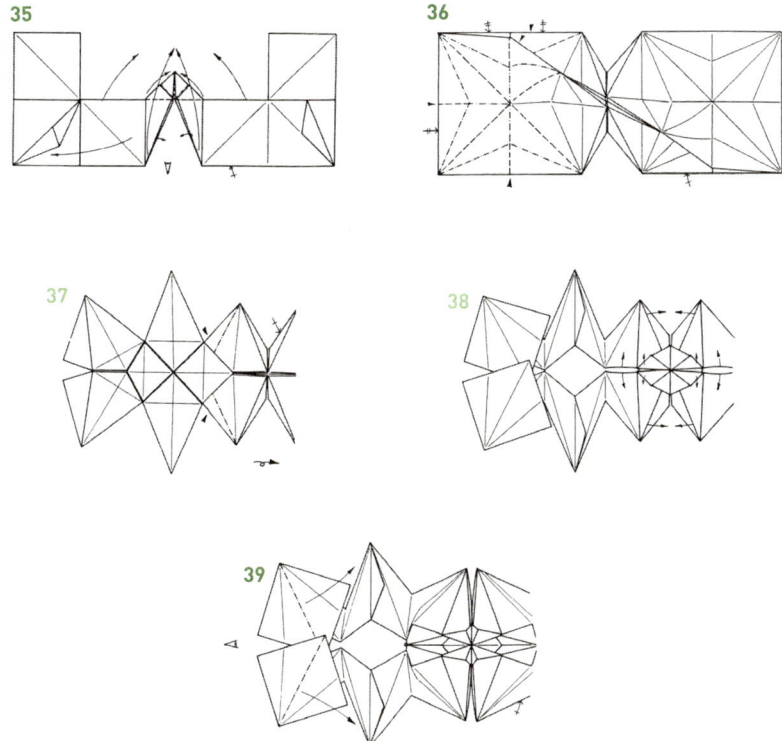

35 가운데 부분에 위로 닫히는 사각주머니접기를 한다. 오른쪽과 왼쪽 면의 교차점에서 세 개의 가장자리가 나올 것이다. 이것들을 양쪽으로 벌린다.

36 35번에서 본 모습. 앞에서 말한 세 개의 가장자리에서 두 개의 뾰족한 부분은 책장 위쪽을 향하고, 두 개는 아래쪽으로, 두 개는 책장 바깥으로 튀어나오는 방향이다. 왼쪽에 이미 만든 선을 따라 함몰된 가장자리 네 개가 있다. 비슷하게 함몰되어야 하는 선 여섯 개가 가려진 면에 더 있고, 오른쪽에는 열 개가 있어서 이렇게 함몰되는 가장자리는 총 스무 개이다.

37 남은 두 개의 가장자리를 함몰시킨다. 이 단계는 접히는 면 아래쪽에서 일어나는 38번과 동시에 진행해야 한다. 다시금 이미 접은 선을 따라 함몰시키고, 오른쪽도 반복한다. 모형을 뒤집는다.

38 가운데 뾰족한 부분 끄트머리를 한데 모으고, 가운데 면은 양옆으로 벌린다. 이렇게 하면 37번을 완성시킬 수 있다.

39 정사각형 날개의 모서리들을 위로 들어 올린다.

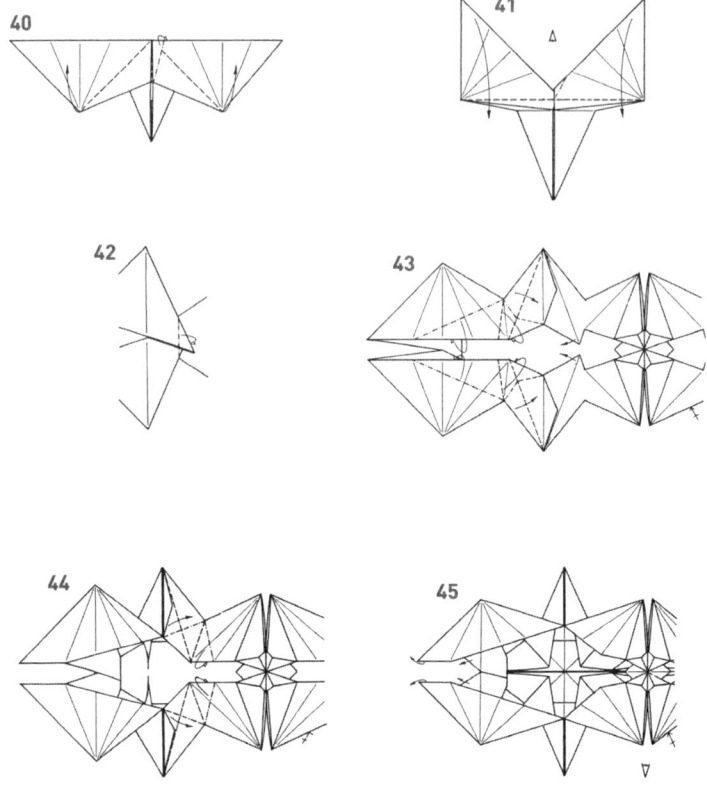

40 39번에서 본 모습. 바닥의 뾰족한 부분의 양옆을 함께 밀어야 한다는 것을 명심하라. 그런 다음 가운데 부분을 밀어 넣고 바깥쪽 모서리를 위로 들어 올린다.

41 삼각형 날개를 아래로 접는다.

42 41에서 본 모습. 잠금접기를 보여 준다. 이 모서리를 안쪽으로 접어 넣어서 끝부분을 서로 잠근다.

43 위와 아래의 길고 뾰족한 부분의 가장자리를 하나로 모은다. 안쪽 가장자리를 아래로 산접기해서 잠근다. 오른편에 39-43번까지를 반복한다.

44 길고 뾰족한 부분의 반대편 가장자리도 비슷하게 잠근다. 오른쪽도 반복한다.

45 남는 종이를 덮개 아래에서 최대한 왼쪽으로 잡아당긴다. 오른쪽도 반복한다.

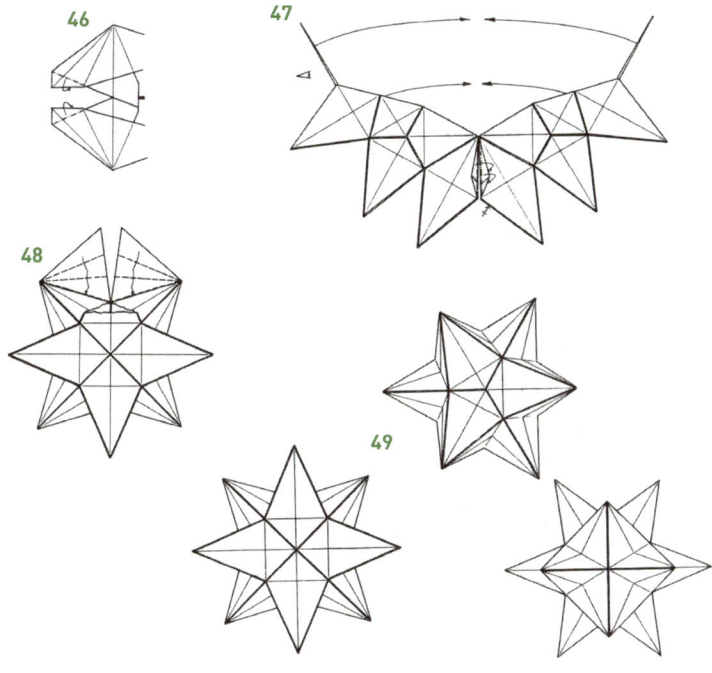

46 모서리들을 안으로 접어 넣는다.

47 45번에서 본 모습. 제일 아래쪽 날개 두 개를 옆에 있는 주머니 안으로 밀어 넣는다. 뒤쪽도 반복한다. 모형의 오른쪽과 왼쪽 절반을 하나로 모은다.

48 47번에서 본 모습. 각 날개 한 쌍을 하나처럼 겹쳐서 모형 안쪽으로 접어 넣는다. 모형을 대칭형이 되게 누른다. 총 열네 개의 뾰족한 부분이 만들어지고, 그 중 여섯 개는 옆면이 네 개, 여덟 개는 옆면이 세 개인 모양이다.

49 별 모양 육팔면체가 완성되었다.

23
토끼

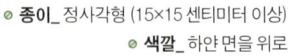
● **종이**_ 정사각형 (15×15 센티미터 이상)
● **색깔**_ 하얀 면을 위로

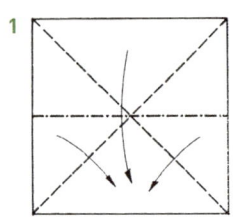

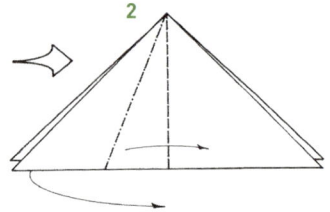

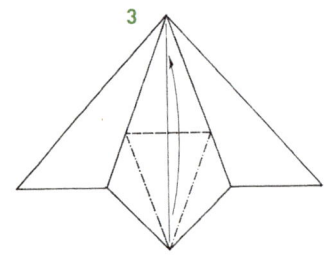

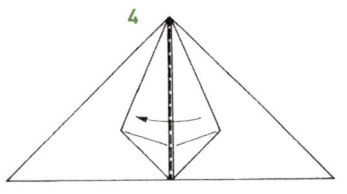

1 삼각주머니 기본형을 접는다.
2 확대한 모습. 왼쪽 날개를 눌러접기한다.
3 점선을 따라 위로 올려 접는다.
4 덮개를 왼쪽으로 반으로 접는다.

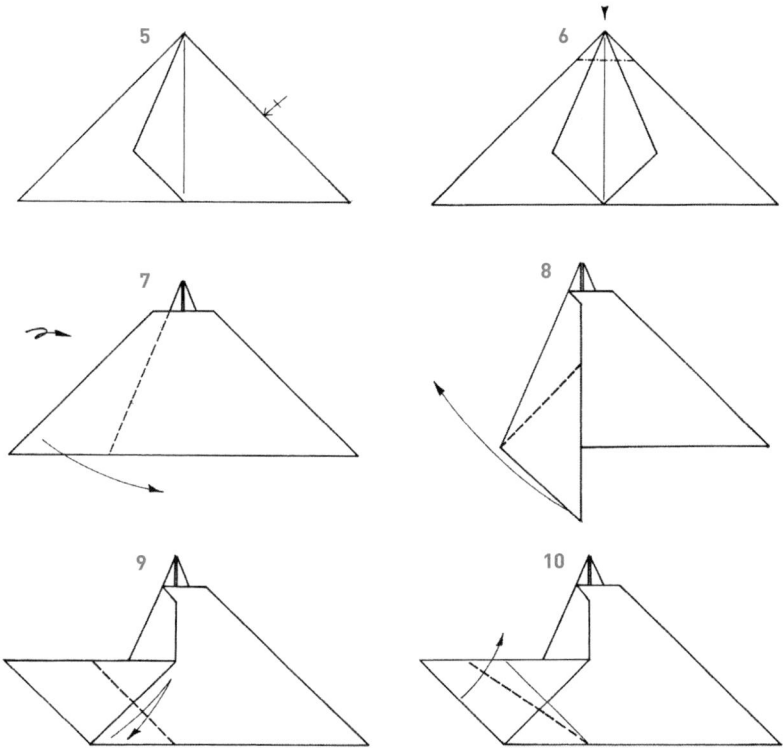

5 오른쪽에 2-4번을 반복한다.
6 끝에서 6분의 1 지점을 모형 안쪽으로 함몰시킨다. 4-5번 과정에서 올려 접은 끝부분은 뾰족 튀어나온 상태로 남을 것이다. 모형을 뒤집는다.
7 왼쪽 가장자리가 정확히 수직이 되도록 골접기한다.
8 날개의 위쪽 가장자리가 수평이 되도록 골접기한다.
9 왼쪽 아래 모서리가 중심점에 닿게 접는다. 선을 만들고 펼친다.
10 가장자리를 각도가 좀 더 작게 다시 접는다. 덮개의 가장자리가 11번 그림의 지점에서 모형의 나머지 부분의 가장자리와 교차해야 한다.

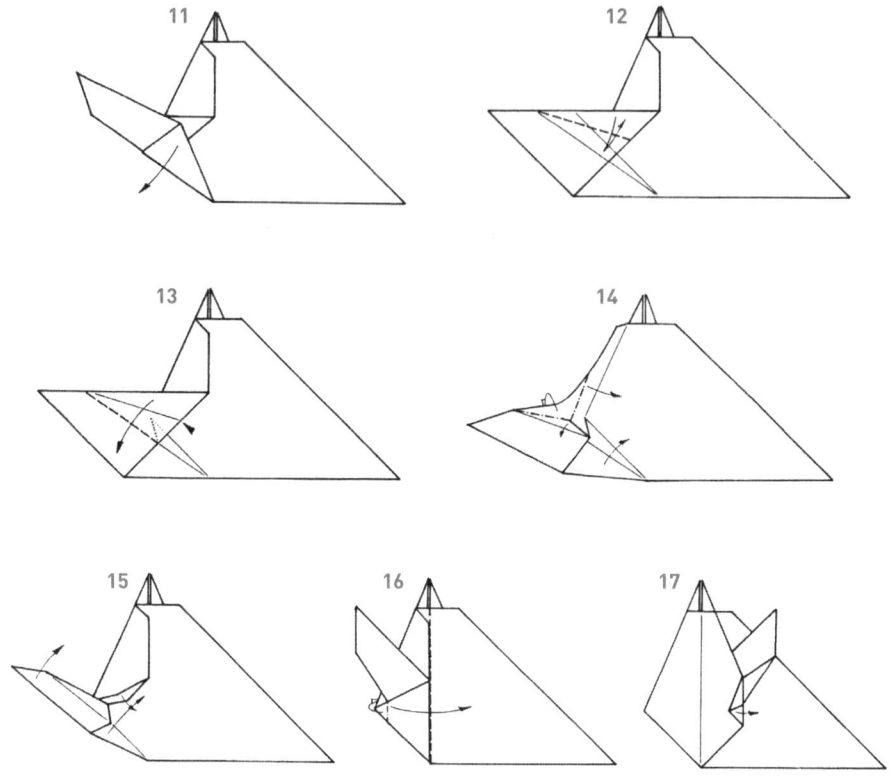

11 다시 펼친다.

12 종이 제일 윗면에서 가장자리와 방금 만든 선 사이의 각을 이등분한다.

13 이 날개의 윗부분을 미리 만든 선을 따라 골접기하고 그림처럼 가장자리를 민다.

14 날개가 이제 종이 바깥쪽으로 튀어나와 있다. 아래쪽 가장자리를 가운데로 가져오고 위쪽 가장자리는 산접기한다. 산접기를 한 부분의 왼쪽 절반은 미리 만든 선 위에 있을 것이다.

15 날개를 닫고 필요하면 새로운 선을 만든다.

16 날개를 오른쪽으로 넘겨 접고, 모서리를 뒤쪽으로 산접기한다.

17 모서리를 펼친다.

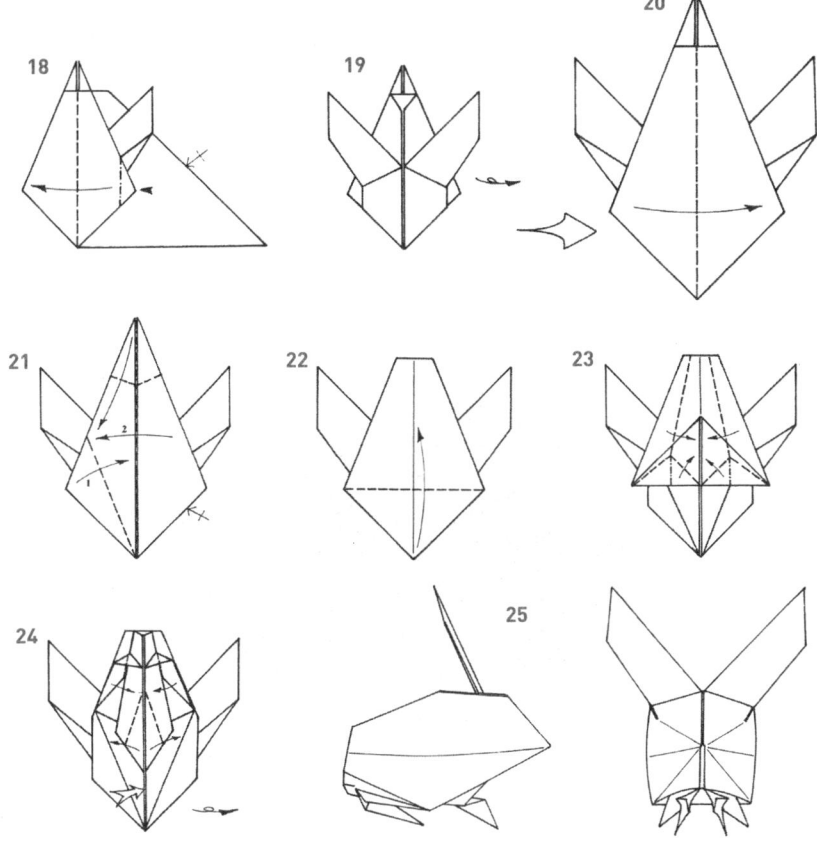

18 모서리를 모형 안쪽으로 닫힌함몰시킨다. 종이 한 겹을 왼쪽으로 다시 넘겨 접는다. 오른쪽에 7-18번을 반복한다.

19 이렇게 된다. 모형을 뒤집는다.

20 확대한 모습. 종이 한 겹을 오른쪽으로 넘겨 접는다.

21 왼쪽 아래 가장자리를 가운데로 골접기한다. 오른쪽 덮개를 왼쪽 덮개 위로 접고, 끄트머리를 아래쪽으로 뒤집어접기한다. 오른쪽에 20번과 21번을 반복한다.

22 아래쪽 삼각형을 최대한 위로 올려 골접기한다.

23 토끼귀접기를 두 번 한다.

24 뒷다리(종이 제일 윗면)를 가운데 쪽으로 접는다. 앞다리를 바깥쪽으로 구부린다. 코 아래쪽 틈새를 통해 바람을 불어넣어 모형을 부풀린다. 귀를 들어 올리고 모형을 뒤집는다.

25 토끼가 완성되었다.

24
코끼리

● **종이_** 정사각형(30×30센티미터 이상)
● **색깔_** 하얀 면을 위로

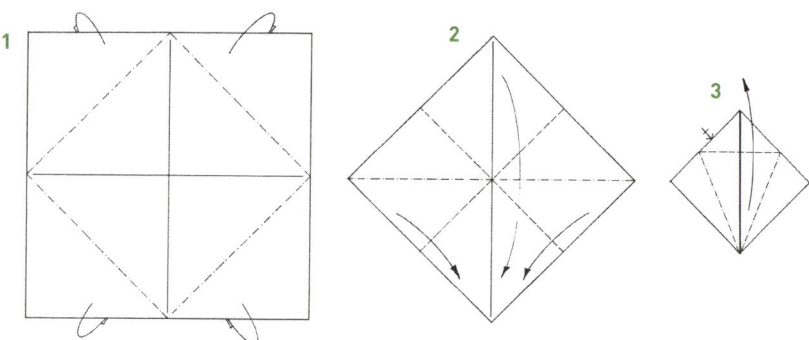

1. 종이를 가로 세로로 반으로 골접기하고 네 개의 모서리를 중심점에 맞춰 뒤쪽으로 접는다.
2. 1번의 결과물인 정사각형으로 사각주머니접기를 한다.
3. 앞면과 뒷면을 점선을 따라 위로 올려 접는다.

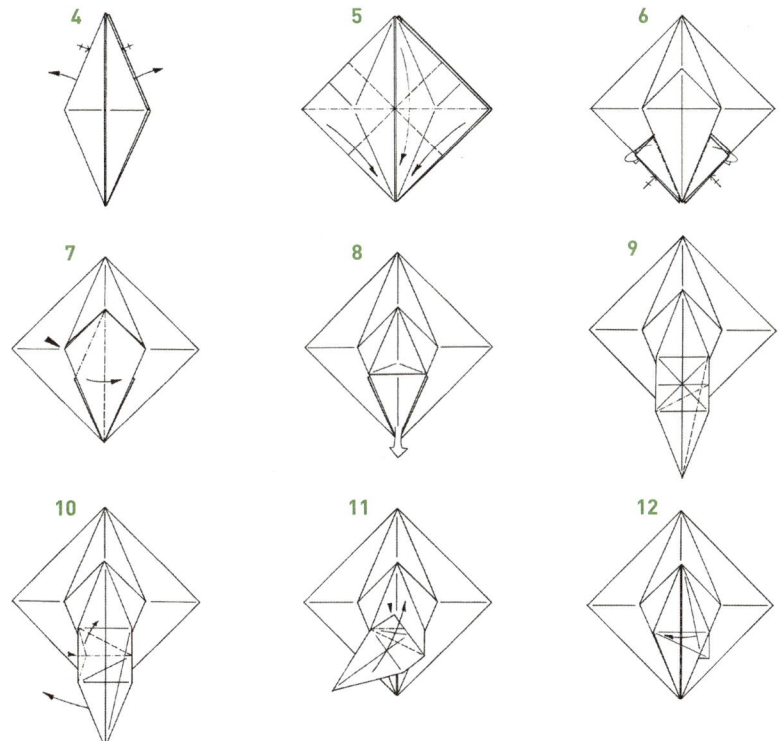

4 가운데 낀 종이 겹을 빼낸다. 뒤쪽도 반복한다.
5 앞면에서만 고정되지 않은 종이로 사각주머니접기를 한다.
6 네 모서리를 모형 안으로 뒤집어접기한다.
7 대칭으로 펼쳐함몰시키기를 한다.
8 아래쪽의 뾰족한 부분을 잡아당겨 9번과 같은 모양을 만든다.
9 각의 이등분선을 만들고(골접기) 그림의 두 점을 잇는 선을 산접기로 만든다.
10 종이의 윗겹에 앞뒤주름을 만든다. 왼쪽을 함몰시키는 동시에 길고 뾰족한 부분을 시계방향으로 돌려야 가능하다.
11 그림의 모서리를 가로선을 따라 함몰시킨다. 길고 뾰족한 부분을 위쪽으로 골접기한다.
12 종이 한 겹을 오른쪽에서 왼쪽으로 책접기한다.

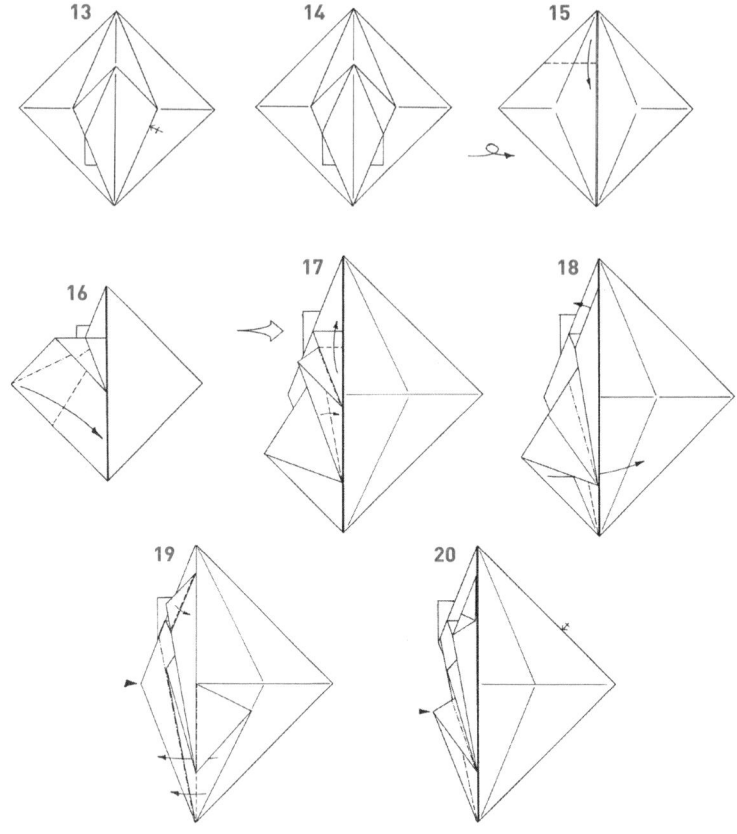

13 오른쪽에 7-12번을 반복한다.

14 모형을 위에서 아래로 뒤집는다.

15 모서리 하나를 최대한 아래로 접어 내린다.

16 모서리를 중심선에 맞춰 아래로 안으로 접어 넣는다.

17 확대한 모습. 화살표 방향으로 올려 접는다.

18 위쪽에 있는 가려진 종이 한 겹을 꺼낸다. 아래쪽의 긴 가장자리를 오른편의 미리 만든 선에 맞춰 뒤집어접기한다.

19 윗겹 종이로 주위를 감싼다. 오른쪽의 가장자리를 왼쪽으로 뒤집어접기한다. 모형의 왼쪽 모서리를 닫힌함몰시킨다. 여기서는 닫힌함몰이어야만 한다. 즉, 모서리가 접힌 상태를 유지한 채로 뒤집혀야 한다. 이렇게 해야만 모형이 흐트러지지 않는다.

20 왼쪽 가장자리를 가운데로 뒤집어접기한다. 오른쪽에 15-20번을 반복한다.

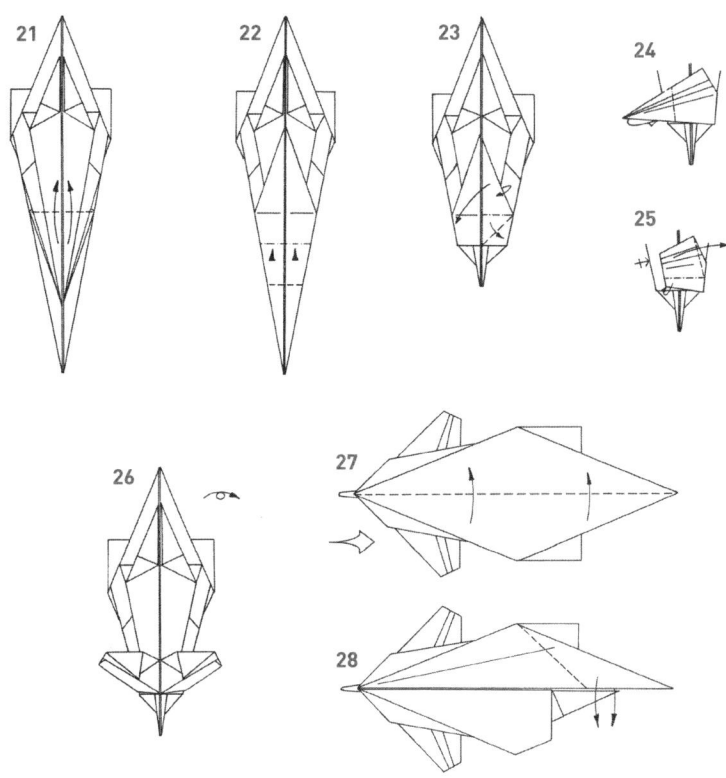

21 뒷다리(아래쪽 두 개의 뾰족한 부분)를 위로 골접기한다.

22 19번에서 만든 두 개의 닫힌함몰로 생긴 조그만 주머니 안으로 꼬리를 밀어 넣으며 앞뒤주름접기를 한다.

23 오른쪽 뒷다리를 눌러접기한다. 그림의 산접기는 가장자리와 수직이어야 하고, 그림에서 보이지 않는 옆면은 최대한 당겨서 꺼내야 한다.

24 뒷다리 끝부분(뒷다리의 절반 길이)을 산접기(또는 좀 더 안정적으로 만들려면 함몰)한다.

25 뒷다리를 옆으로 넘겨 접는다. 왼쪽에 23-25번을 반복한다.

26 모형을 뒤집는다.

27 확대한 모습. 종이 한 겹을 위로 골접기한다.

28 코(오른쪽의 뾰족한 부분)를 밖으로 뒤집어접기한다.

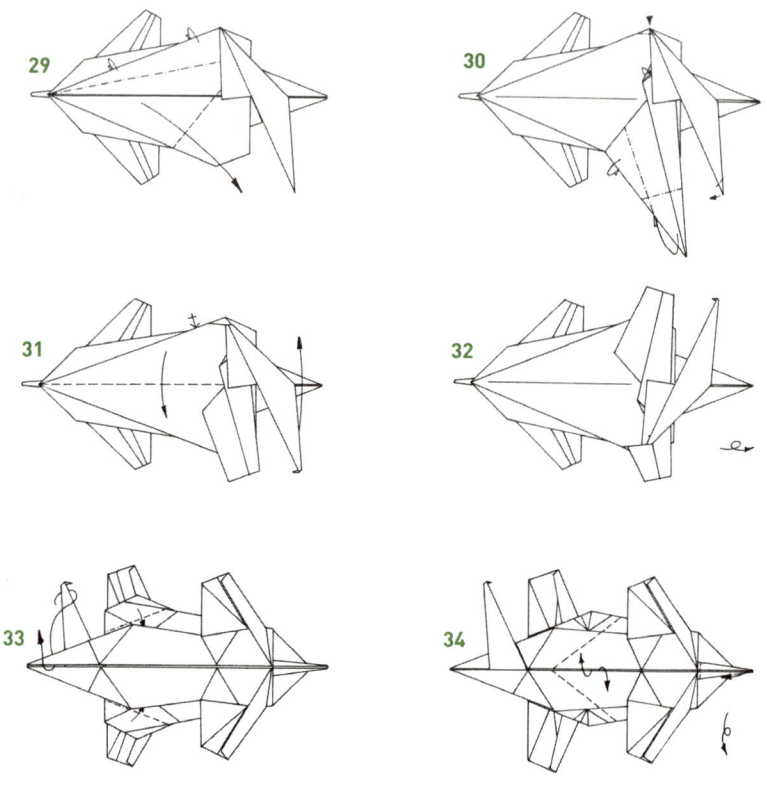

29 왼쪽의 길고 뾰족한 부분을 아래로 접고, 동시에 미리 만든 선을 따라 산접기한다. 그렇게 만들어진 부분의 가장 앞쪽 가장자리는 거의 수직이어야 한다.

30 위쪽 모서리를 닫힌함몰로 뭉툭하게 만든다. 귀 아래 조그만 모서리를 뒤집어접기한다. 앞다리를 두 번의 산접기로 모양을 잡고, 코끝을 뒤집어접기한다.

31 코와 몸통을 아래쪽으로 돌리고, 모형의 위쪽 부분에 19-20번을 반복한다.

32 모형을 뒤집는다.

33 두 상아 사이로 코를 넣는다. 표시된 가장자리들을 안으로 뒤집어접기한다.

34 그림처럼 골접기 선을 만들고, 모형을 펼치기 시작한다. 꼬리를 아래로 접는다. 모형을 뒤집는다.

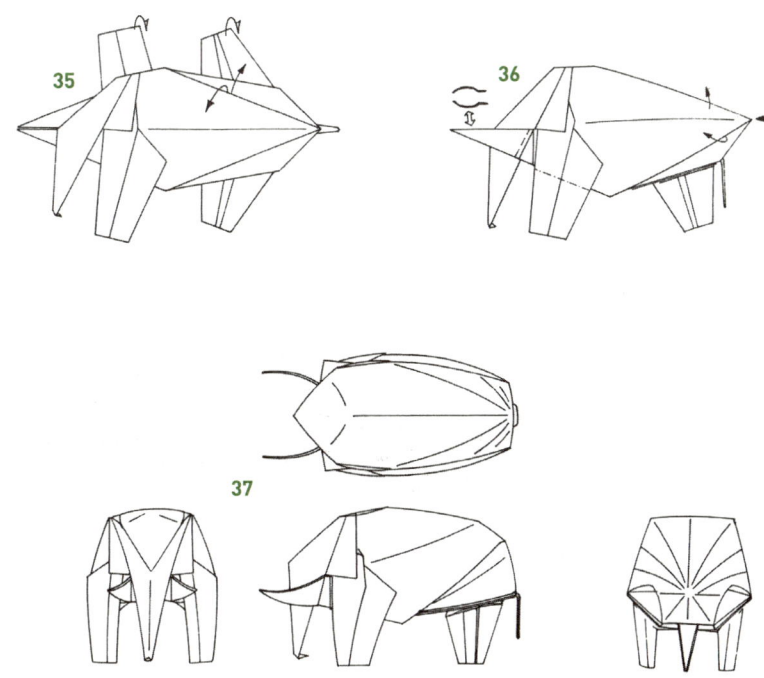

35 오른쪽 다리들을 아래로 접고, 등을 펼친다.

36 상아와 앞다리를 휘게 만든다. 엉덩이 쪽을 살짝 함몰시켜서 열리게 만든다. 몸통을 둥글게 만든다.

37 코끼리가 완성되었다.

25
앵두새

● **종이**_ 정사각형(20×20센티미터 이상)
● **색깔**_ 색깔 면을 위로

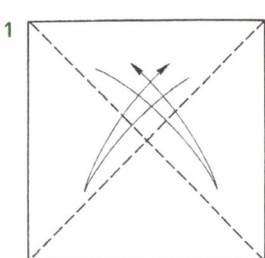
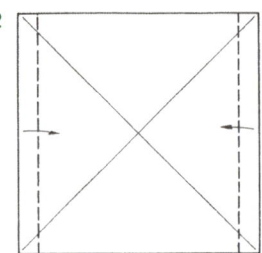
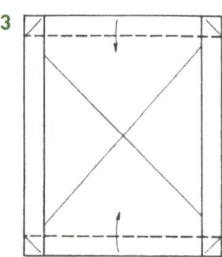

1 대각선을 만든다.

2 양쪽 끝에서 전체 너비의 12분의 1만큼씩 접는다.

3 위아래에서 같은 너비만큼 접는다.

4장. 두뇌계발 레벨업
입체 종이접기에 도전해 보자

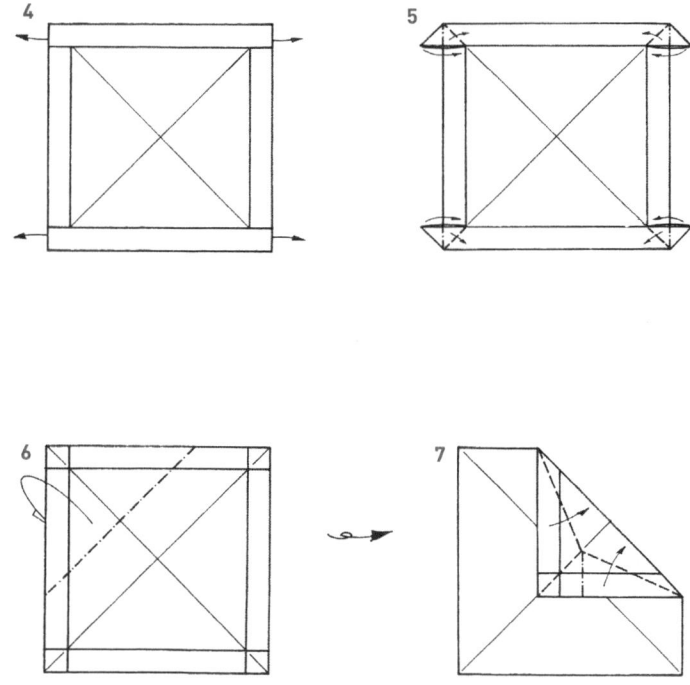

4 모서리를 바깥으로 잡아당긴다.
5 네 모서리를 눌러접기한다(사각주머니접기와 같은 방법으로 접는다).
6 현재의 정사각형에서 대각선의 3분의 1을 뒤쪽으로 접는다. 모형을 뒤집는다.
7 모서리를 토끼귀접기한다.

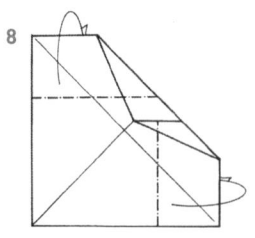 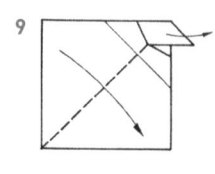

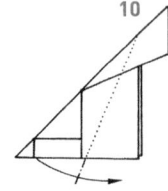 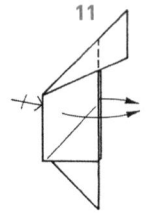

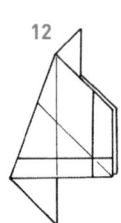 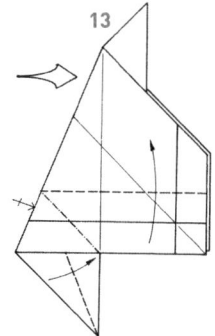

8 위와 오른쪽 가장자리를 뒤로 접는다.

9 모형을 대각선을 따라 반으로 접는 동시에 토끼 귀를 바깥으로 끄집어낸다.

10 왼쪽 모서리를 뒤집어접기해서 왼쪽 가장자리가 오른쪽 가장자리와 나란히 맞춘다.

11 앞과 뒤 가장자리를 오른쪽으로 접는다.

12 이렇게 된다.

13 확대한 모습. 회전접기한다. 골접기는 정확히 수평으로 한다.

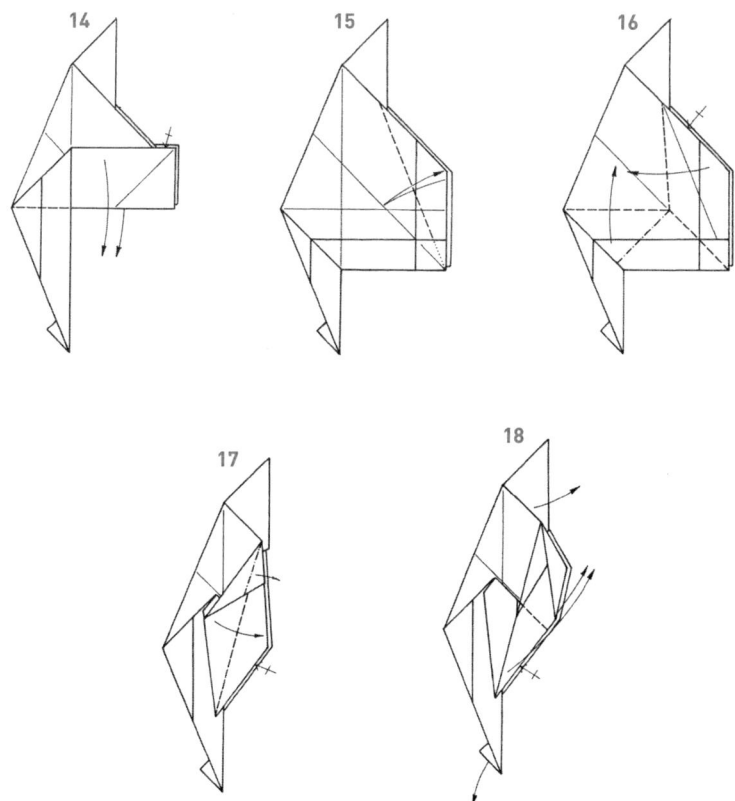

14 덮개를 다시 아래로 내려 접는다. 뒤쪽도 반복한다.

15 각의 이등분선을 골접기한다.

16 토끼귀접기를 한다. 아래쪽 두 개의 골접기는 이미 만든 선을 따라서 한다. 위쪽의 선은 아래쪽 두 개의 교차점과 15번에서 만든 선과 가장자리의 교차점을 잇는다. 뒤쪽도 반복한다.

17 왼쪽 가장자리를 미리 만든 선을 따라 접는다. 위쪽 끝에 있는 부분은 밖으로 당긴다. 뒤쪽도 반복한다.

18 발을 앞쪽으로 골접기한다. 머리를 밖으로 당겨서 11번에서 머리에 만든 앞뒤주름이 몸 가장자리와 나란하게 만든다. 꼬리의 여분 종이를 최대한 밖으로 당긴다.

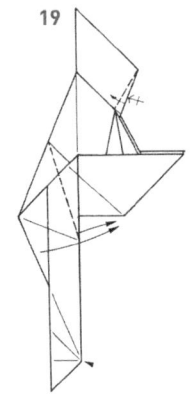 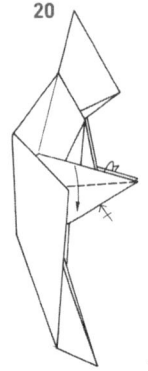 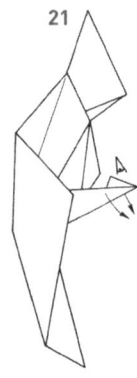

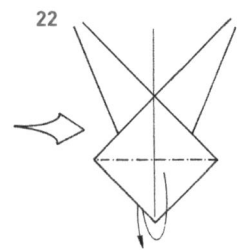 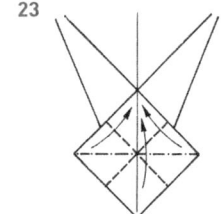 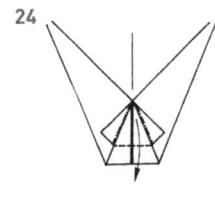

19 머리의 아래쪽 가장자리들을 골접기한다. 그림에 표시된 부분에서 꼬리를 뒤집어접기하고, 꼬리 모서리에 닫힌함몰을 만든다.

20 다리 위쪽 가장자리를 각의 이등분선을 따라 아래로 접어 내린다. 뒤쪽도 반복한다.

21 발 끄트머리를 펼친다.

22 21번에서 확대한 모습. 정사각형 부분을 반으로 산접기하되, 모든 종이 겹을 한꺼번에 접었다 다시 펼친다.

23 사각주머니접기를 한다.

24 위 한 겹을 아래로 내려 접는다.

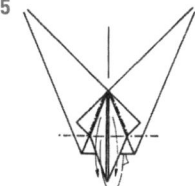 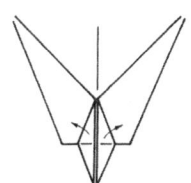 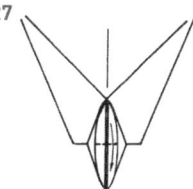

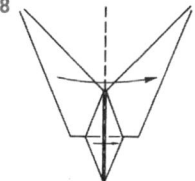 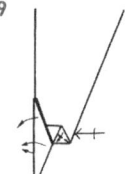 

25 학접기 기본형의 아랫부분을 뒤쪽으로 산접기한다. 학접기 기본형 뒤쪽의 튀어나온 부분도 안으로 접어 넣는다.

26 종이 겹을 벌린다.

27 다른 종이 겹들 안에 있는 뾰족한 부분 하나를 아래로 접는다. 이제 뾰족한 부분 두 개가 주위를 감싸고 있을 것이다. 하나는 아래쪽으로, 하나는 뒤쪽에서 위로 향한다.

28 다리를 다시 반으로 접는다.

29 발을 납작하게 만든다.

30 이렇게 된다.

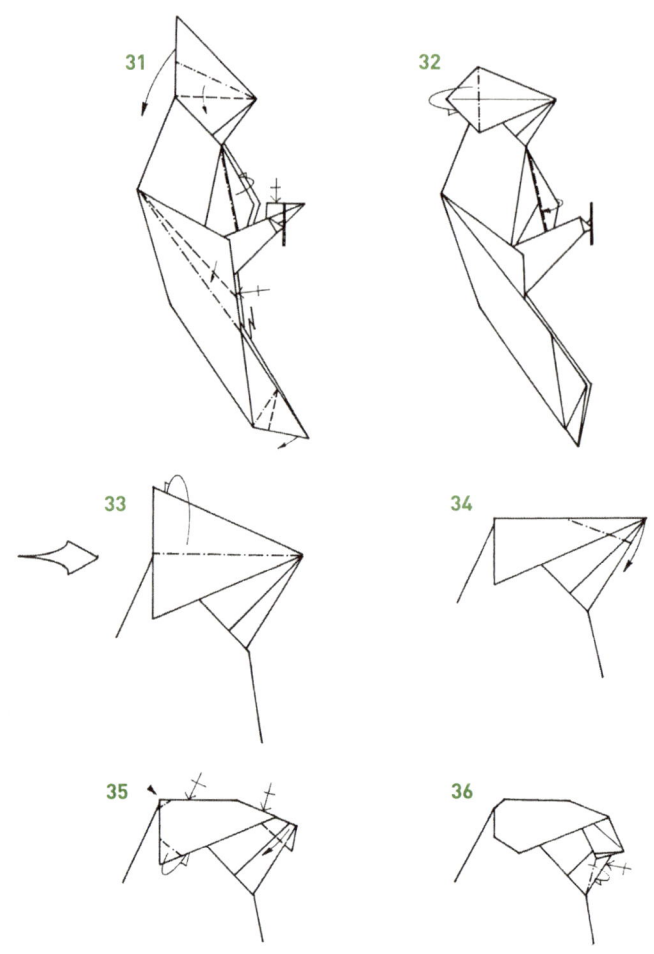

31 반대편 발을 21-30번 과정과 동일하게 반복한다. 머리 위쪽을 눌러접기한다. 양옆과 꼬리 끝을 앞뒤주름접기한다. 가슴의 한 겹을 안쪽으로 산접기한다.

32 머리 끄트머리를 안으로 산접기한다.

33 확대한 모습. 머리 위쪽을 뒤로 산접기한다.

34 부리를 뒤집어접기한다.

35 '뺨'의 모서리를 산접기한다. 머리 위쪽을 함몰시킨다. 부리 양옆을 아래로 골접기한다.

36 부리 아래의 가장자리를 안쪽으로 접는다.

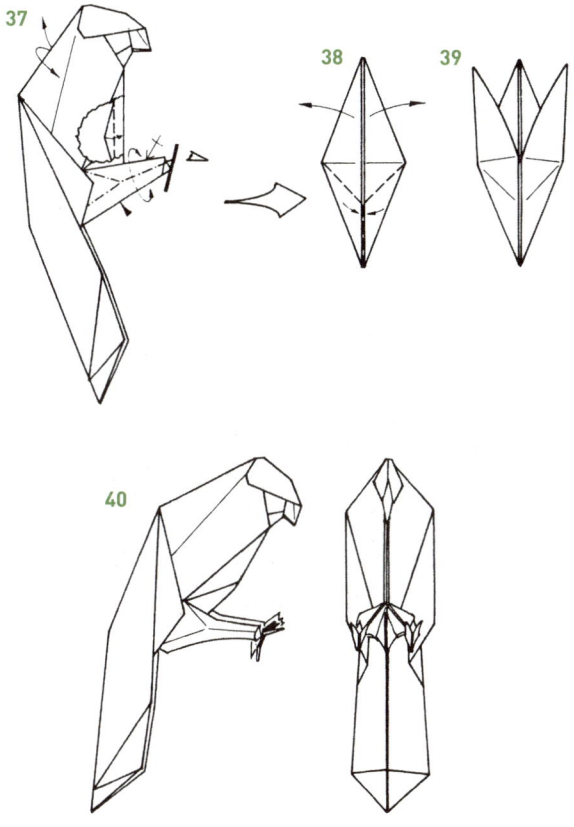

37 족집게를 몸통 안쪽(아래쪽을 통해)으로 넣고 가슴을 고정시키기 위해 납작한 삼각형 부분을 접는다. 다리를 집는다. 모형을 입체로 만들기 위해서 등을 펼친다.

38 발가락 확대 모습. 발톱은 그림과 같이 다듬고 반대쪽도 반복한다.

39 이렇게 된다.

40 앵무새가 완성되었다.

26
복엽비행기

종이_ 정사각형 (30×30센티미터 이상)
색깔_ 하얀 면을 위로

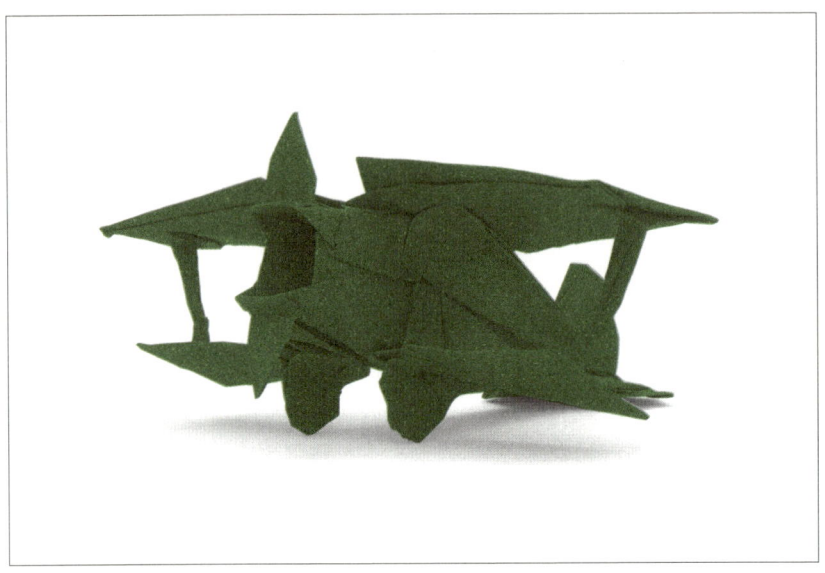

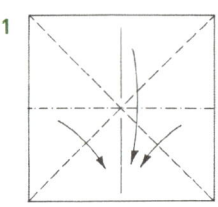

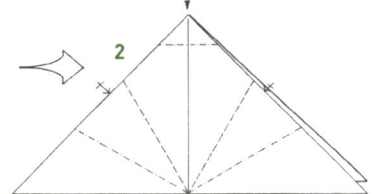

1 삼각주머니 기본형을 접는다.
2 높이의 6분의 1이 되는 지점까지 모형 안쪽으로 함몰시킨다. 앞과 뒤의 종이에 각의 삼등분선을 따라 주름을 만든다. 뒤쪽도 반복한다.

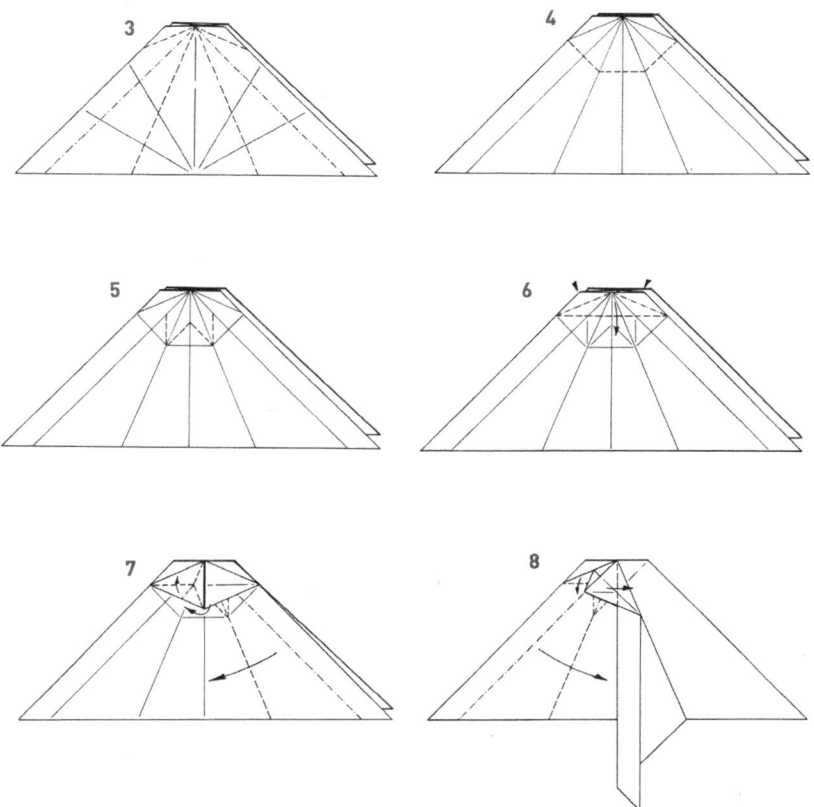

3 그림처럼 선을 만든다. 산접기 선은 바깥쪽 가장자리와 평행하게 만들고, 골접기 선은 각의 이등분선으로 만든다.

4 그림처럼 골접기 선을 만든다. 이 선들은 모두 다 이들을 가로지르는 선과 수직을 이룬다.

5 네 개의 선을 더 만든다. 두 개의 바깥쪽 선은 정확히 수직이고, 45°인 선들은 연장시키면 종이의 위쪽 모서리까지 이어진다.

6 위쪽 모서리 두 군데를 미리 접은 선을 따라 펼쳐함몰시키기를 한다.

7 제일 윗겹의 오른쪽 옆을 미리 접은 선을 따라 접는다. 모형의 윗부분이 시계방향으로 돌아갈 것이고, 꼬리 왼쪽에 그림처럼 접어야 하는 부분이 생길 것이다.

8 왼쪽도 반복한다(두 번째가 더 어렵다).

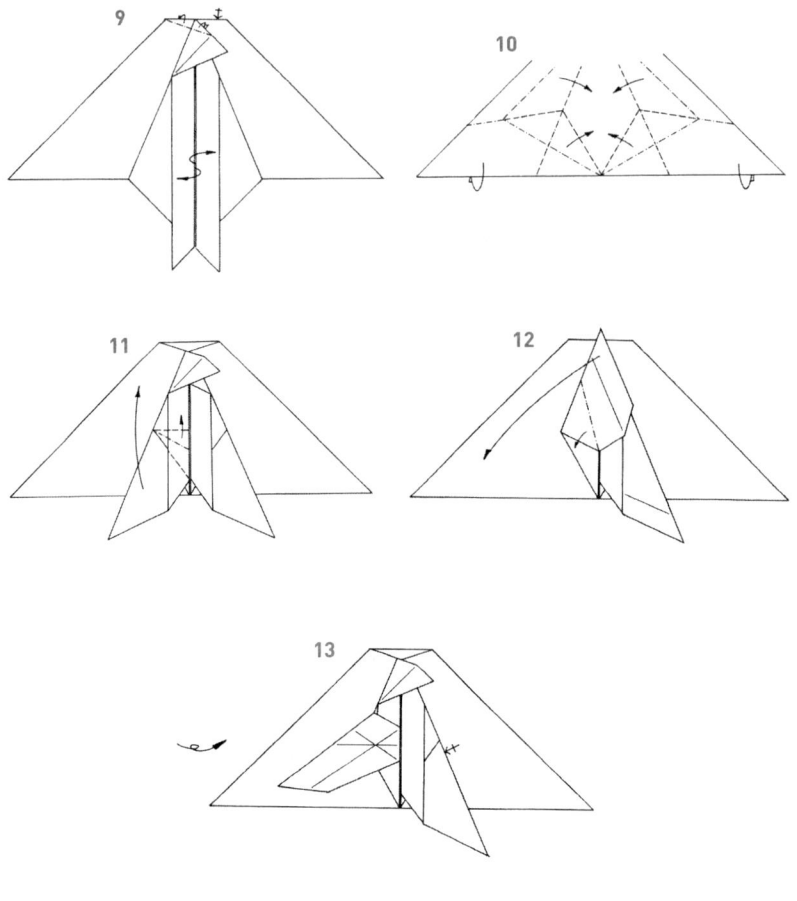

9   꼬리의 뒤쪽 가장자리를 산접기한다. 모형의 바닥 부분을 연다(하지만 꼬리를 접은 것을 펴지는 않는다. 종이는 납작하지 않을 것이다.)

10 두 번 이중토끼귀접기를 한다. 중요한 선들은 이미 만들어 놓았다.

11 조그만 주머니를 중심 쪽으로 눌러접기한다.

12 비행기 날개의 가장 큰 부분을 누르고 돌린다.

13 오른쪽 날개에도 11-12번을 똑같이 반복한다. 모형을 옆으로 뒤집는다.

146

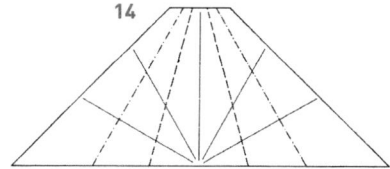
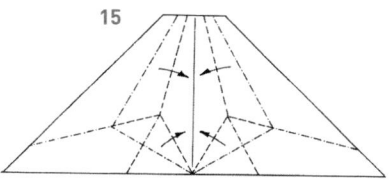

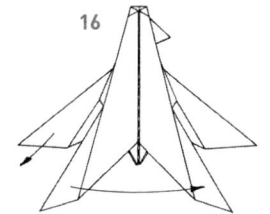
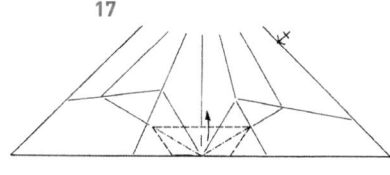

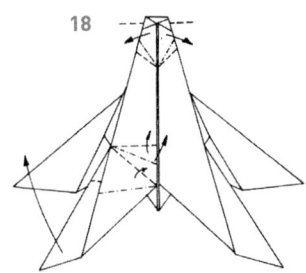

14 삼등분선을 만든다. 각의 꼭짓점은 위가 잘린 삼각형의 (보이지 않는) 꼭짓점이다.

15 이중토끼귀접기를 두 번 더 한다. 아래 있는 것과 정확히 겹치지는 않을 것이다.

16 왼쪽 위와 아래의 두 날개를 반대 방향으로 잡아당긴다. 모형이 펼쳐지게 만들되 접어 둔 꼬리가 풀어지지 않게 주의한다.

17 그림의 부분을 뒤집어접기하고 모형을 다시 접는다. 반대쪽도 반복한다.

18 위쪽의 작은 덮개 두 개에 최대한 멀리 앞뒤주름접기를 한다. 날개에 누름접기를 두 번 한다.

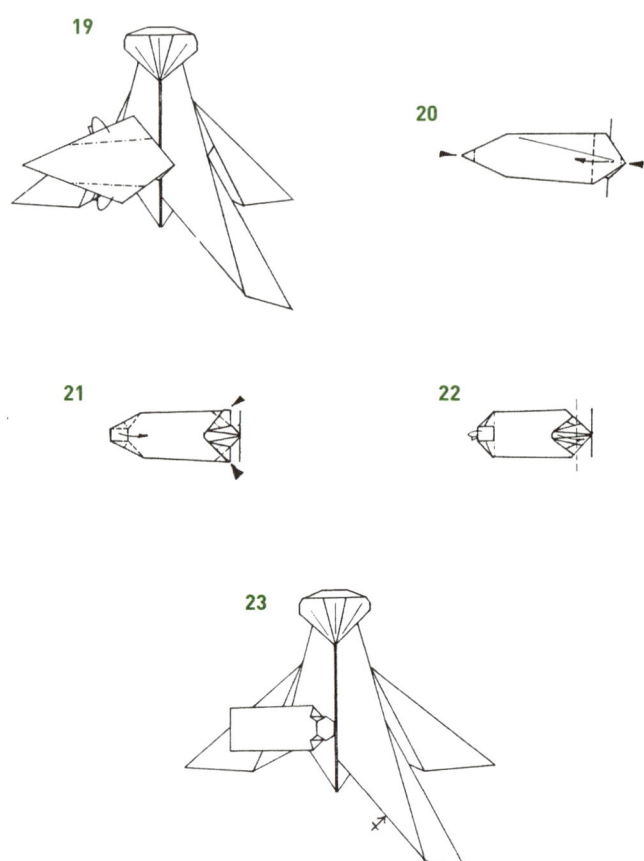

19 날개 아래쪽 양옆을 뒤집어접기한다.

20 날개와 바퀴의 상세 그림. 날개 끝(왼쪽)과 바퀴 끝(오른쪽)을 함몰시킨다. 바퀴를 접어 넘기면서 같이 따라오는 부분을 눌러 접는다.

21 바퀴 쪽의 날개 모서리들을 이중뒤집어접기한다. 날개 끄트머리를 이중토끼귀접기한다.

22 뒤쪽 날개 끄트머리를 산접기한다. 중심선에 맞춰 바퀴를 꽃잎접기한다.

23 오른쪽 날개에도 18-22번을 반복한다.

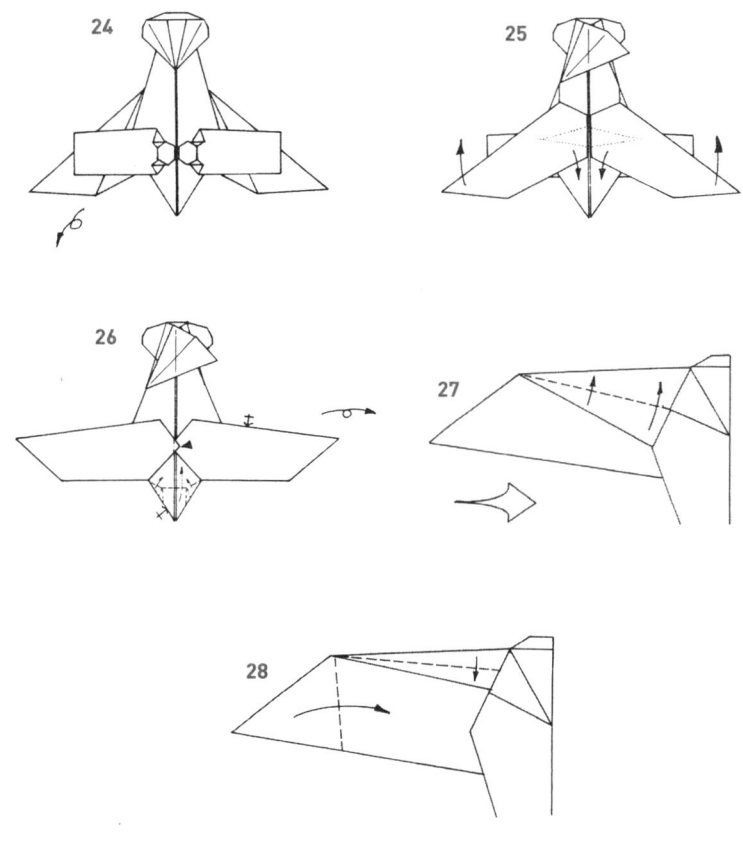

24 모형을 옆으로 뒤집는다.

25 날개를 뒤쪽으로 당겨 앞쪽 가장자리가 일렬이 되게 만든다.

26 겹쳐 있는 날개의 작은 모서리 부분을 함몰시킨다. 프로펠러 위아래 모두 이중토끼귀접기한다. 모형을 위아래로 뒤집는다.

27 위쪽 날개의 아랫면을 확대한 모습. 그림의 부분을 앞쪽으로 골접기한다.

28 날개 끄트머리를 안으로 골접기한다. 날개의 앞쪽 가장자리를 골접기한다.

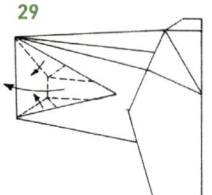
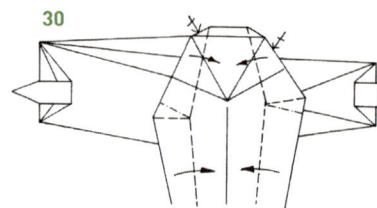

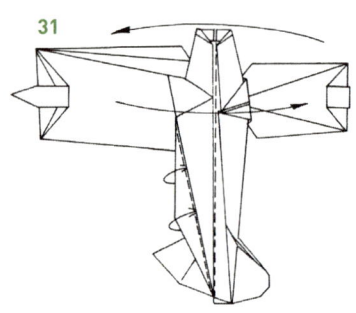
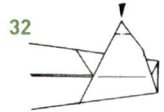
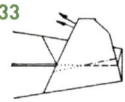

29 날개 끄트머리를 이중토끼귀접기한다.

30 위와 아래의 날개 도면이다. 몸통을 가늘게 만들기 위해서 길고 가늘게 토끼귀접기를 한다.

31 헐거운 종이를 몸통 안쪽으로 밀어 넣는다. 윗날개를 앞쪽으로 접고 아래날개를 뒤쪽으로 접는다.

32 꼬리의 상세 그림. 수직 안정판의 끄트머리를 함몰시킨다.

33 안정판 뒤쪽에 작게 앞뒤주름을 만들고 종이 겹을 최대한 앞쪽으로 당긴다.

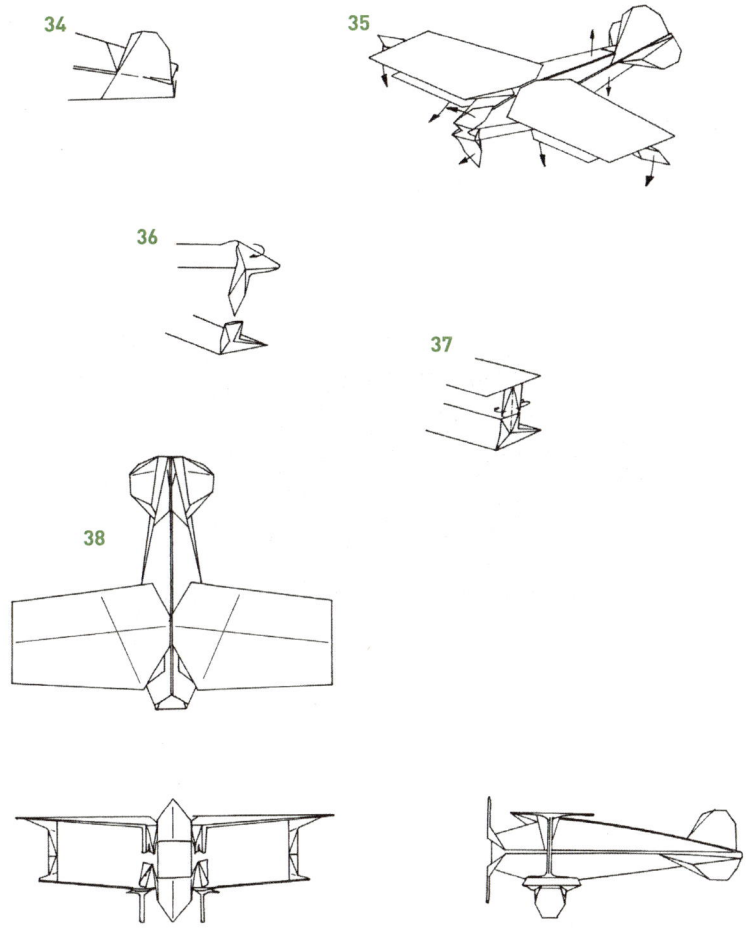

34 이렇게 된다.

35 프로펠러를 몸통 바깥쪽으로 들어 올린다. 동체 앞쪽을 벌린다. 날개를 동체 하부(그림에서 보이지 않는다)에서 바깥쪽 아래로 구부린다. 날개 지주를 서로를 향해 접는다.

36 날개 지주의 상세 그림. 위와 아래 지주가 딱 들어맞도록 위쪽 날개의 길이를 조절한다. 위쪽 지주를 아래쪽 지주의 구멍에 끼워 넣는다.

37 지주를 반으로 산접기하고 고정시켜 준다.

38 복엽비행기가 완성되었다.

27
거북

● **종이**_ 정사각형 (20×20센티미터 이상)
● **색깔**_ 색깔 면을 위로

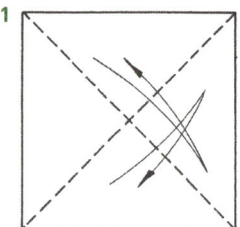 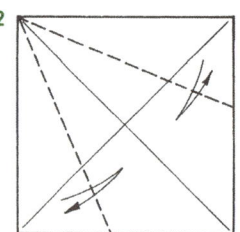 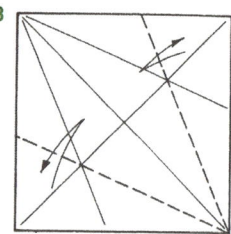

1 양쪽 대각선을 따라 선을 만든다.
2 중심에 맞춰 두 가장자리를 접고 선을 뚜렷하게 만든 다음 다시 펼친다.
3 같은 대각선에 맞춰 다른 두 가장자리도 접었다 펼친다.

4장. 두뇌계발 레벨업
입체 종이접기에 도전해 보자

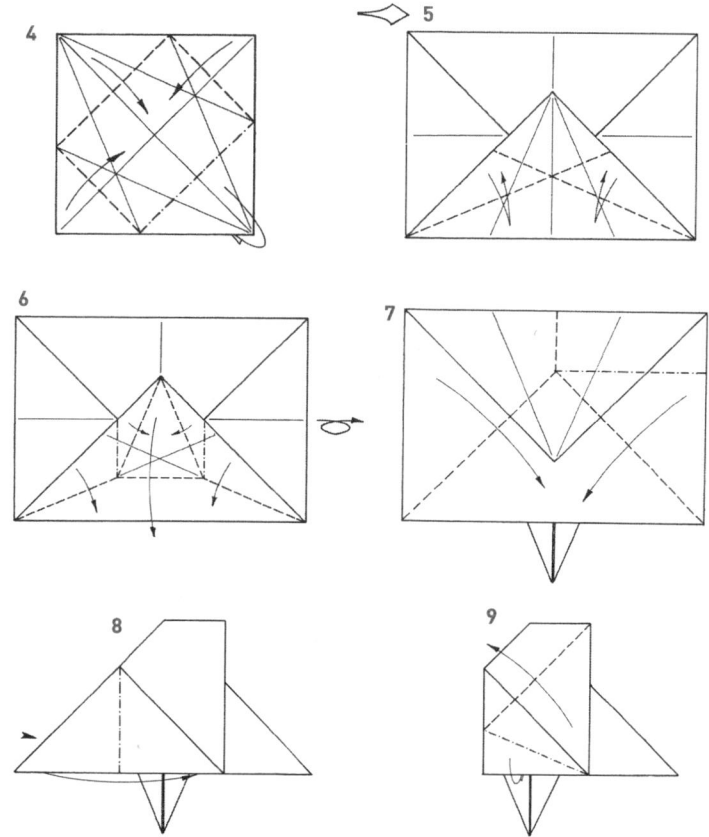

4 세 개의 모서리를 가운데로 골접기한다. 네 번째는 뒤로 산접기한다. 접은 선은 2번과 3번에서 가장자리를 접어 만든 선의 교차점에서 시작한다.

5 확대한 모습. 커다란 삼각형 덮개의 왼쪽 가장자리를 그 빗변에 맞춰 아래로 접는다(왼쪽의 각이 이등분 되도록). 선을 만들고 다시 펼친다. 오른쪽 가장자리도 반복한다.

6 두 개의 연결된 토끼귀접기를 한다. 모형을 뒤집는다.

7 커다란 토끼 귀를 만든다.

8 왼쪽의 뾰족한 부분을 뒤집어접기한다.

9 점선을 따라 안쪽으로 접어 넣는다.

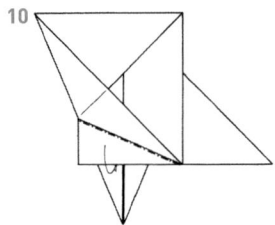
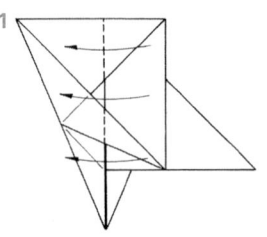

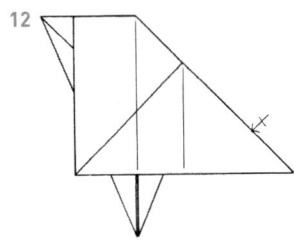
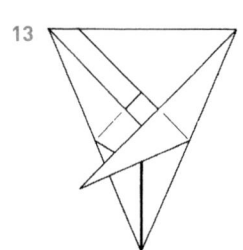

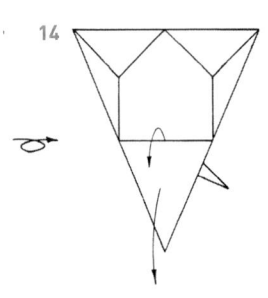
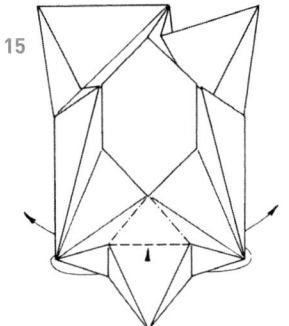

10 가장자리를 모형 안으로 뒤집어접기한다.

11 직사각형 덮개 부분을 오른쪽에서 왼쪽으로 책접기한다.

12 오른쪽에도 8-10을 반복한다.

13 모형을 뒤집는다.

14 아래쪽 뾰족한 부분을 아래로 잡아당긴다. 종이의 접은 부분이 약간 풀릴 것이다.

15 모형을 다시 접으면서 표시된 부분을 안으로 밀고 표시된 선을 바꾼다.

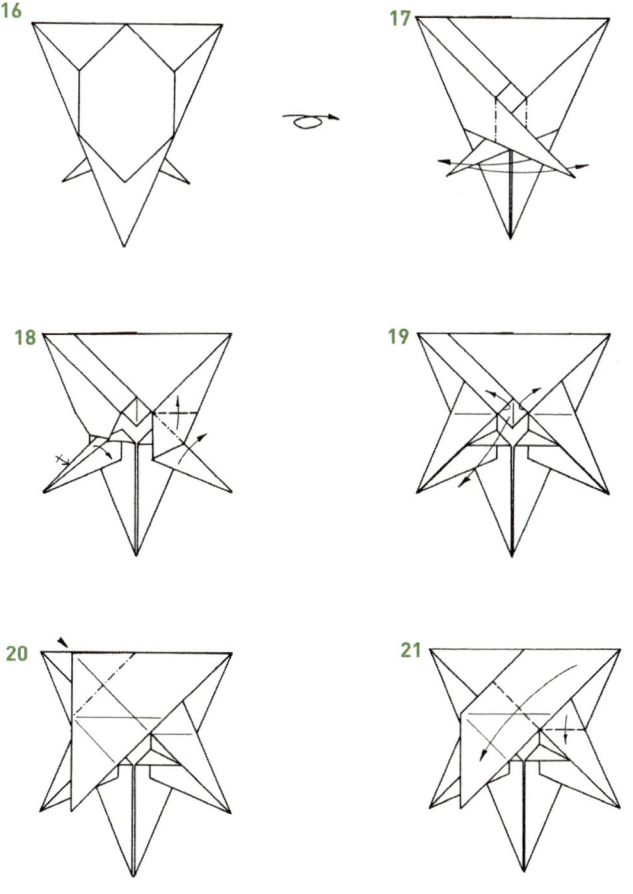

16 이렇게 된다. 모형을 도로 뒤집는다.

17 두 뾰족한 부분을 바깥쪽으로 뒤집어접기한다. 뒤집어 접은 부분 안쪽에 조그만 덮개가 생길 것이다.

18 왼편에 조그만 덮개가 보인다. 오른쪽에 보이는 것처럼 종이를 펼친다. 왼쪽도 반복한다.

19 정사각형의 원래 모서리를 모형 안쪽에서 끄집어낸다.

20 표시된 모서리를 함몰시킨다.

21 오른쪽 위 모서리를 왼쪽 아래로 내려 골접기한다.

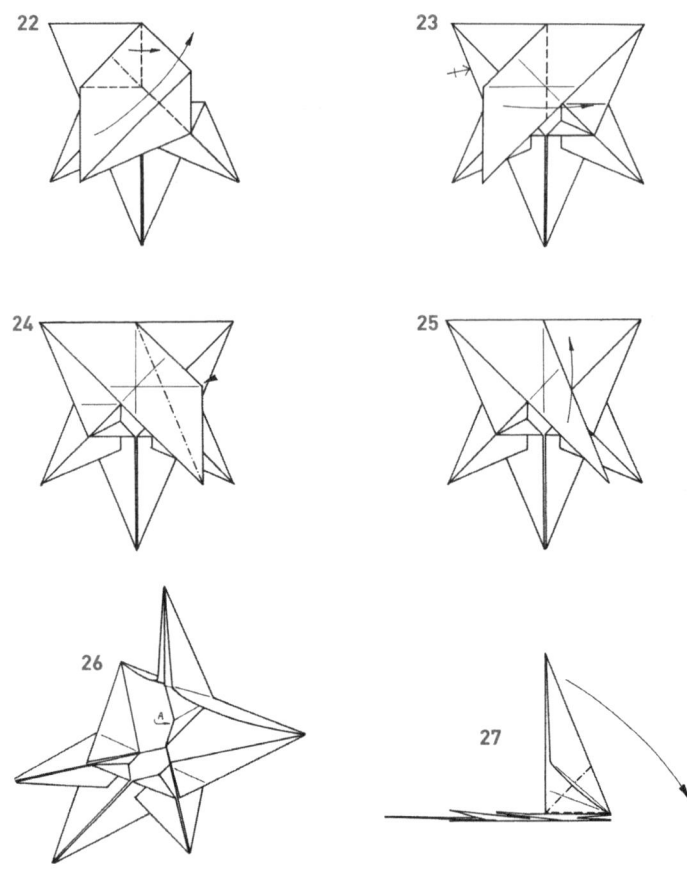

22 덮은 종이를 다시 오른쪽으로 골접기하되, 중심선을 따라 튀어나오는 작은 삼각형을 잡아당긴다.

23 가운데 종이를 오른쪽으로 골접기하고, 왼쪽에도 21-22번을 반복한다.

24 납작한 삼각형을 닫힌함몰시킨다.

25 가운데 종이 날개를 모형 위쪽으로 들어 올린다.

26 안을 들여다본 모습. 24번의 함몰이 닫힌함몰이기 때문에 A 표시 종이는 쉽게 빠질 것이다. 그러면 가운데 길고 뾰족한 부분을 모형에서 수직이 되게 들어 올릴 수 있다.

27 옆에서 본 모습. 가운데 뾰족한 부분을 대칭으로 눌러접기한다.

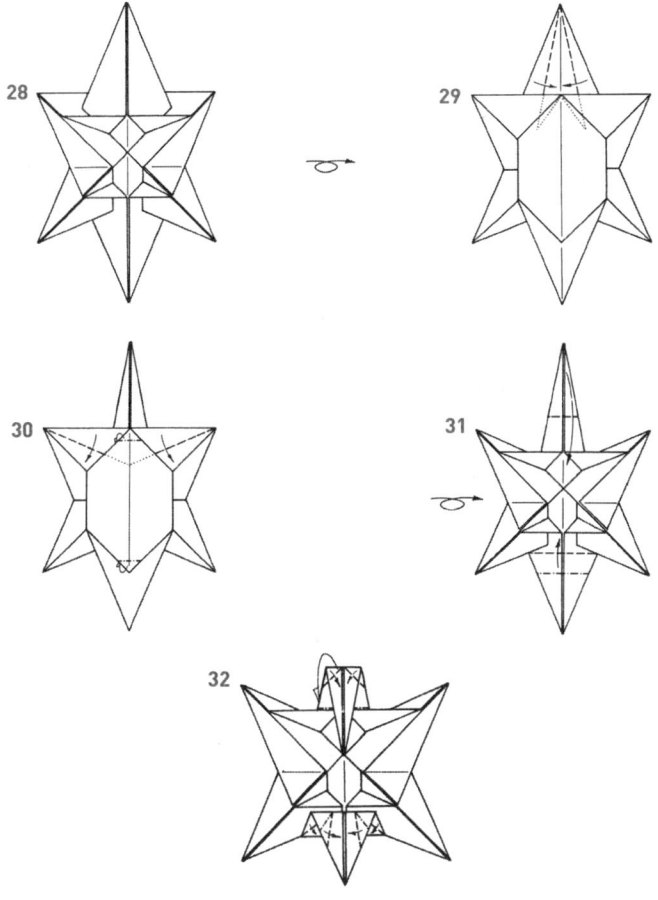

28 이렇게 된다. 모형을 뒤집는다.

29 꼬리 가장자리를 중심선에 맞춰 골접기한다. 점선은 가려진 접은 부분을 나타낸다.

30 등껍질의 앞과 뒤 모서리를 산접기한다(닫힌함몰을 시키면 더 좋다). 뒷다리 가장자리를 골접기한다. 모형을 뒤집는다.

31 꼬리(위쪽의 뾰족한 부분) 끄트머리를 작은 정사각형 아래쪽으로 내려 골접기한다. 그림에 표시된 것처럼 머리를 앞뒤주름접기한다.

32 꼬리 가장자리를 골접기해서 뾰족하게 만든다. 꼬리를 뒤로 산접기해서 30번에서 접어서 만들어진 주머니 안으로 밀어 넣는다. 그림처럼 골접기와 산접기로 머리를 가늘게 만든다.

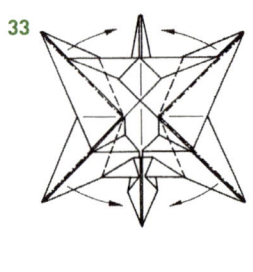
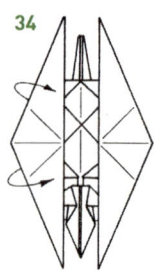
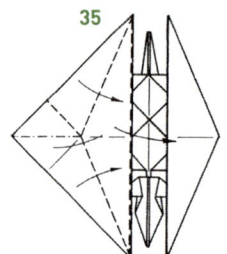
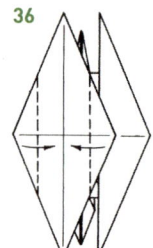
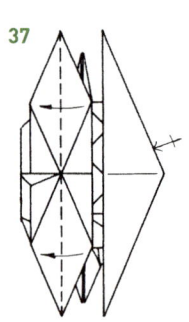

33 수직선에 맞춰 네 다리를 전부 당겨 접는다. 이렇게 하면 앞다리와 뒷다리 사이의 덮개가 납작해질 것이다.

34 감춰진 종이 날개들을 펼친다.

35 토끼귀접기를 하고, 오른쪽으로 골접기해서 덮는다.

36 다이아몬드 모양 종이의 가장자리를 가운데로 골접기한다.

37 다리를 반으로 접는다. 오른쪽 다리에 34-37번을 반복한다.

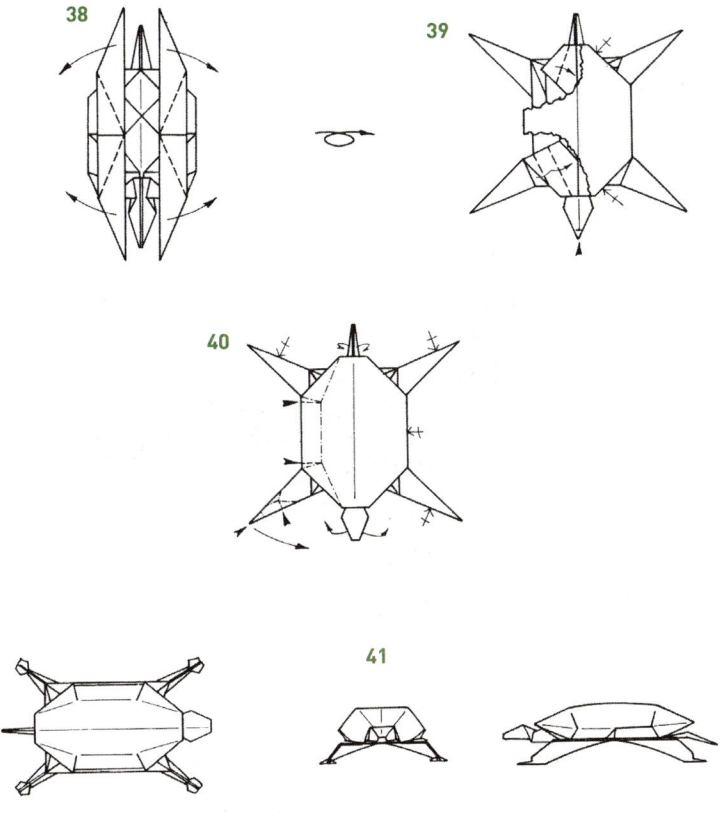

38 네 다리를 모두 바깥쪽으로 골접기한다. 모형을 뒤집는다.

39 내부 모습. 꼬리 근처에 있는 두 종이 날개를 가운데로 골접기한다. 이 날개들은 등껍질에 가려져 있기 때문에 족집게를 사용해야 할 수도 있다. 머리 근처의 날개를 접고 다시 접는다. 이렇게 접으면 몸통이 고정된다.

40 왼쪽 앞다리 끄트머리를 함몰시킨다. 발목 부분을 함몰시키고 돌린다. 다른 세 개의 다리도 반복한다. 꼬리를 세로로 반으로 산접기한다. 등껍질 모서리를 살짝 함몰시키면서 등껍질을 안에서 밖으로 밀어 올린다. 배의 육각형 구멍을 이용하면 쉽다.

41 거북이가 완성되었다.

28
전갈

● **종이_** 얇은 정사각형 종이(30×30센티미터 이상)
● **색깔_** 하얀 면을 위로

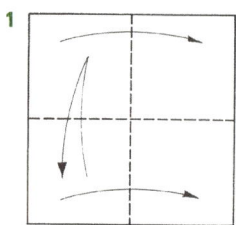
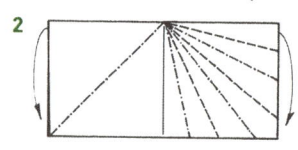
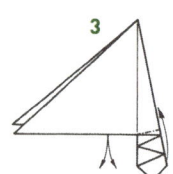

1 종이를 세로로 반으로 접어 선을 만든다. 그 다음에 가로로 반을 접는다.
2 왼쪽 모서리를 각의 이등분선을 따라 뒤집어접기한다. 오른쪽은 직각을 칠등분해서 주름을 만든다.
3 겹쳐진 부분을 점선을 따라 통째로 산접기한다. 선은 모형의 오른쪽 가장자리에 수직이 되게 만든다. 종이를 완전히 펼친다.

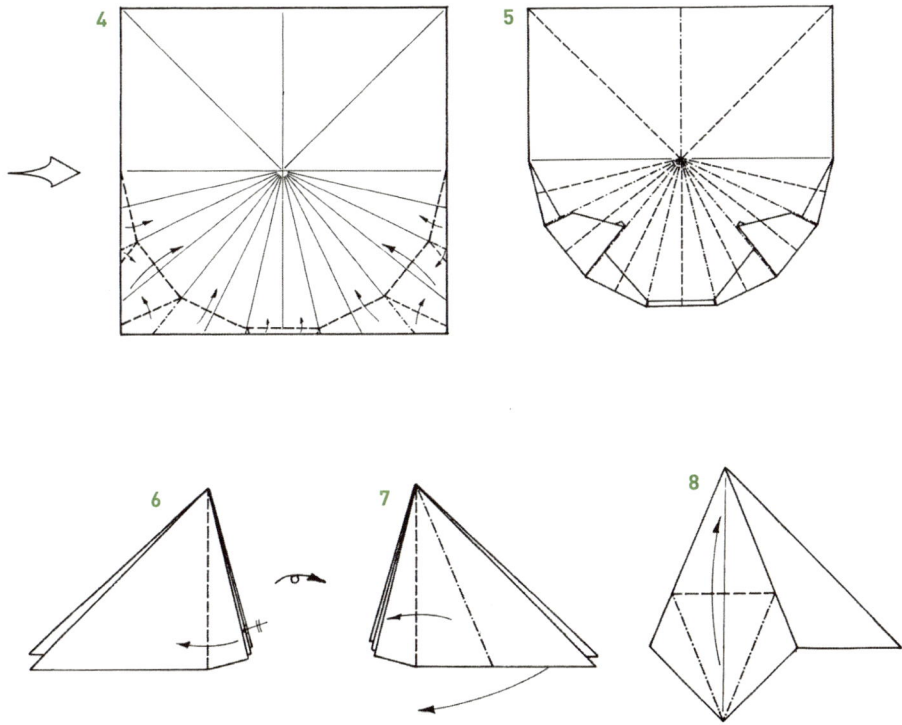

4 확대한 모습. 종이는 여전히 하얀 면을 위로 둔다. 가장자리를 빙 둘러 접는다. 골접기는 3번에서 만든 선을 따라서 한다.

5 그림처럼 선을 만든다. 이것은 전부 이미 만든 선 위에 생기지만 일부는 뒤집어야 한다.

6 종이 세 겹을 왼쪽으로 책접기해서 넘긴다. 종이를 옆으로 뒤집는다.

7 한 겹을 대칭이 되게 눌러접기한다.

8 점선을 따라 위로 올려 접는다.

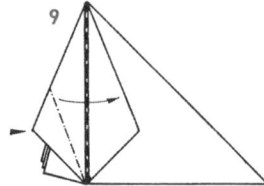 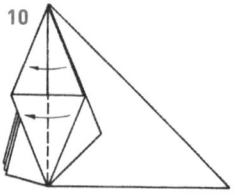

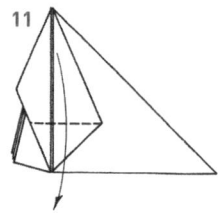 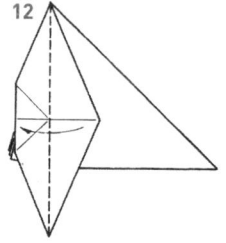

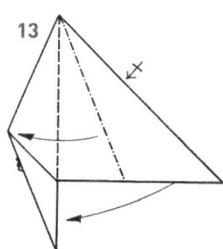 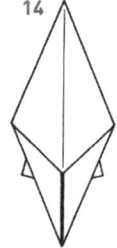

9 모서리를 펼쳐함몰시킨다.

10 한 겹을 왼쪽으로 책접기한다.

11 위의 뾰족한 부분에서 한 겹을 아래로 최대한 내려 접는다.

12 한 겹을 책접기한다.

13 오른쪽에 7-12번을 반복한다.

14 이렇게 된다. 모형을 옆으로 뒤집는다.

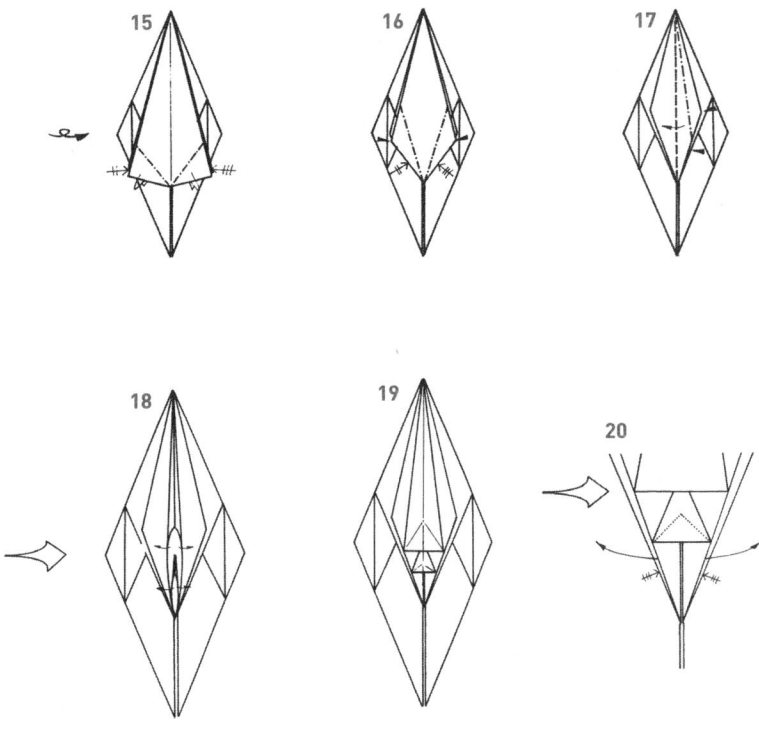

15 왼쪽에 세 개, 오른쪽에 네 개, 총 일곱 개의 모서리를 뒤집어접기한다.

16 일곱 개의 모서리를 각의 이등분선을 따라 함몰시킨다.

17 오른쪽 모서리 하나를 펼쳐함몰시킨다.

18 확대한 모습. 펼쳐함몰시키기 과정. 안쪽에 펼쳐함몰시켜야 하는 작은 모서리가 하나 더 있다.

19 완성된 펼쳐함몰시키기.

20 다리를 확대한 모습. 옆면에 네 개 있는 뾰족한 부분을 최대한 바깥쪽으로 뒤집어접기한다.

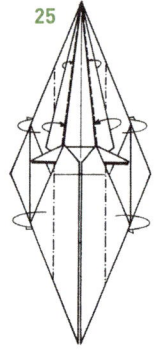
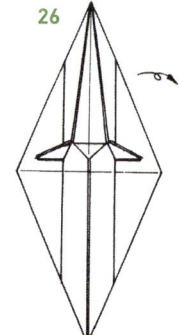
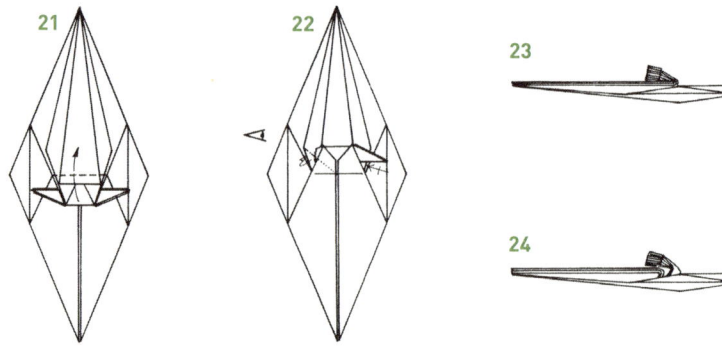
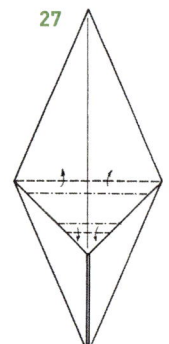

21 다리를 이루는 부분 전체를 최대한 위로 골접기한다.

22 다리 아래 두툼한 종이 겹을 양쪽 모두 산접기해서 모형 안쪽으로 밀어 넣는다.

23 22번에서 본 산접기하기 전의 모습.

24 산접기한 후의 모습.

25 꼬리의 모든 종이 겹을 한꺼번에 모형 안쪽으로 골접기한다. 산접기로 몸통을 가늘게 만든다.

26 이렇게 된다. 모형을 옆으로 뒤집는다.

27 주름을 두 개 만든다.

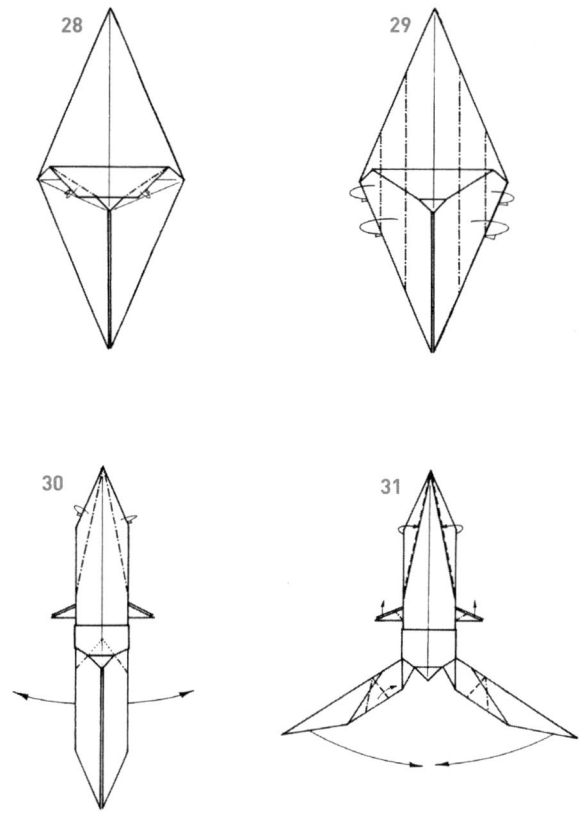

28 아래쪽 주름의 위치를 주의한다. 머리 모서리를 산접기한다.

29 산접기를 두 번 연달아 해서 종이 겹을 모형 안으로 밀어 넣는다.

30 꼬리 가장자리를 산접기한다. 집게발을 뒤집어접기한다.

31 꼬리의 나머지 가장자리들을 모형 안쪽으로 골접기해서 넣는다. 집게발 끄트머리를 눌러접기한다. 여덟 개의 다리를 전부 뒤집어접기한다.

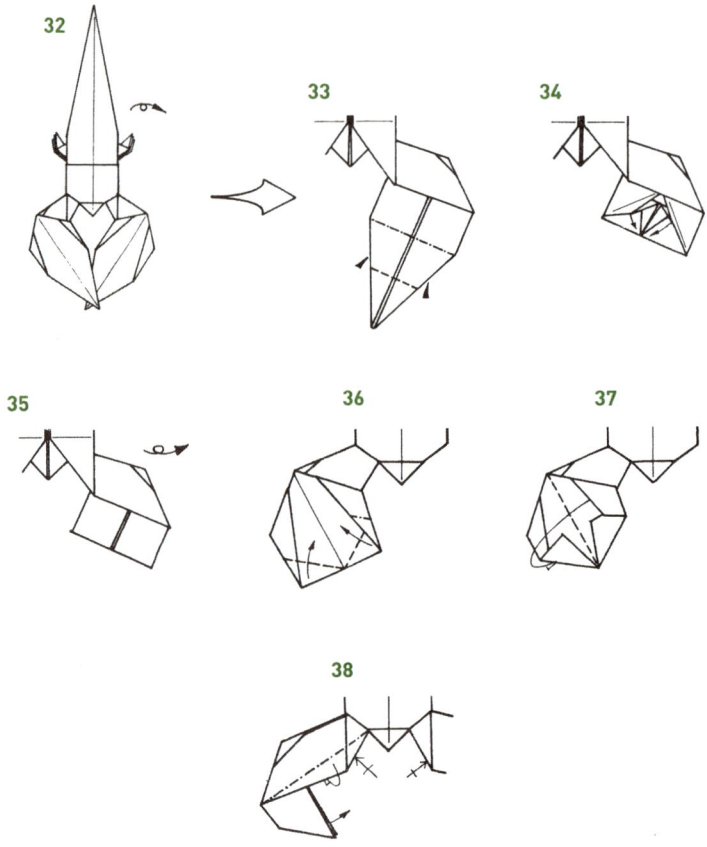

32 이렇게 된다. 모형을 뒤집는다.

33 집게발을 확대한 모습. 집게발 끄트머리를 이중함몰시킨다.

34 중간 과정.

35 완성된 이중함몰. 모형을 뒤집는다.

36 왼쪽 모서리를 골접기하고 오른쪽 모서리를 뒤집어접기한다.

37 집게발의 오른쪽 절반을 왼쪽 절반의 위로 감싼다.

38 집게발의 앞쪽 가장자리를 산접기한다. 밑부분도 반복한다. 집게발 안쪽에서 뾰족한 부분을 잡아당긴다. 다른 집게발에도 33-38번을 반복한다.

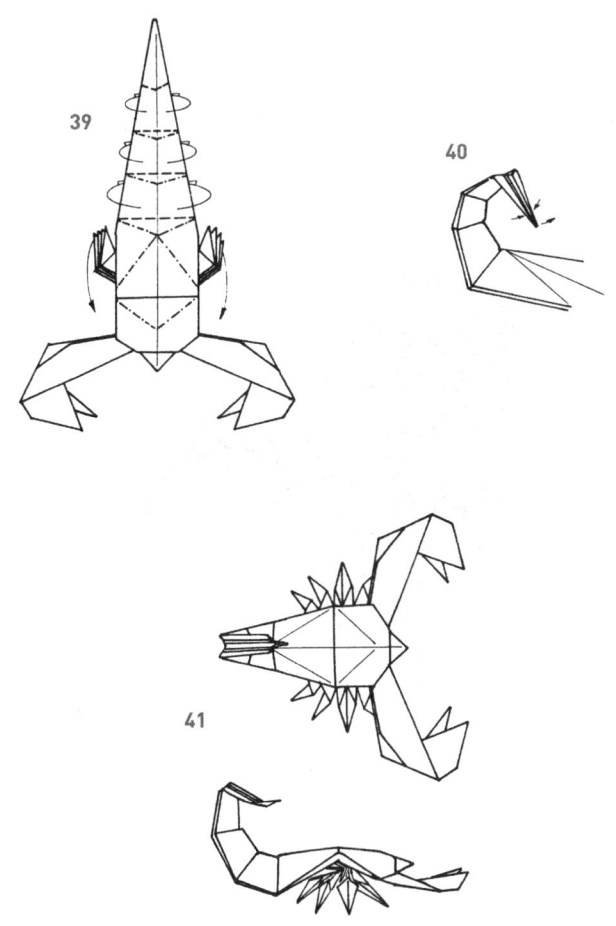

39 그림처럼 산접기로 등의 모양을 잡는다. 꼬리를 둥글리고 앞뒤주름을 만든다.
40 독침을 만들기 위해서 꼬리 끄트머리를 꼬집어 준다.
41 전갈이 완성되었다.

29
타란툴라 거미

● 종이_ 1:1.5 비율의 직사각형(30×45 센티미터 이상)
● 색깔_ 색깔 면을 위로

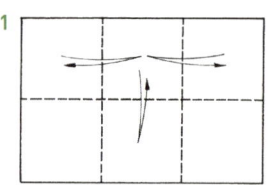
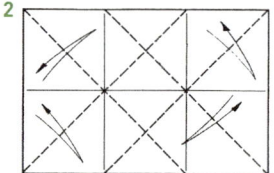
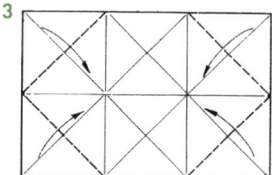

1 종이를 여섯 개의 똑같은 정사각형 모양으로 나눈다.
2 대각선을 만든다.
3 중심선에 맞춰 모서리를 접는다.

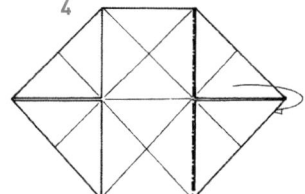
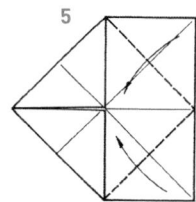

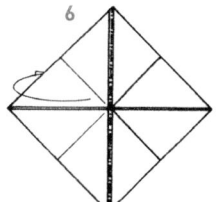
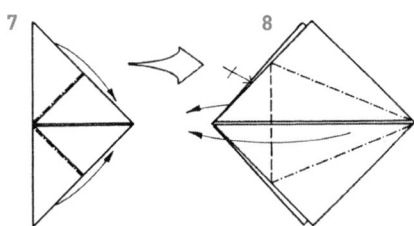

4 오른쪽 옆을 뒤로 산접기한다.
5 오른쪽 두 모서리를 중심선에 맞춰 접는다.
6 모형을 세로로 반으로 접는다.
7 위와 아래의 모서리를 안으로 뒤집어접기한다.
8 확대한 모습. 앞과 뒤 양쪽에서 각각 한 겹씩을 학접기 기본형과 같은 방법으로 접는다.

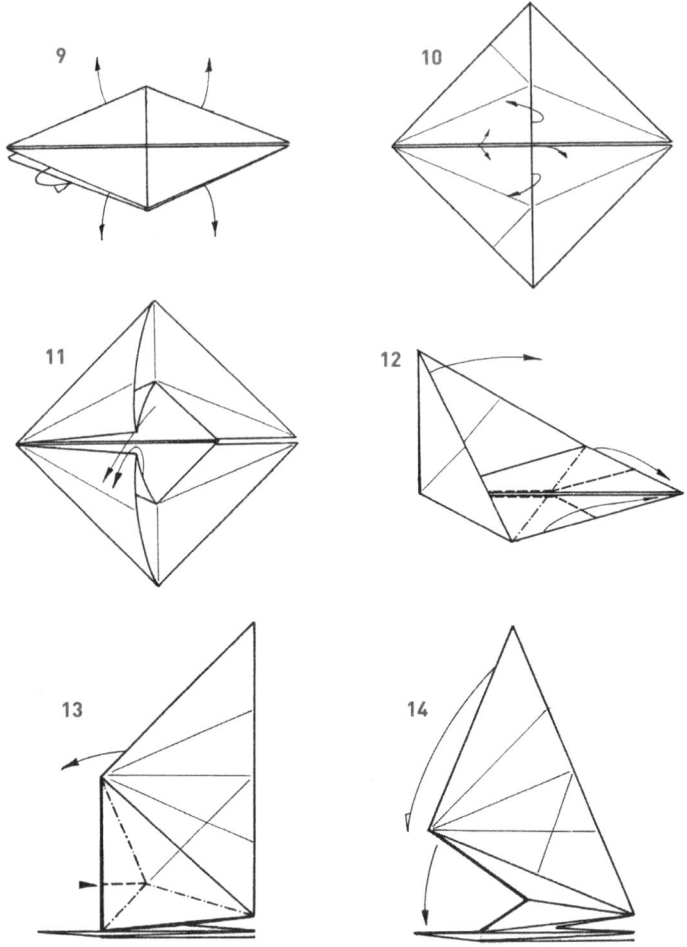

9 위아래 모서리 안으로 접혀 있는 종이를 당긴다. 뾰족한 부분을 뒤로 접는다.
10 숨어 있는 종이 겹을 더 빼낸다.
11 남은 종이를 모형의 나머지 부분과 수직이 되게 위로 당긴다.
12 종이 아랫부분으로 사각주머니접기를 하고, 사각뿔 부분을 오른쪽으로 가져온다.
13 옆에서 본 모습. 그림의 가장자리를 함몰시킨다.
14 모형을 납작하게 만든다. 위쪽의 길고 뾰족한 부분을 왼쪽으로 넘긴다.

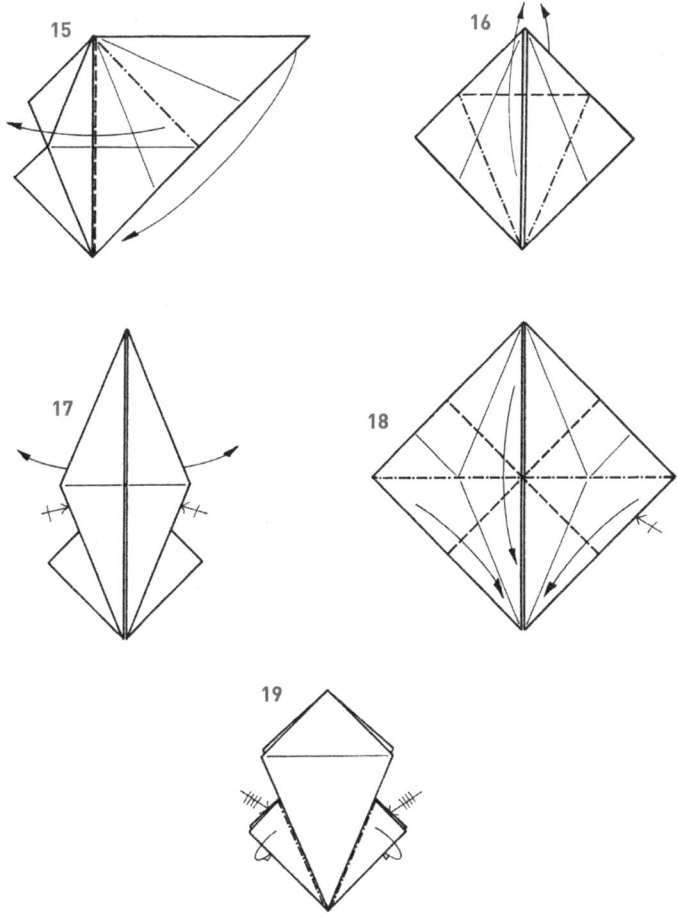

15 길고 뾰족한 부분을 눌러접기한다.
16 앞쪽은 학접기를 하고 뒤쪽의 뾰족한 부분을 위로 들어 올린다.
17 앞과 뒤 양쪽 모두에 남은 종이를 잡아당긴다.
18 사각주머니를 만든다. 뒤도 반복한다.
19 양쪽에 튀어나온 모든 부분의 가장자리를 뒤집어접기한다.

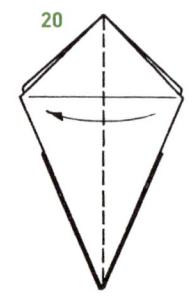 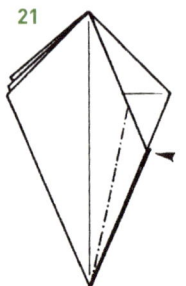
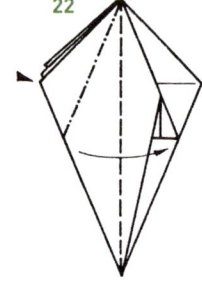 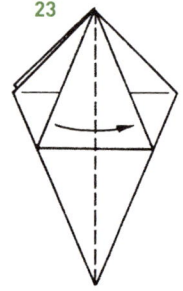
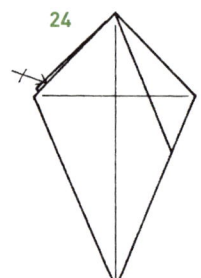 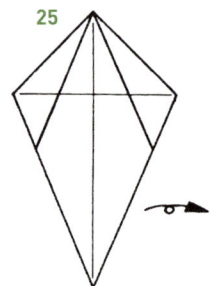

20 종이 한 겹을 왼쪽으로 책접기한다.

21 긴 가장자리를 함몰시킨다.

22 왼쪽 모서리를 펼쳐함몰시킨다.

23 종이 한 겹을 왼쪽에서 오른쪽으로 책접기한다.

24 왼쪽에도 20-23번을 반복한다.

25 이렇게 된다. 모형을 옆으로 뒤집는다.

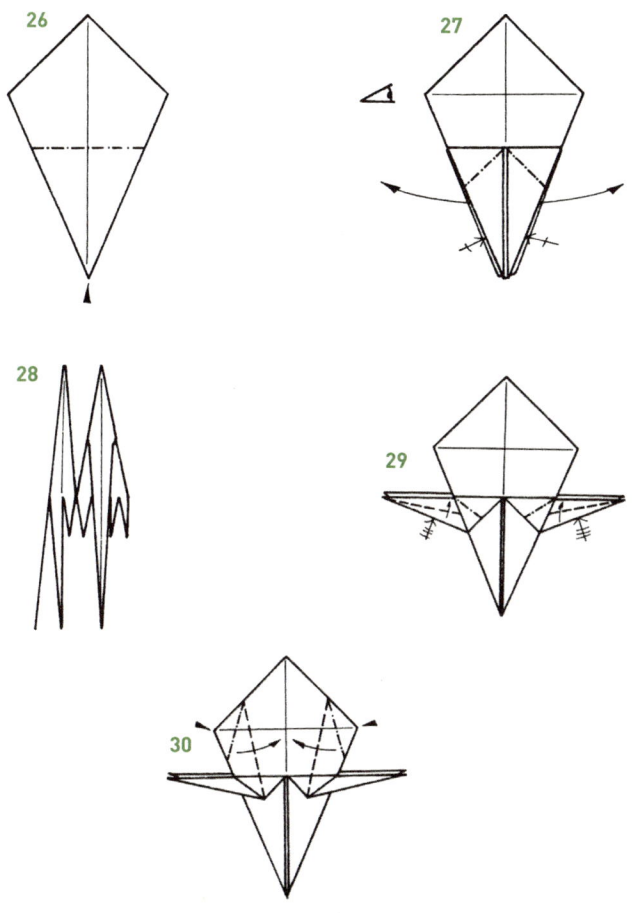

26 뾰족한 부분을 모형 안쪽으로 최대한 깊이 함몰시킨다.
27 양쪽에서 첫 번째와 세 번째 뾰족한 부분을 뒤집어접기한다.
28 27번에서 본 모습. 어느 부분이 뒤집혔는지 보여 준다.
29 뾰족한 부분을 각각 뒤집어접기로 가늘게 만든다. 뾰족한 부분은 총 여덟 개이다.
30 두 모서리를 펼쳐함몰시킨다.

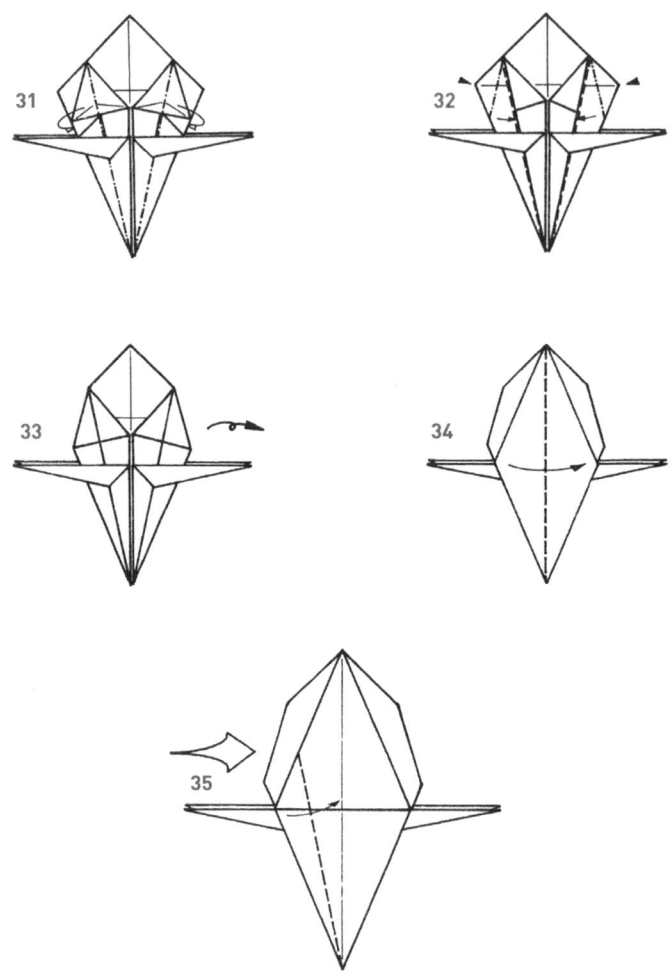

31 긴 가장자리를 뒤로 산접기한다.

32 나머지 모서리들을 펼쳐함몰시킨다.

33 모형을 옆으로 뒤집는다.

34 종이 한 겹을 왼쪽에서 오른쪽으로 책접기한다.

35 확대한 모습. 긴 가장자리를 가운데로 골접기한다.

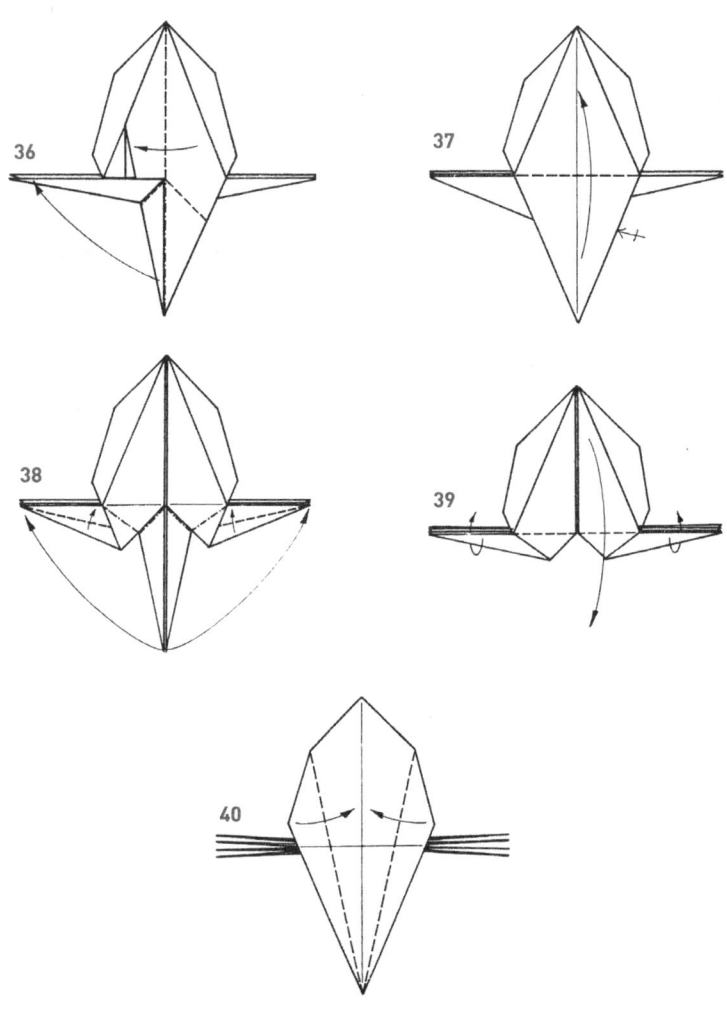

36 한 겹을 넘겨 접는 동시에 다리를 다른 두 개의 다리와 나란해지게 끌어당긴다.
37 오른쪽에 34-36번을 반복한다. 모형 아래쪽의 덮개를 위쪽으로 접는다.
38 다리를 가늘게 만든다. 나머지 다리들을 바깥쪽으로 뒤집어접기한다.
39 위쪽의 뾰족한 부분 두 개를 아래로 접고 다리가 몸통 나머지 부분과 수직이 되도록 돌린다.
40 가장자리들을 골접기한다.

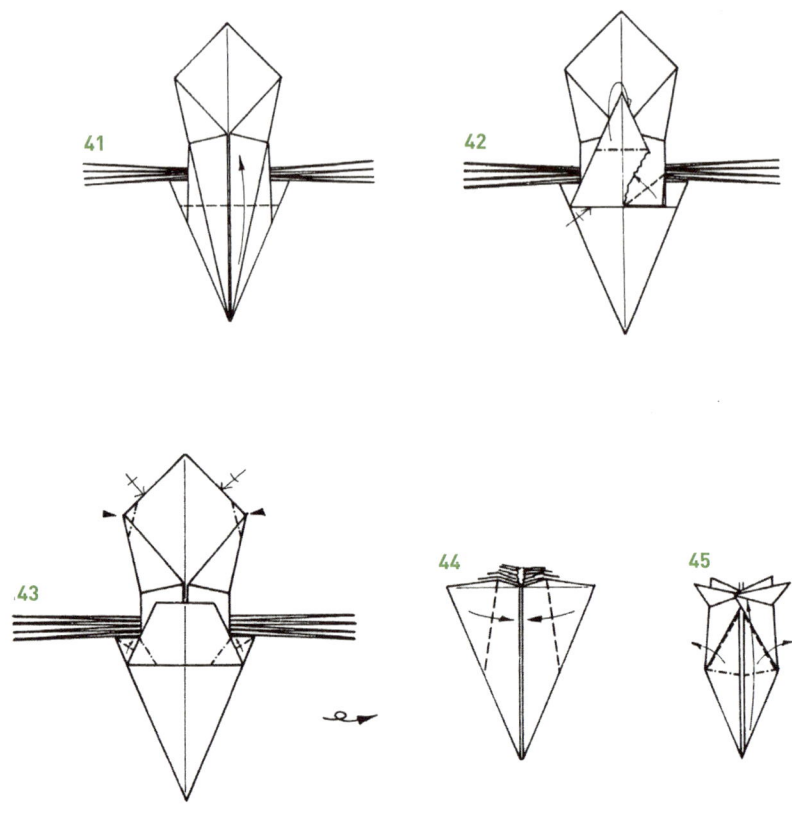

41 두껍고 뾰족한 부분을 골접기한다.

42 모형 안쪽의 두꺼운 모서리를 접어서 41번에서 접었던 부분을 고정시킨다. 머리 끄트머리를 아래쪽으로 산접기한다.

43 중간 부분(배) 모서리들을 닫힌함몰시킨다. 윗쪽 모서리들을 뒤집어접기한다. 모형을 뒤집는다.

44 윗부분(머리)의 상세 그림. 머리 양옆을 최대한 크게 골접기한다.

45 머리 가장자리를 펼쳐 올려 접는다.

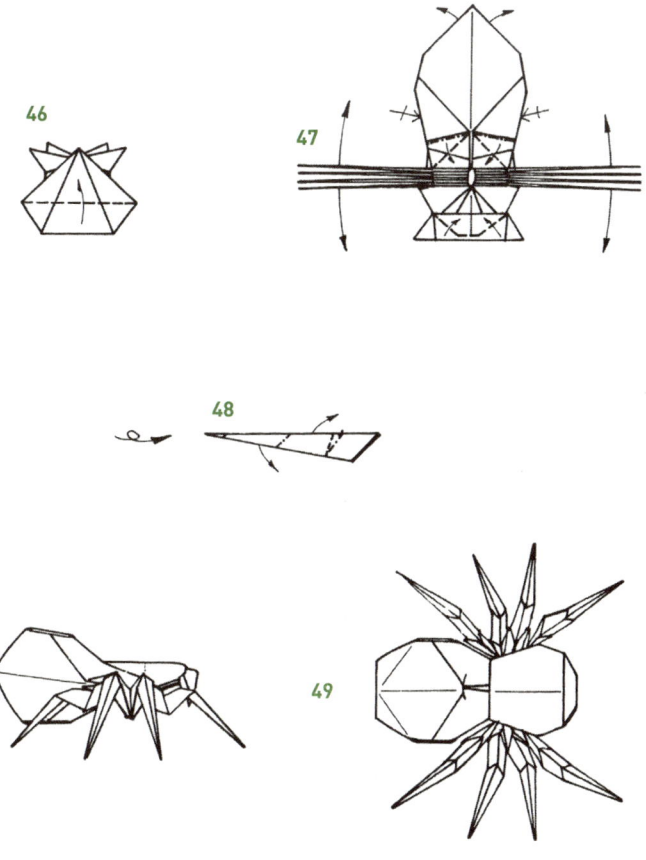

46 골접기한다.

47 머리와 배가 만나는 부분의 뾰족한 곳에 앞뒤주름을 만든다. 그러면 배가 부풀 것이다. 다리를 벌린다. 송곳니를 만들기 위해서 머리에 토끼귀접기를 한다.

48 다리에 앞뒤주름을 만들고 뒤집어접기한다.

49 타란툴라 거미가 완성되었다.

30
매미

● **종이**_ 1:2.5 비율의 얇은 직사각형 종이(20×50센티미터 이상)

● **색깔**_ 단색 사용

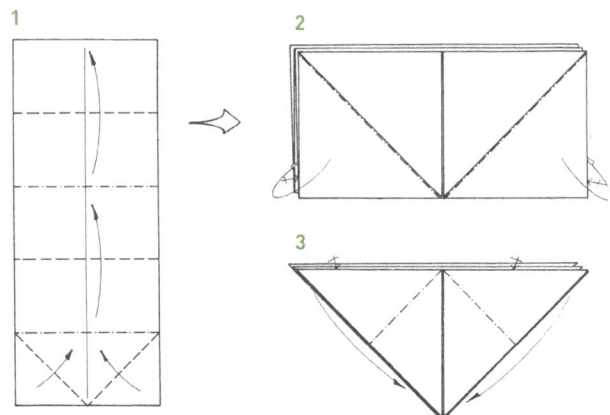

1 종이의 긴 부분을 오등분해서 주름을 만든다. 아래쪽 모서리를 가운데로 모아 접는다.
2 확대한 모습. 양쪽 모서리를 뒤집어접기한다. 뒤쪽도 반복한다.
3 네 모서리를 아래로 뒤집어접기한다.

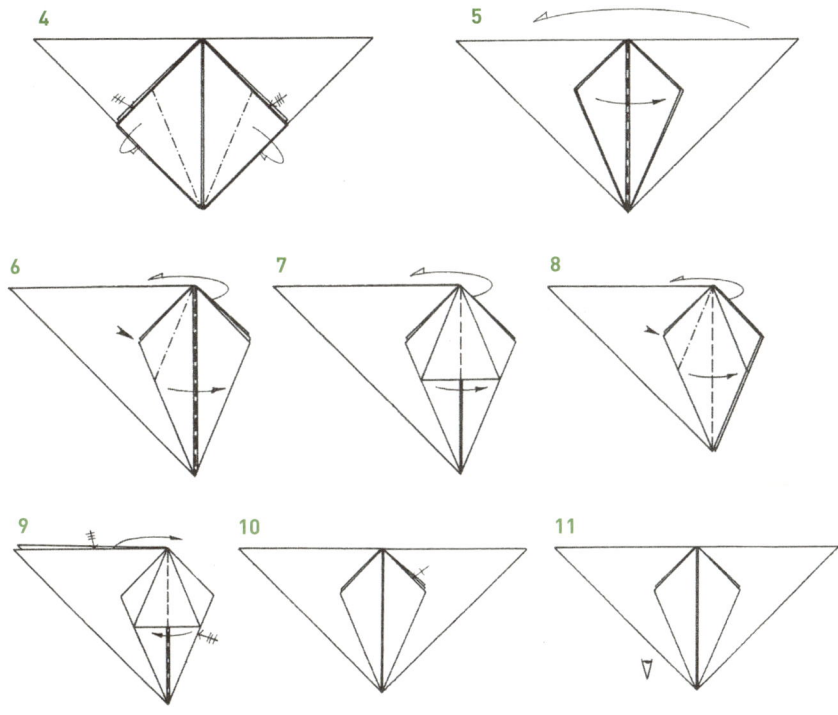

4 여덟 개의 가장자리를 뒤집어접기한다.

5 종이 한 겹을 앞에서는 왼쪽에서 오른쪽으로, 뒤에서는 오른쪽에서 왼쪽으로 책접기한다(양쪽의 종이 겹 숫자가 같게 만들기 위해서).

6 앞쪽 한 개의 모서리를 눌러함몰시킨다. 더 두꺼워진 것을 벌충하기 위해서 한 겹을 뒤로 책접기한다.

7 앞과 뒤에서 한 겹씩 책접기한다.

8 또 다른 모서리를 펼쳐함몰시킨다. 뒤에서 한 겹을 책접기한다.

9 앞에서 네 겹을 왼쪽으로, 뒤에서 네 겹을 오른쪽으로 책접기한다.

10 오른쪽에 5-9번을 반복한다.

11 이제 모형을 앞에서 보면 이런 모습이 된다.

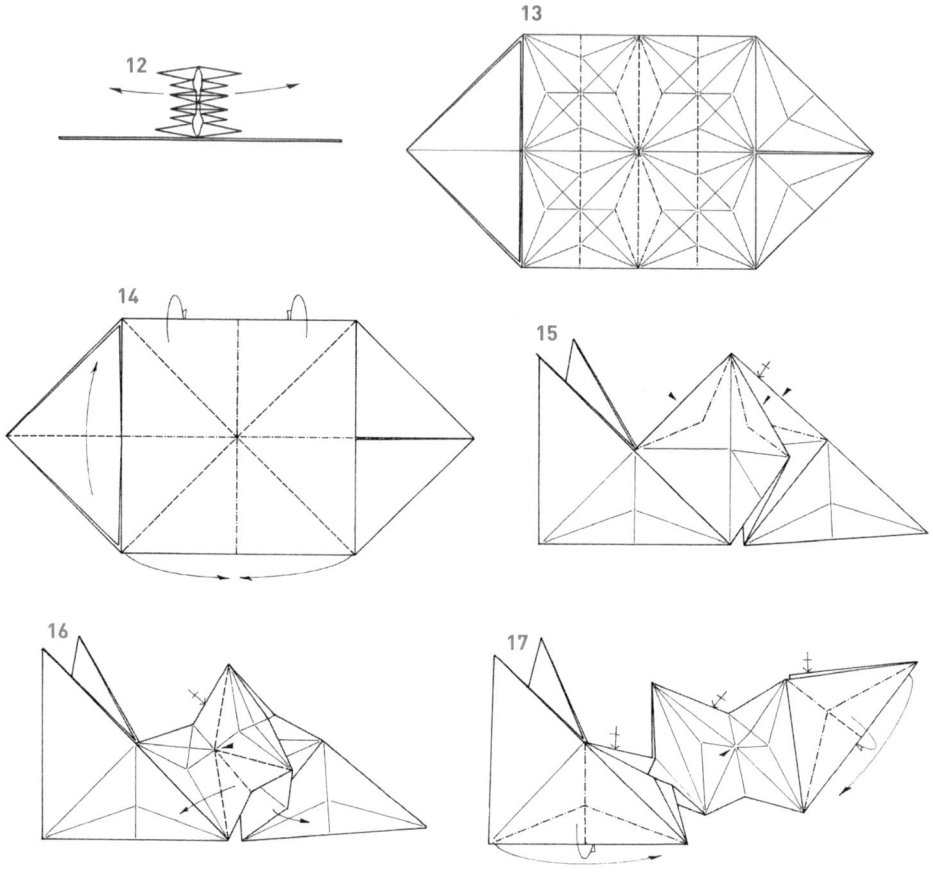

12 11번에서 본 모습. 모서리 한쪽 끝은 접힌 상태로 두고, 다른 쪽은 삼각주머니 기본형으로 놔두고 나머지 부분을 펼친다.

13 필요하면 그림처럼 접은 선을 더 만든다.

14 중심 부분에 사각주머니접기를 한다.

15 미리 접어 둔 선(네 개가 있다)을 따라 가장자리를 함몰시킨다.

16 표시된 부분을 안으로 밀고 그림의 가장자리들을 앞뒤 양쪽에서 벌린다.

17 모형을 계속해서 납작하게 만든다. 양쪽 끝부분을 눌러접기한다.

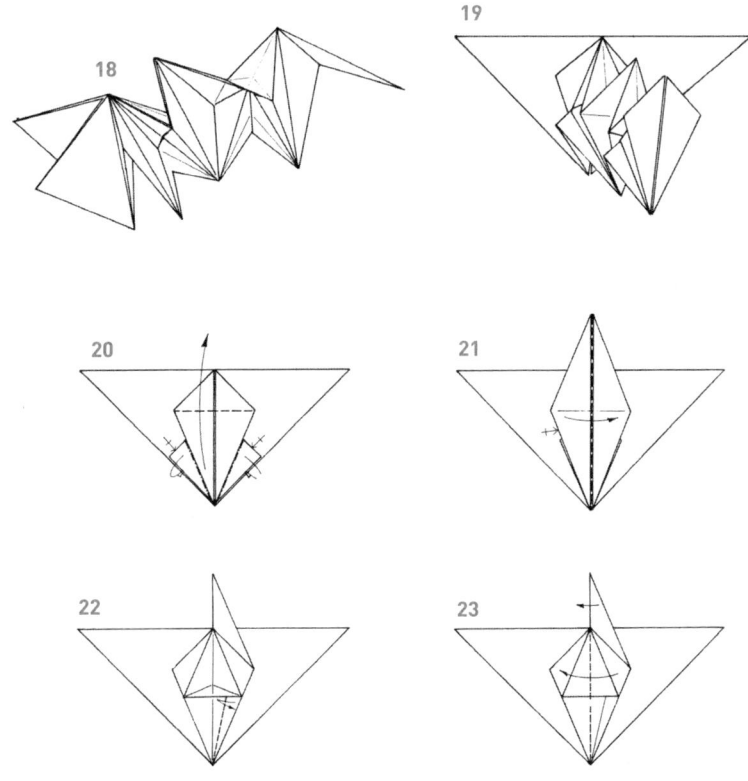

18 오른쪽과 왼쪽 부분을 하나로 모으면서 모형을 최대한 납작하게 만든다.

19 중간 과정.

20 납작해졌다. 아래쪽의 작은 가장자리들을 뒤집어접기하고 앞의 종이 한 겹을 들어 올린다.

21 종이 두 겹을 오른쪽으로 넘겨 접는다.

22 일부가 덮인 가장자리에 선을 만든다.

23 종이 두 겹을 다시 왼쪽으로 넘겨 접는다.

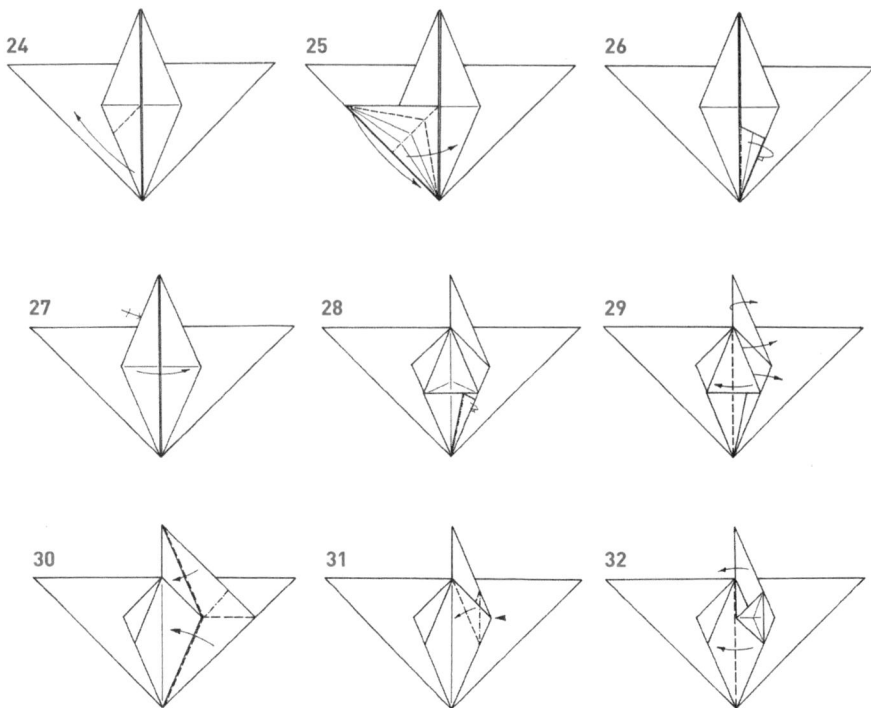

24 아래쪽의 뾰족한 부분을 45° 각도로 들어 올린다.
25 점선을 따라 뾰족한 부분을 다시 아래로 내린다.
26 가장자리를 다시 왼쪽으로 뒤집어접기한다.
27 두 겹을 오른쪽으로 넘겨 접는다.
28 가장자리를 가운데로 뒤집어접기한다.
29 한 겹을 왼쪽으로 넘겨 접고, 여분의 종이를 잡아당겨 꺼낸다.
30 점선을 따라 토끼귀접기를 한다.
31 모서리를 펼쳐함몰시켜 토끼 귀의 뾰족한 부분을 가늘게 만든다.
32 한 겹을 왼쪽으로 넘겨 접는다.

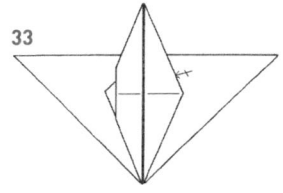 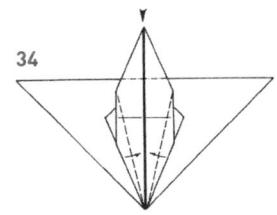

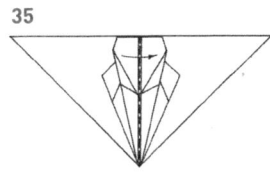 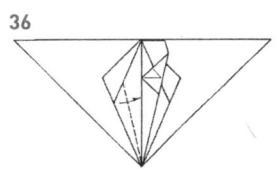

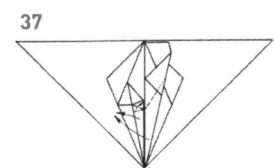 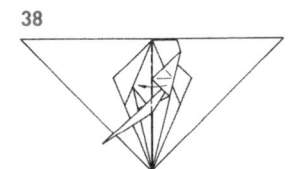

33 오른쪽에 21-32번을 반복한다.
34 가장자리들을 가운데로 골접기한다. 끄트머리를 모형 안쪽으로 함몰시킨다.
35 한 겹을 오른쪽으로 넘겨 접는다.
36 가장자리를 중심선에 맞춰 골접기한다.
37 길고 가늘고 뾰족한 부분을 토끼귀접기한다.
38 한 겹을 왼쪽으로 넘겨 접는다.

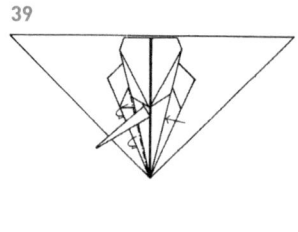 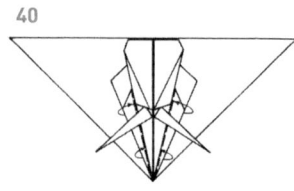

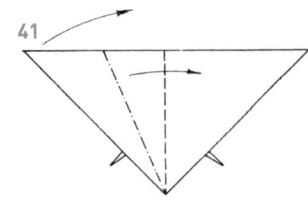 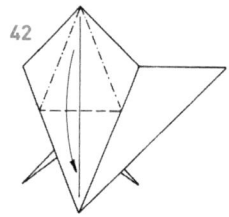

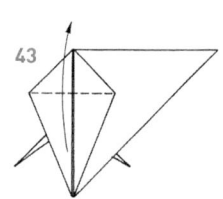 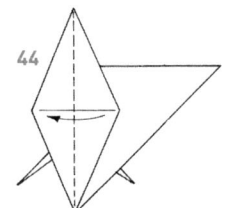 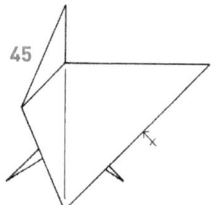

39 아래쪽 한 겹을 산접기한다. 오른쪽에 35-39번을 반복한다.

40 가장자리들을 안으로 골접기한다. 모형을 옆으로 뒤집는다.

41 큰 삼각형을 눌러접기한다.

42 끄트머리를 점선을 따라 내려 접는다.

43 내려 접은 부분을 위로 들어 올린다.

44 한 겹을 왼쪽으로 넘겨 접는다.

45 오른쪽에 41-44번을 반복한다.

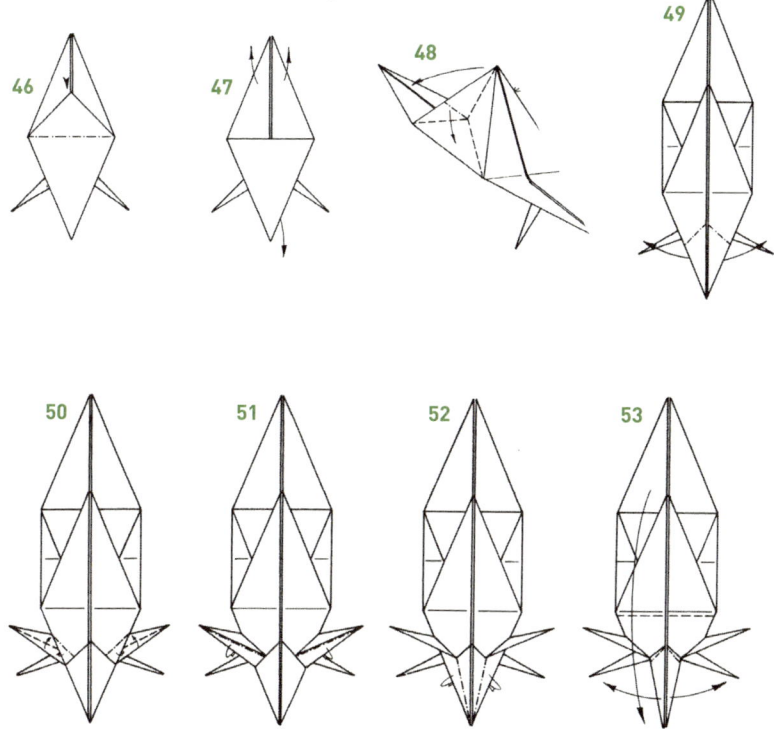

46 뾰족한 삼각형 부분을 모형 안으로 함몰시킨다.

47 위의 뾰족한 부분 두 개와 아래쪽의 두 번째 종이 겹을 잡고 모형을 늘인다. 아래쪽 첫 번째 종이 겹은 사각뿔 형태를 만들 것이다.

48 사각뿔의 옆면을 함몰시키고 납작하게 만든다.

49 아래쪽 뾰족한 부분 한 쌍을 뒤집어접기해서 수평보다 약간 위로 올린다.

50 뒤집어접기로 다리를 가늘게 만든다.

51 다리 뒷부분을 뒤집어접기한다.

52 아래쪽으로 향한 다리를 산접기로 가늘게 만든다.

53 가운데 다리를 바깥쪽으로 뒤집어접기한다. 위에 있는 부분을 최대한 아래쪽으로 골접기한다.

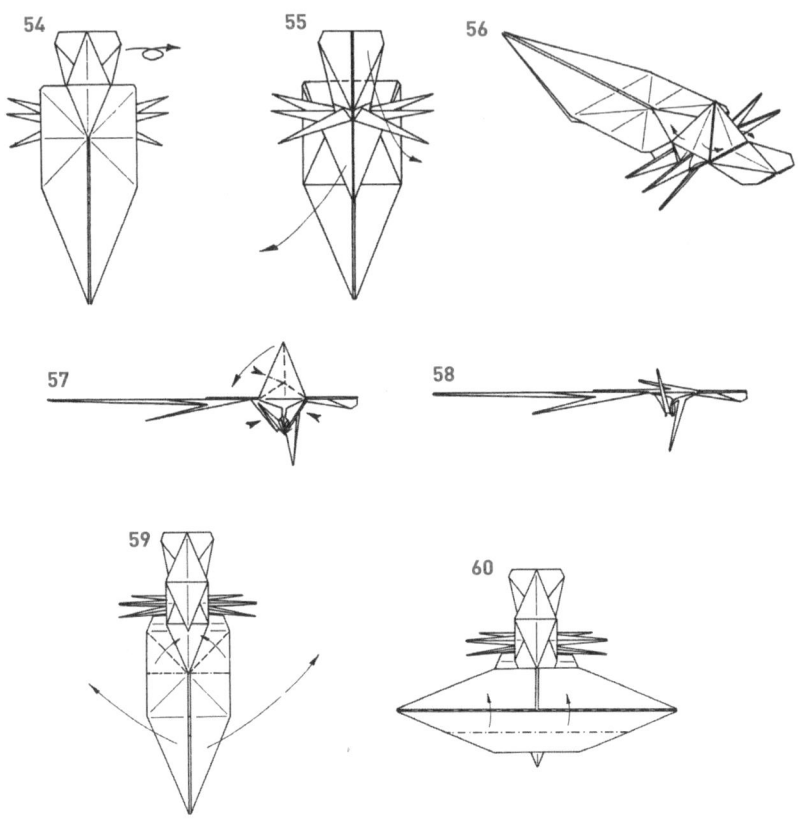

54 모형을 옆으로 뒤집는다.

55 위쪽은 최대한 아래로 내려 접고, 선을 만들고, 이것과 뒤쪽의 기다란 부분을 잡고 47번에서 한 것처럼 모형을 늘린다. 족집게도 도움이 된다.

56 매미 등에 만들어진 사각뿔의 가장자리 선을 뚜렷하게 만든다. 다리는 접은 부분과 직각이 되어야 한다.

57 옆에서 본 모습. 사각뿔의 왼쪽 면을 함몰시키고 다리 아래쪽을 납작하게 접어 준다.

58 이렇게 된다.

59 길고 가늘고 뾰족한 부분을 바깥쪽으로 돌려 접는다.

60 날개 아래쪽 가장자리에 주름을 만든다.

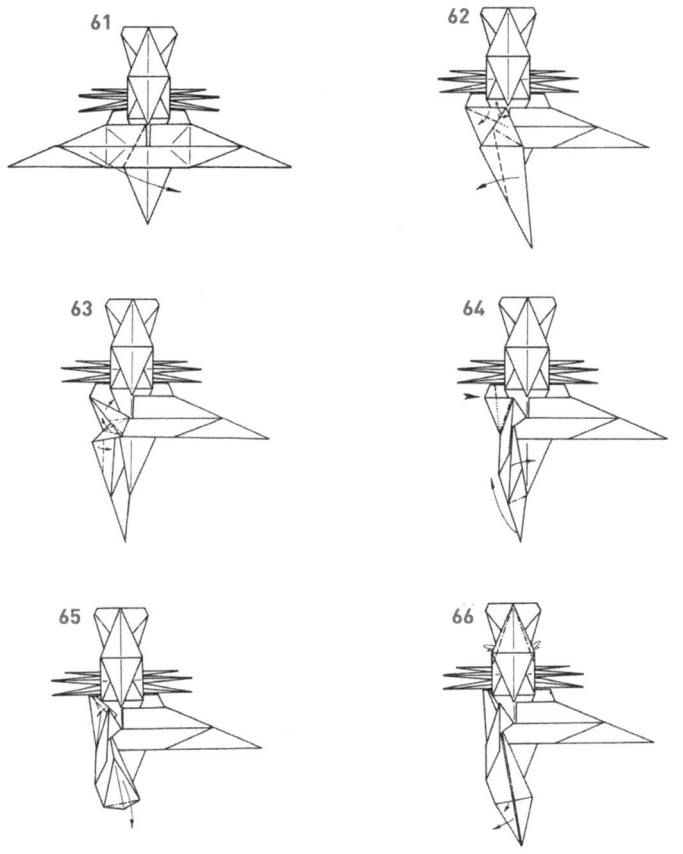

61 왼쪽 날개를 아래로 골접기한다.

62 날개의 오른쪽 부분(두 겹 모두)을 접는다. 골접기한 아래쪽 끄트머리는 배의 끝부분 바로 위에서 끝나야 한다. 동시에 날개 위쪽 끝을 눌러접기한다.

63 날개의 왼쪽 가장자리를 날개를 가로지르는 윗겹 가장자리에 맞추어 접는다. 동시에 날개 앞부분을 들어 올려 회전접기한다.

64 날개와 몸통의 합류점 모서리를 함몰시킨다. 날개를 열고 끄트머리를 위로 접는다.

65 날개 끄트머리를 다시 최대한 아래로 내려 접는다. 날개 위쪽 끝에 있는 튀어나온 가장자리를 뒤집어접기한다.

66 머리 주위의 가장자리들을 산접기한다. 날개 끝에 낀 종이를 잡아당긴다.

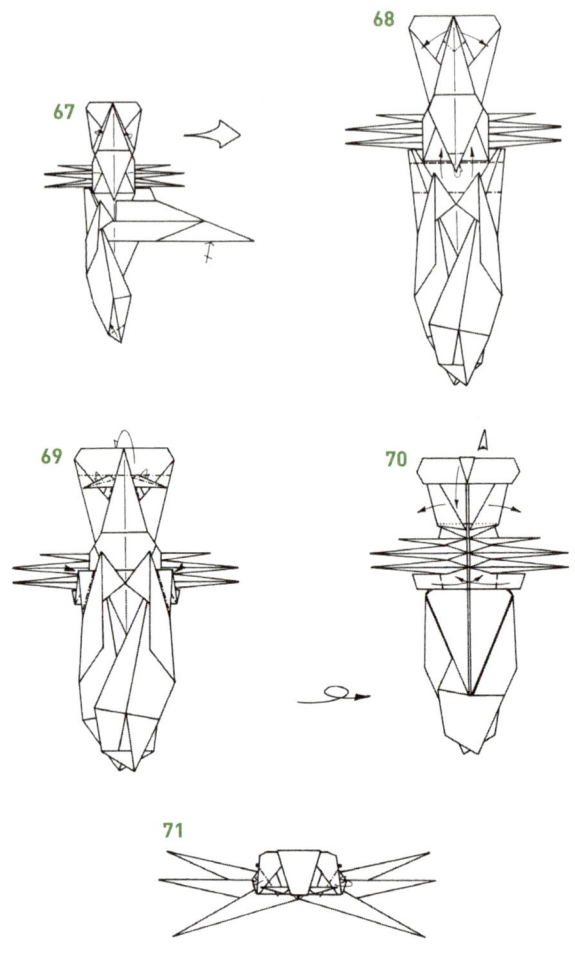

67 머리 가장자리를 안으로 골접기한다. 날개 모서리를 그림의 주머니 안에 밀어 넣는다. 오른쪽 날개에 61-67번을 반복한다.

68 확대한 모습. 더듬이를 바깥쪽으로 골접기한다. 가슴 끝부분 아래쪽을 산접기한다. 배와 날개를 가슴 쪽으로 앞뒤주름접기를 한다.

69 머리 끄트머리를 산접기한다. 산접기로 더듬이를 가늘게 만든다. 날개의 모서리들을 뒤집어접기한다. 모형을 옆으로 뒤집는다.

70 머리를 아래로 접고 중심선 안쪽에서 종이 겹들을 꺼낸다. 배의 옆 부분을 최대한 크게 접는다.

71 70번에서 본 모습. 머리 모서리들을 뒤집어접기한다.

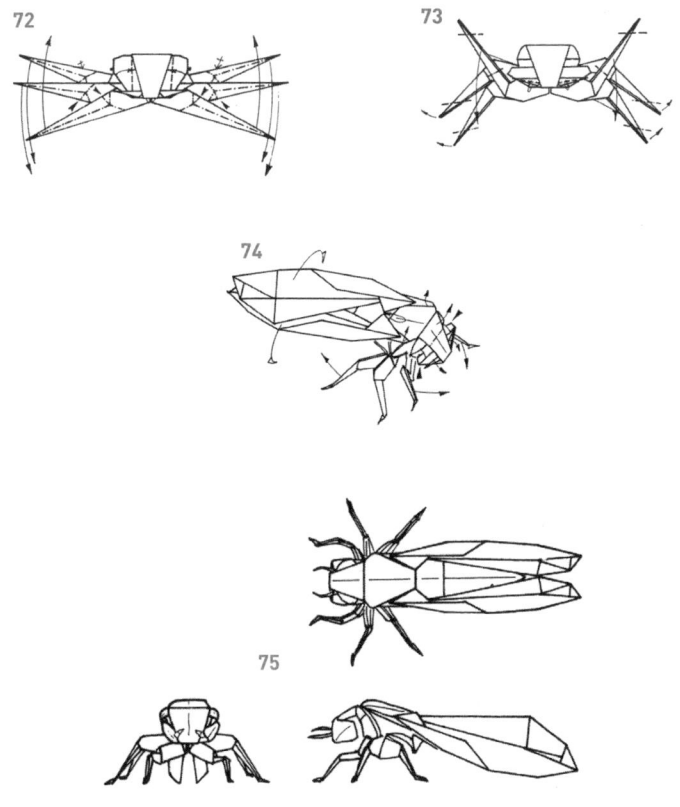

72 그림의 종이 겹들을 머리 가운데를 지나가는 덮개 아래쪽으로 밀어 넣는다. 모든 다리들을 이중토끼귀 접기한다.

73 다리를 뒤집어접기한다. 더듬이를 반으로 접어 준다.

74 몸통과 날개를 둥글린다. 다리를 서로 벌린다. 더듬이를 앞으로 당기고 눈을 눌러 준다. 머리 위쪽을 그림처럼 산접기로 둥글린다. 가슴 끄트머리를 당겨서 부풀리고, 그림처럼 주머니 안으로 끄트머리를 밀어 넣는다.

75 매미가 완성되었다.

모형을 움직이게 함으로써 4차원, 즉 시간을 종이접기에 결합시켜 보자. 이런 종이접기는 모형의 두 부분을 잡아당기면 그 모형을 표현하는 대표적인 방식으로 다른 부분이 움직인다. 새는 날갯짓을 하고, 배는 노를 젓고, 바이올린 연주자는 활을 켜는 식이다. 움직이는 과정에 필요한 요소 때문에 모형을 입체로 만들어야 하고, 그래서 앞장의 여러 복잡한 기술을 전부 다 익혀 둬야 한다. 또한 움직이는 방법 그 자체에도 특별히 주의를 기울여야 한다. 종이를 정확하게 접지 않으면 아예 동작을 하지 않거나 심지어는 동작을 하는 과정에서 찢어질 수도 있다. 종이의 종류 역시 영향을 미칠 수 있다. 당연히 두꺼운 종이로는 움직이는 모형을 잘 만들지 못하고, 얇은 종이는 움직이는 장력에 찢어지기 쉽다. 처음 몇 개의 모형은 그리 어렵지 않지만 뒤에 나오는 것들은 상당히 어렵다. 특히 악기 연주자들은 굉장히 어려운 도전이 될 것이다. 하지만 그 결과물은 노력을 기울일 가치가 있을 것이다.

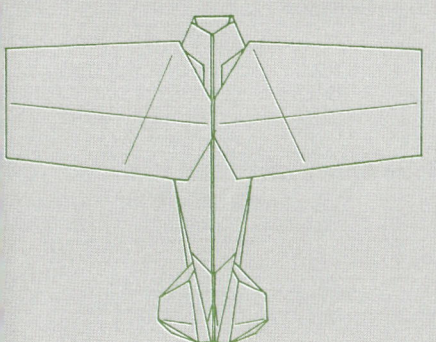
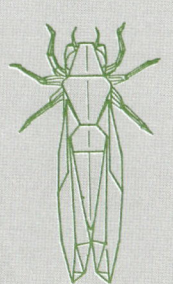
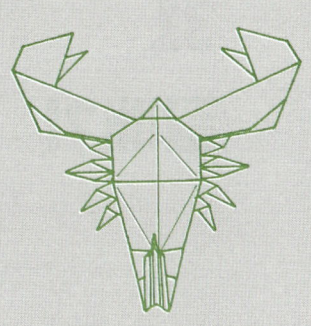

5장 두뇌계발 끝판왕_
움직이는 종이접기를 만들어 보자

31
갈매기

● **종이**_ 정사각형(15×15센티미터 이상)
● **색깔**_ 하얀 면을 위로

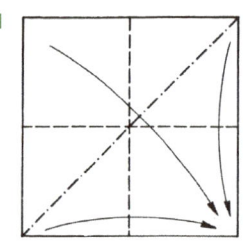
1

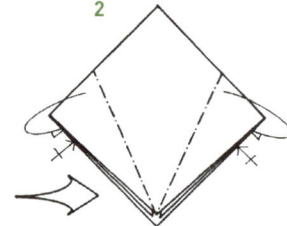
2

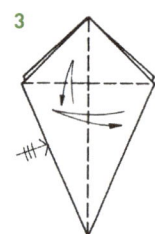
3

1 사각주머니접기를 한다.
2 확대한 모습. 모서리를 뒤집어접기해서 학접기 기본형을 만든다.
3 그림처럼 선을 만든다. 뒤와 옆도 반복한다.

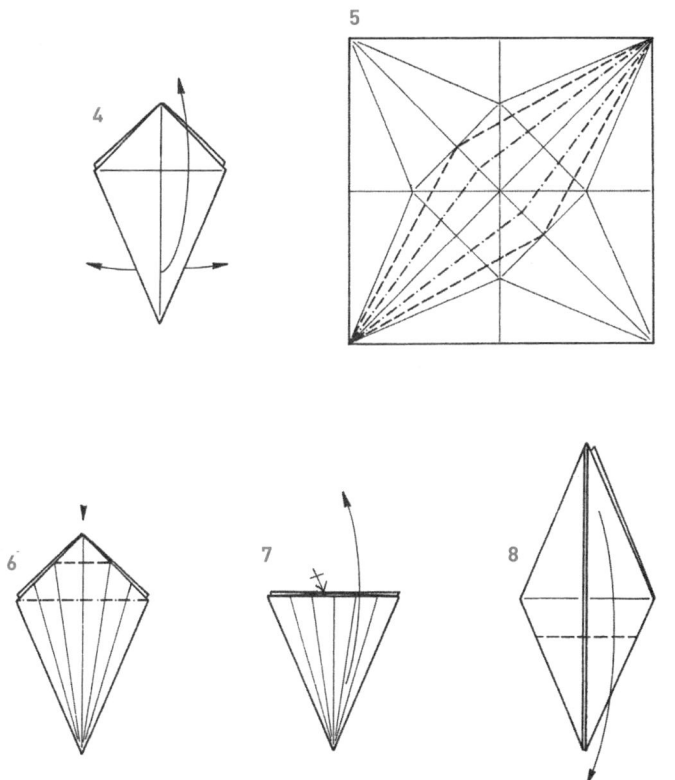

4 종이를 전부 펼친다.

5 그림 같은 선을 더 만든다. 우선 모서리와 대각선의 점을 잇는 선을 골접기한다. 그다음에 골접기 선과 다른 대각선으로 만들어진 각을 이등분하는 선을 산접기한다. 학접기 기본형을 다시 접는다.

6 이중함몰시킨다. 위쪽 함몰을 만드는 위치에 주의한다.

7 앞과 뒤에서 종이를 한 겹씩 들어 올린다.

8 종이 한 겹을 최대한 내려 접는다.

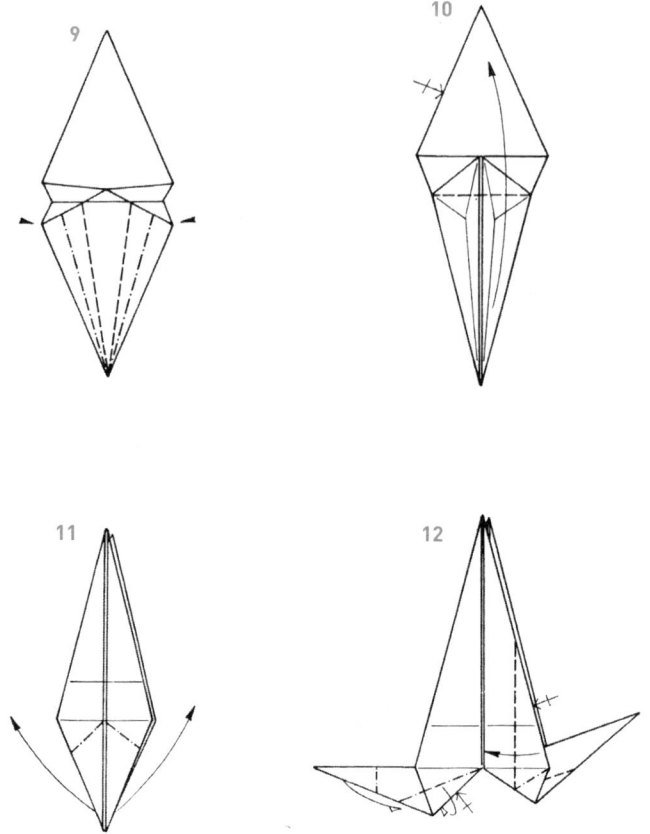

9 모서리들을 펼쳐 함몰시킨다. 펼친 함몰은 미리 만든 선을 따라 생기고 날개 끄트머리까지 쭉 이어진다.

10 종이를 다시 위로 들어 올리고 반대편에 8-10번을 반복한다.

11 뾰족한 부분 두 개를 뒤집어접기한다.

12 꼬리 끝을 뒤집어접기한다. 꼬리의 아래쪽 가장자리들을 산접기한다. 날개 앞쪽 가장자리를 회전접기한다. 뒤쪽도 반복한다.

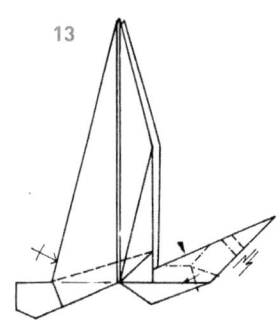

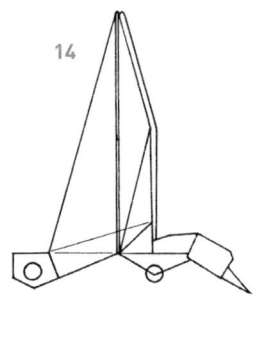
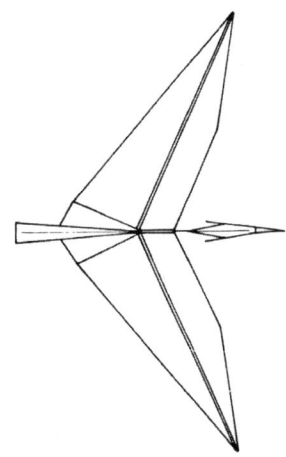

13 날개에 선을 만든다. 머리와 부리를 만들기 위해서 머리 두 군데에 앞뒤주름접기를 한다.
14 갈매기가 완성되었다. 동그라미 부분을 잡고 당기면 갈매기가 날갯짓을 한다.

32
원숭이

● **종이**_ 정사각형(20×20센티미터 이상)
● **색깔**_ 하얀 면을 위로

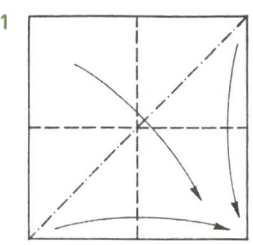
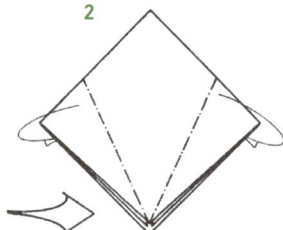
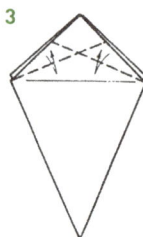

1 사각주머니접기를 한다.
2 확대한 모습. 모서리를 뒤집어접기해서 학접기 기본형을 만든다.
3 각의 이등분선을 만든다.

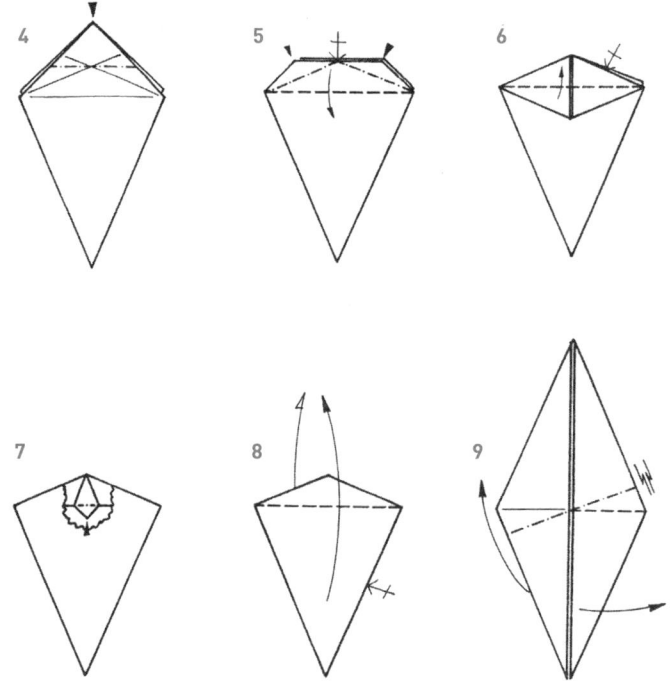

4 각이 교차하는 점을 기준으로 끄트머리를 함몰시킨다.

5 양 모서리를 펼쳐함몰시킨다. 뒤쪽도 반복한다.

6 모서리를 다시 위로 골접기한다. 뒤쪽도 반복한다.

7 모형 가운데 있는 조그맣고 뾰족한 부분을 위쪽으로 함몰시킨다.

8 앞과 뒤에서 각각 종이 한 겹씩 골접기한다.

9 왼쪽 뾰족한 부분을 뒤집어접기한다. 오른쪽 뾰족한 부분에는 앞뒤주름접기를 한다. 모형을 시계방향으로 90° 돌려서 10번 모양을 만든다.

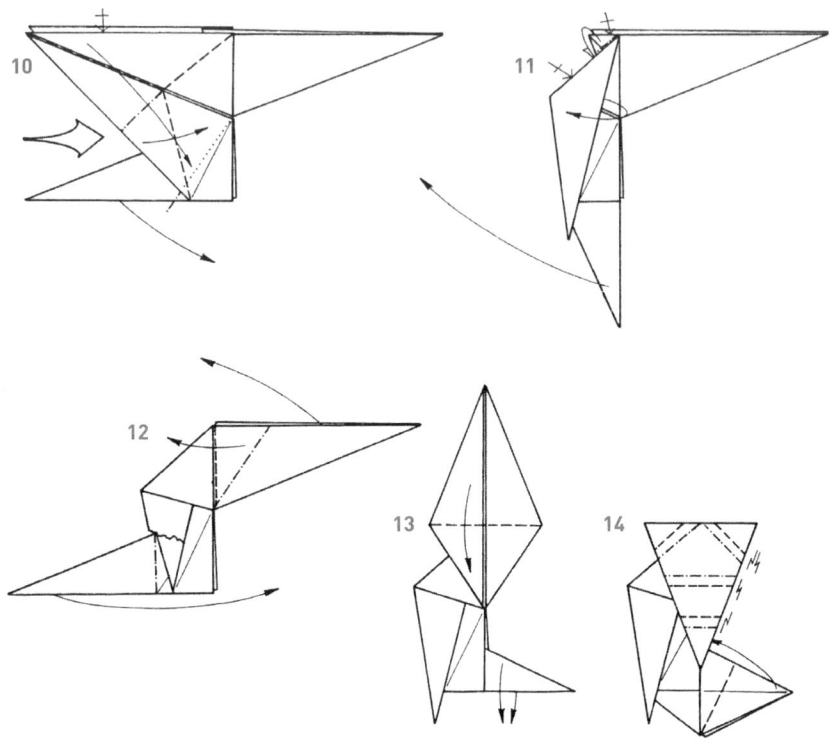

10 확대한 모습. 팔을 토끼귀접기한다(뾰족한 부분 두 개를 오른쪽으로). 뒤쪽도 반복한다. 왼쪽 아래의 뾰족한 부분을 뒤집어접기한다.

11 위쪽의 조그만 모서리들을 모형 안쪽으로 산접기해서 넣는다. 뒤쪽도 반복한다. 아래쪽에 뒤집어접은 부분을 펼친다. 팔 안쪽으로 바깥쪽을 감싼다. 뒤쪽도 반복한다.

12 위쪽 뾰족한 부분을 눌러접기한다. 아래쪽 뾰족한 부분을 오른쪽으로 뒤집어접기한다.

13 머리 끄트머리를 아래로 골접기한다. 발의 바깥쪽 종이 겹들을 아래로 잡아당긴다.

14 귀에 앞뒤주름접기를 한다. 머리에 주름을 접어 얼굴을 만든다. 발을 뒤집어접기한다.

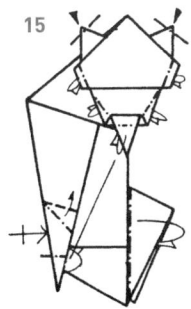 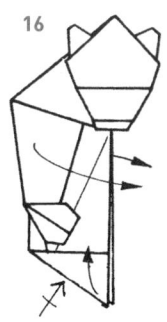

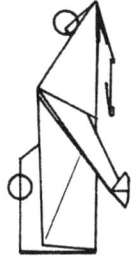 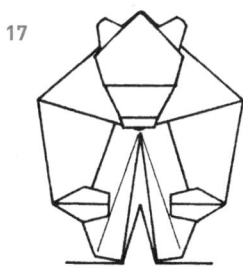

15 손에 앞뒤주름접기를 하고, 끝부분을 뒤집어접기한다. 산접기로 머리 모양을 잡는다. 귀를 뭉툭하게 만든다. 발 앞쪽을 뒤집어접기한다.

16 발을 납작하게 접어 주고 반으로 접혀 있는 몸 앞쪽을 펼친다.

17 원숭이가 완성되었다. 동그라미 부분을 잡고 양옆으로 당기면 원숭이가 박수를 칠 것이다.

33
바이킹의 배

● 종이_ 1:4.667 비율의 직사각형(30×140센티미터 이상)
● 색깔_ 색깔: 색깔 면을 위로

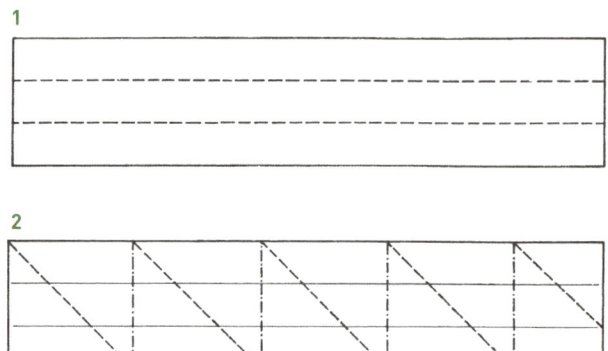

1 가로로 삼등분선을 만든다.
2 대각선과 세로선을 이용해 4와 2/3개의 정사각형을 만든다.

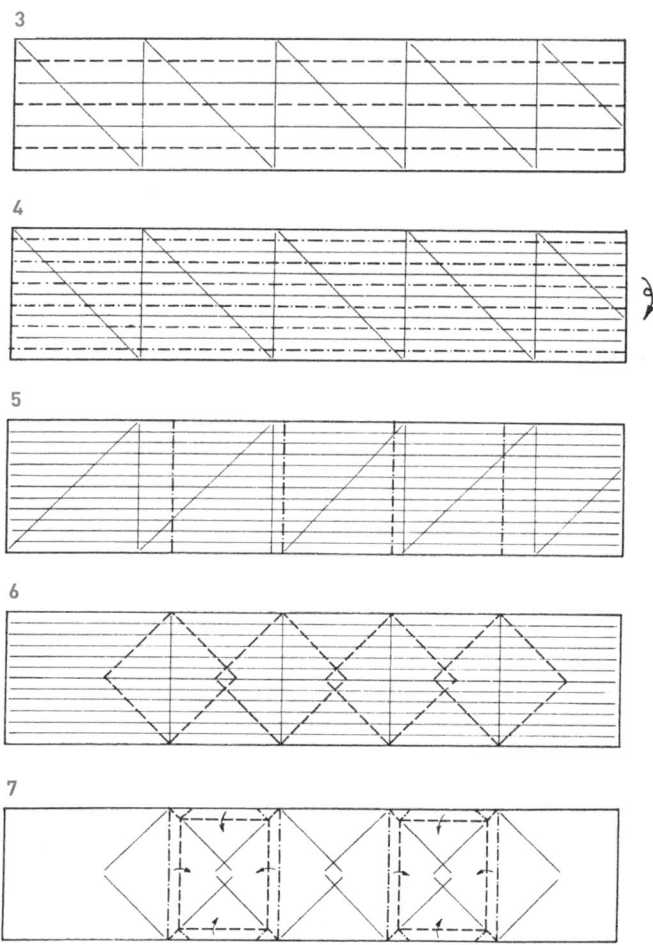

3 가로선을 만든다(6등분선).

4 가로선을 더 만든다(12등분선).

5 그림처럼 교차 지점에 세로선을 만든다. 이제부터는 이 선이 세로 기준선이 될 것이다.

6 5번에서 만든 선 주위로 대각선을 만든다.

7 미리 만든 선을 따라 가장자리를 접는다(교차점을 이용해 세로선을 낸다).

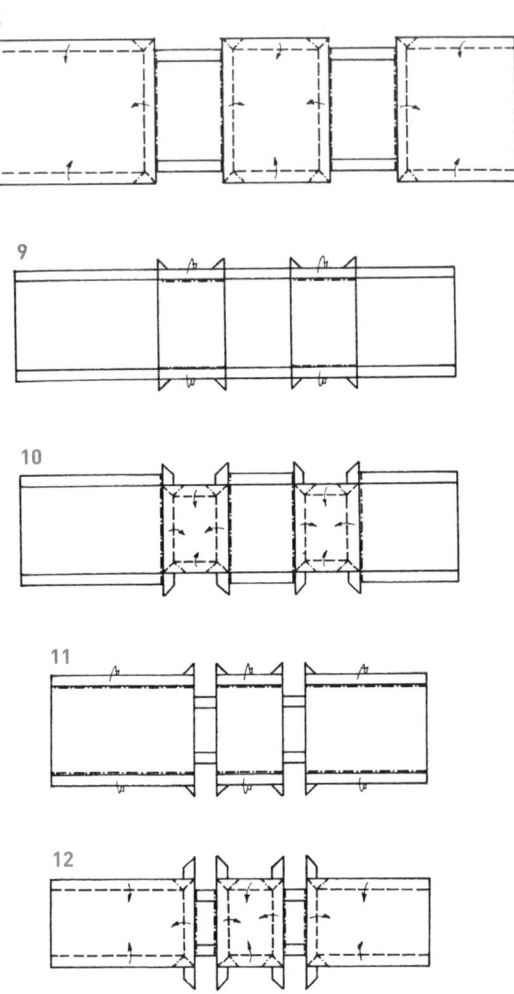

8 종이의 사이사이도 그림을 따라 7번 방법과 동일하게 접는다.

9 가장자리들을 뒤로 넘겨 접는다.

10 다시 가장자리를 접는다.

11 그림을 따라 반복접기한다.

12 그림을 따라 반복접기한다.

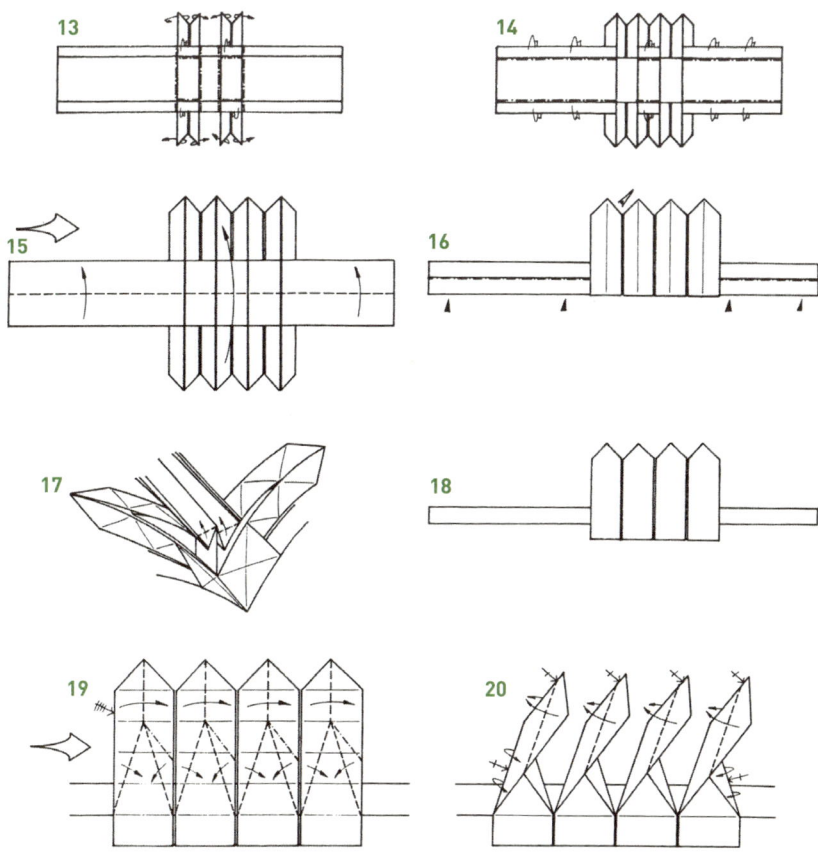

13 또 접는다. 세로로 뾰족한 부분을 펼친다.

14 가장자리를 뒤로 넘겨 접는다.

15 확대한 모습. 모형을 반으로 접는다.

16 긴 가장자리 아래쪽을 위로 함몰시킨다.

17 16번에서 본 모습. 함몰이 끝나는 부분의 접힌 모습을 보여 준다. 표시된 모서리들을 위로 뒤집어접기한다. 양쪽 함몰 모두 이렇게 한다.

18 16-18번이 완성된 모습.

19 확대한 모습. 노를 점선을 따라 토끼귀접기한다. 뒤쪽도 반복해 접는다.

20 노의 끄트머리를 밖으로 뒤집어접기한다. 양끝의 노 두 개는 모든 종이 겹을 안에서 바깥으로 감싼다. 뒤쪽도 반복한다.

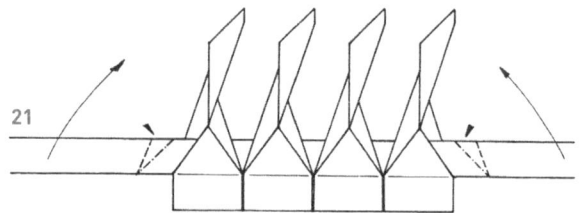

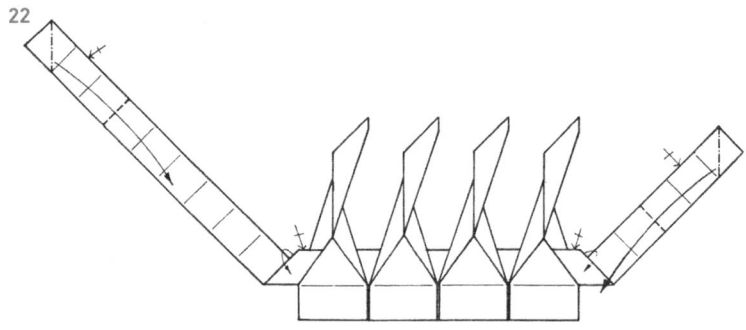

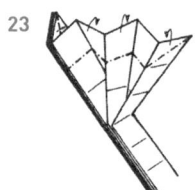 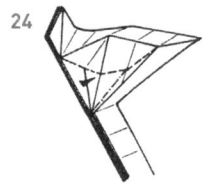 

21 점선을 따라 위쪽으로 앞뒤주름접기를 한다.

22 모형의 왼편에 23-25번 과정을 따라 주름접기한다. 목과 노가 만나는 곳의 앞뒤주름에서 종이의 모든 겹을 빼낸다. 배의 뒤와 뱃고물(오른쪽)에도 반복한다(그림의 등분 개수를 참고하면 좀 더 쉽게 접을 수 있다).

23 부채꼴 부분을 벌리고 종이에서 정사각형 하나 너비만큼 접는다.

24 표시된 가장자리를 함몰시키고 종이를 납작하게 만든다.

25 주름접기가 끝났다. 반대편과 배의 고물에도 반복한다.

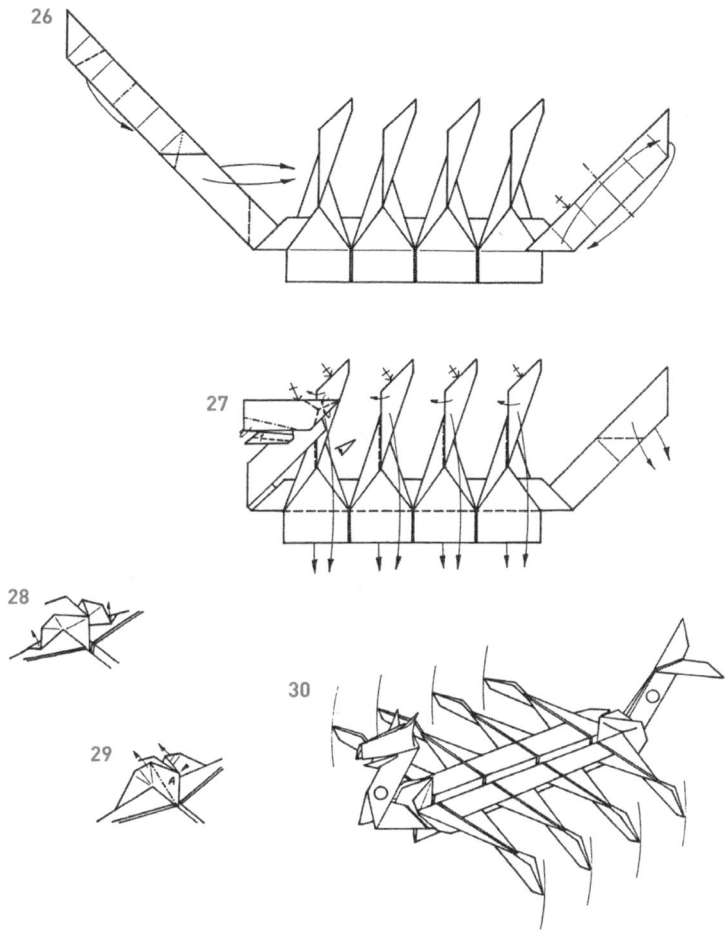

26 머리와 목을 뒤집어접기한다. 고물에서 가장 오른쪽의 뾰족한 부분을 안으로 뒤집어접기하고 두 개의 '늘린' 뾰족한 부분을 다시 원래 자리로 당긴다.

27 코의 가장자리를 산접기한다. 아래턱을 뒤집어접기한다. 귀를 꼬집어 준다. 노를 배와 직각이 되게 내려 접고 모든 노 부착 부분을 한꺼번에 골접기한다. 종이가 부드러워질 만큼 여러 번 앞뒤로 접어서 노 부착 부분이 쉽게 앞뒤로 움직일 수 있게 만든다. 꼬리 옆쪽을 납작하게 골접기한다.

28 27번에서 본 모습. 그림의 주머니들을 앞으로 당긴다.

29 조그만 사각뿔을 살짝 밀어서 산접기가 만들어지고 A 표시 부분이 납작해지게 만든다. 이 단계는 노 젓는 동작을 하게 만드는 데 필수적이다. A 부분에 접어 둔 곳이 있으면 노가 매끄럽게 움직이지 않거나 전혀 움직이지 않을 수도 있다.

30 바이킹의 배가 완성되었다. 목과 꼬리를 잡고 당기면 노가 위아래로 움직일 것이다.

34
바이올린 연주자

● 종이_ 1:1.414 비율의 직사각형
(30×42.42센티미터 이상)
● 색깔_ 색깔 면을 위로

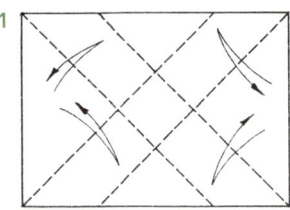 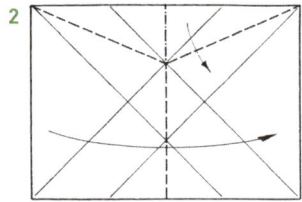 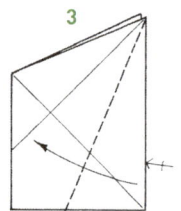

1 네 모서리에 각의 이등분선을 만든다.
2 왼쪽 옆면을 접고 위쪽 가장자리 가운데를 대각선의 교차점을 기준으로 뒤집어접기한다.
3 오른쪽 가장자리를 대각선에 맞춰 접는다. 뒤쪽도 반복한다.

5장. 두뇌계발 끝판왕
움직이는 종이접기를 만들어 보자

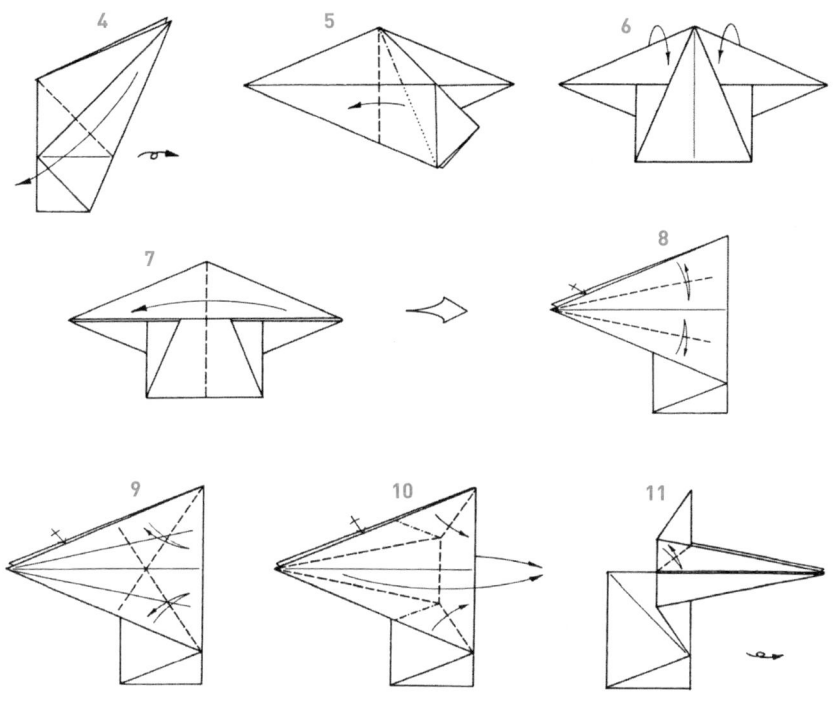

4 길고 뾰족한 부분을 미리 만든 선에 맞춰 왼쪽으로 접어 내린다. 종이를 뒤집는다.
5 표시된 종이 날개를 눌러접기한다.
6 종이 한 겹을 앞쪽으로 감싼다.
7 모형을 반으로 접는다.
8 각의 이등분선을 만든다. 뒤쪽도 반복한다.
9 각의 이등분선을 두 개 더 만든다. 뒤쪽도 반복한다.
10 미리 만든 선을 따라 뾰족한 부분에 이중토끼귀접기를 한다. 뒤쪽도 반복한다.
11 그림에 표시된 부분에 선을 만든다. 모형을 뒤집는다.

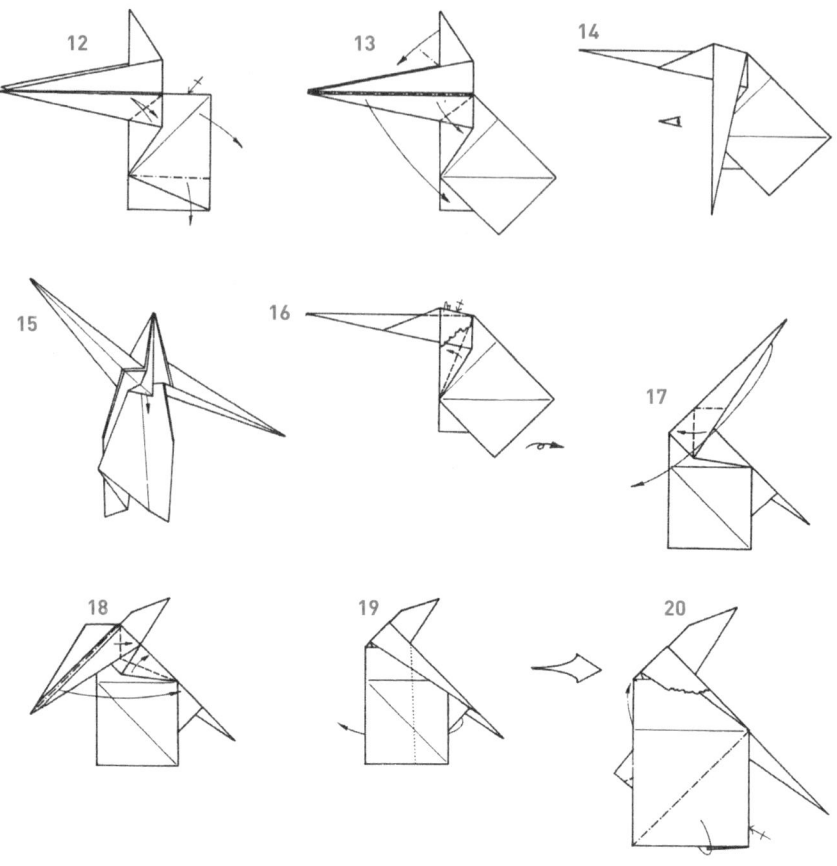

12 그림에 표시된 부분에 선을 만든다. 오른쪽의 종이 겹을 최대한 많이 끌어당긴다.

13 모형을 앞쪽으로 앞뒤주름을 만든다. 종이 겹이 홀수이기 때문에 개수가 다르게 나눠야 한다.

14 접힌 모습.

15 14번에서 본 모습. 가운데 종이를 다른 것들과 분리한다.

16 위쪽 가장자리들을 안으로 산접기해서 넣는다. 팔의 둔각삼각형을 위쪽으로 골접기한다. 모형을 뒤집는다.

17 팔을 화살표 방향으로 눌러접기한다.

18 팔 아래 삼각형을 접어 올린다. 팔을 반으로 접고 오른쪽으로 가져온다.

19 가운데 종이 겹을 최대한 크게 뒤집어접기한다.

20 확대한 모습. 가장자리들을 최대한 크게 뒤집어접기한다. 뒤쪽도 반복한다.

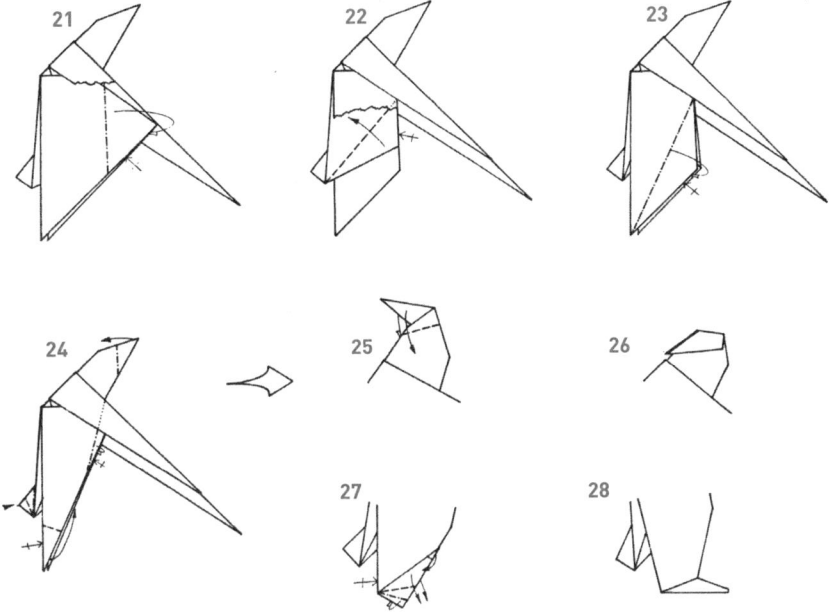

21 모서리를 배 안쪽으로 산접기해서 넣는다.

22 그림처럼 배의 종이 겹을 골접기한다. 뒤쪽도 반복한다.

23 아래 있는 다리의 앞부분을 산접기한다.

24 코트 꼬리를 이중뒤집어접기한다. 머리 위쪽을 뒤집어접기한다. 배를 산접기한다. 발을 앞쪽으로 뒤집어접기한다. 뒤쪽도 반복한다.

25 머리를 확대한 모습. 머리카락을 아래로 뒤집어접기한다.

26 접힌 모습.

27 발을 확대한 모습. 발 위쪽을 아래로 뒤집어접기한다. 끄트머리와 아래를 안으로 뒤집어접기한다. 다른 발도 반복한다.

28 완성된 발.

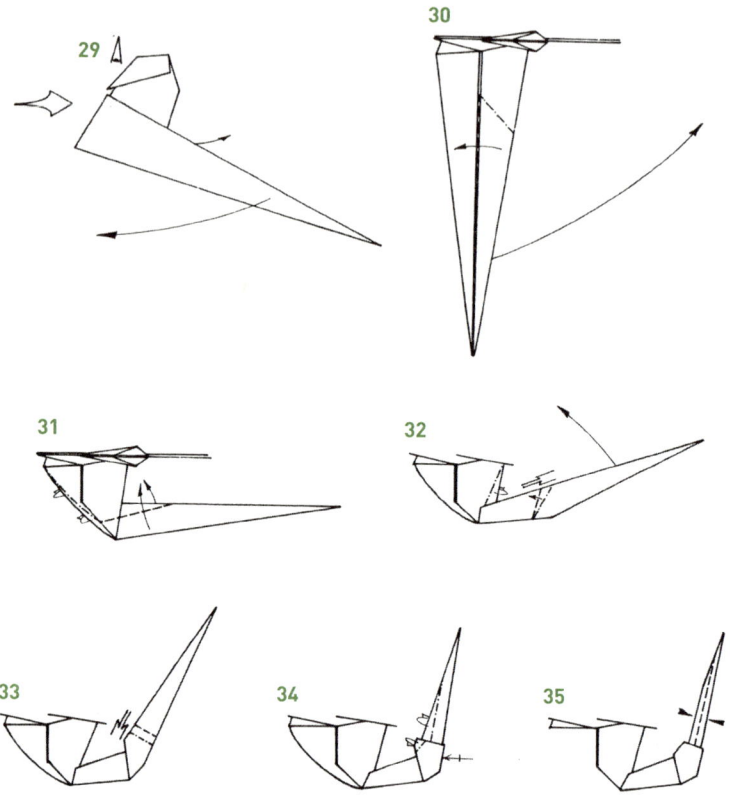

29 오른쪽 팔을 몸 반대편으로 당긴다.

30 29번에서 본 모습. 팔을 앞쪽으로 뒤집어접기해서 안쪽 종이로 바깥쪽을 감싼다.

31 팔 윗부분을 밖으로 뒤집어접기한다.

32 팔 가장자리를 산접기한다. 손에 앞뒤주름을 만든다.

33 손을 다시 앞뒤주름접기해서 활을 만든다.

34 손과 활을 산접기한다. 아래쪽도 반복한다.

35 활을 반으로 접는다.

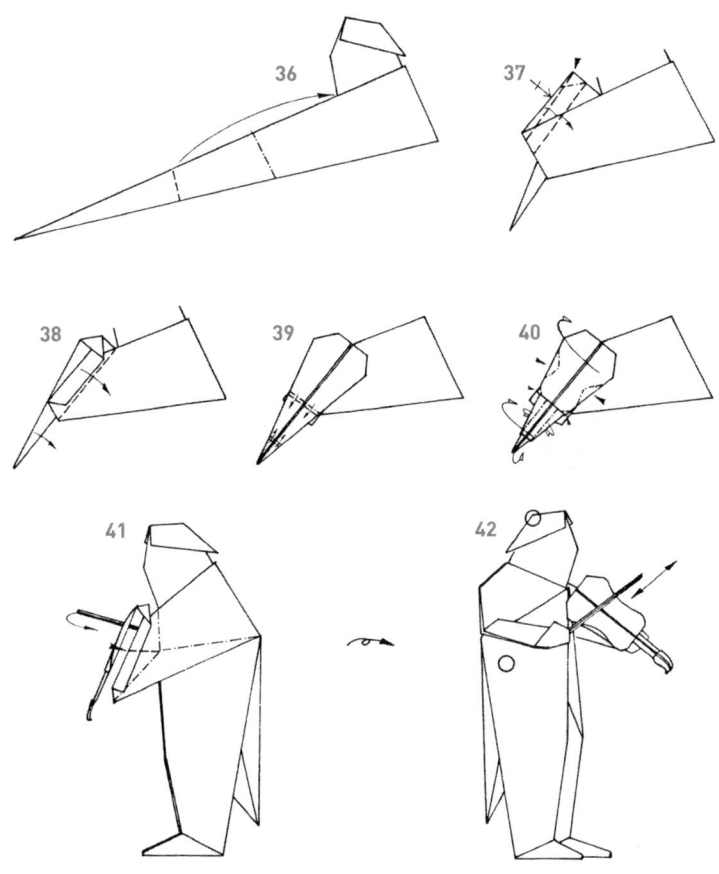

36 오른쪽 팔을 뒤집어접기한다.

37 가장자리를 눌러접기하고 아래로 골접기한다. 뒤쪽도 반복한다.

38 바이올린을 납작하게 펼친다.

39 바이올린 머리와 목에 앞뒤주름을 만든다.

40 산접기로 목과 몸의 형태를 잡는다. 옆쪽을 누르고, 머리를 뒤쪽 주위로 둥글게 만다. 바이올린이 연주자의 턱 아래 들어가게 당긴다.

41 팔꿈치 안쪽을 함몰시켜 팔이 올라와 바이올린을 떠받치게 만든다. 모형을 뒤집는다.

42 바이올린 연주자가 완성되었다. 동그라미 부분을 잡고 당기면 연주자가 바이올린을 연주할 것이다.

35
콘트라베이스 연주자

● **종이**_ 1:1.207 비율의 직사각형
(30×36.21센티미터 이상)
● **색깔**_ 색깔 면을 위로

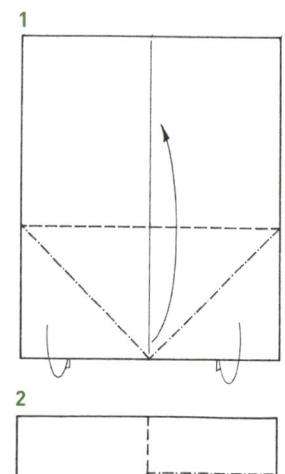

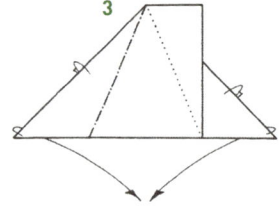
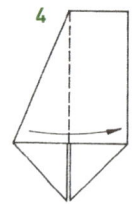
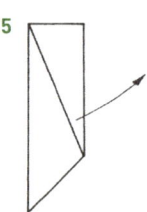

1 아래쪽 모서리를 뒤로 산접기하고 그렇게 생긴 뾰족한 부분을 위로 접는다. 모형을 옆으로 뒤집는다.
2 현재 상태의 종이를 삼각주머니를 접듯이 접어 내린다.
3 양쪽 가장자리를 뒤로 산접기한다.
4 왼쪽을 오른쪽으로 넘겨 접는다.
5 사이에 낀 종이 겹을 당겨서 빼낸다.

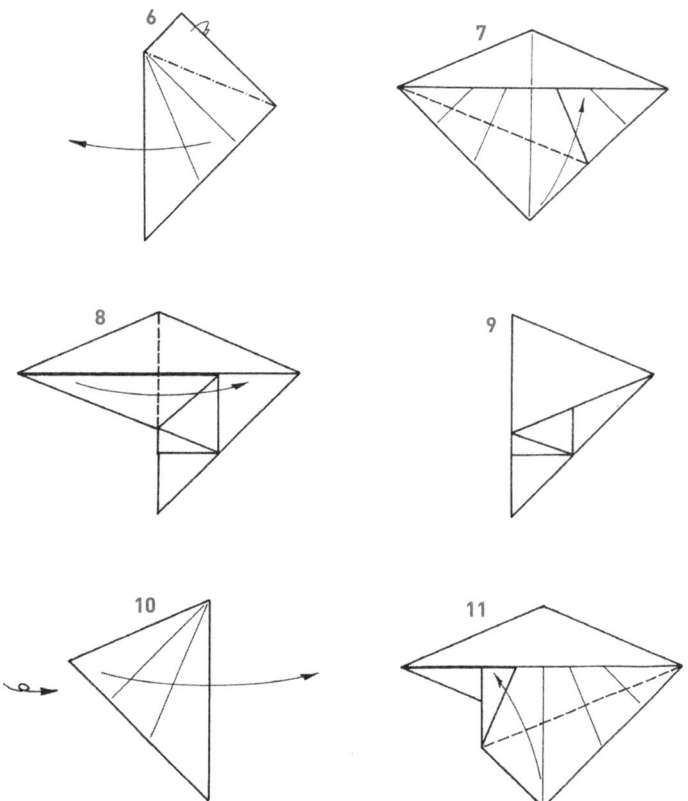

6 오른쪽에서 종이 한 겹을 위쪽으로 넘기고 모형 위쪽을 눌러 접는다.
7 가장자리를 위로 골접기한다.
8 왼쪽의 뾰족한 부분을 오른쪽으로 넘겨 접는다.
9 모형을 옆으로 뒤집는다.
10 종이 제일 윗겹을 오른쪽으로 넘겨 접는다.
11 아래쪽 가장자리를 위로 올려 접는다.

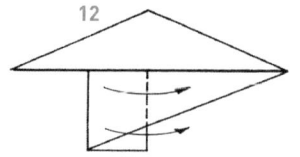
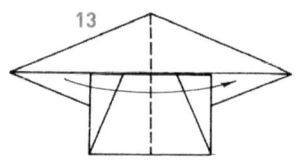

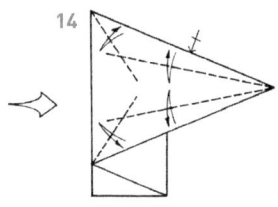
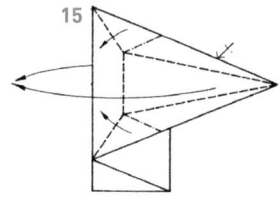

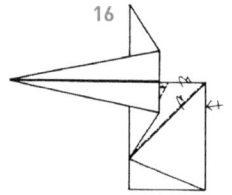
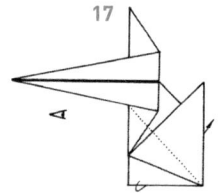

12 종이 한 겹을 오른쪽으로 넘겨 접는다.

13 모형 전체를 반으로 접는다.

14 확대한 모습. 각의 이등분선을 만든다.

15 양쪽 모두에 이중토끼귀접기를 한다.

16 몸 오른쪽에서 최대한 종이를 많이 빼서 남은 것을 오른쪽 끝의 삼각형 아래 밀어 넣는다. 뒤쪽도 반복한다.

17 종이 가운데 겹을 뒤집어접기한다.

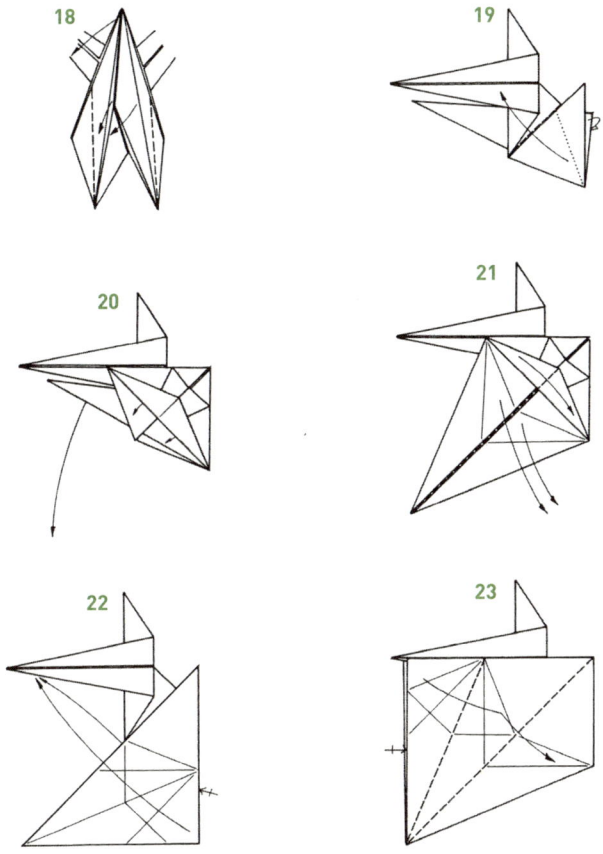

18 17번에서 본 모습. 종이 가운데 겹에 끼어 있는 커다란 종이 날개를 밖으로 꺼낸다.
19 아래쪽에서 종이 한 겹을 위로 넘겨 접고 오른쪽에 드러나 있는 종이 부분을 눌러 접는다.
20 긴 삼각형을 아래로 당기고 펼친다. 그렇게 하면 겹쳐 있던 여러 장의 종이 겹이 풀릴 것이다.
21 길고 뾰족한 부분을 반으로 접고 헐렁한 덮개를 안에서 밖으로 당긴다.
22 앞과 뒤의 커다란 종이 날개를 최대한 많이 접는다.
23 점선을 따라 말아 접고 반대쪽도 반복한다.

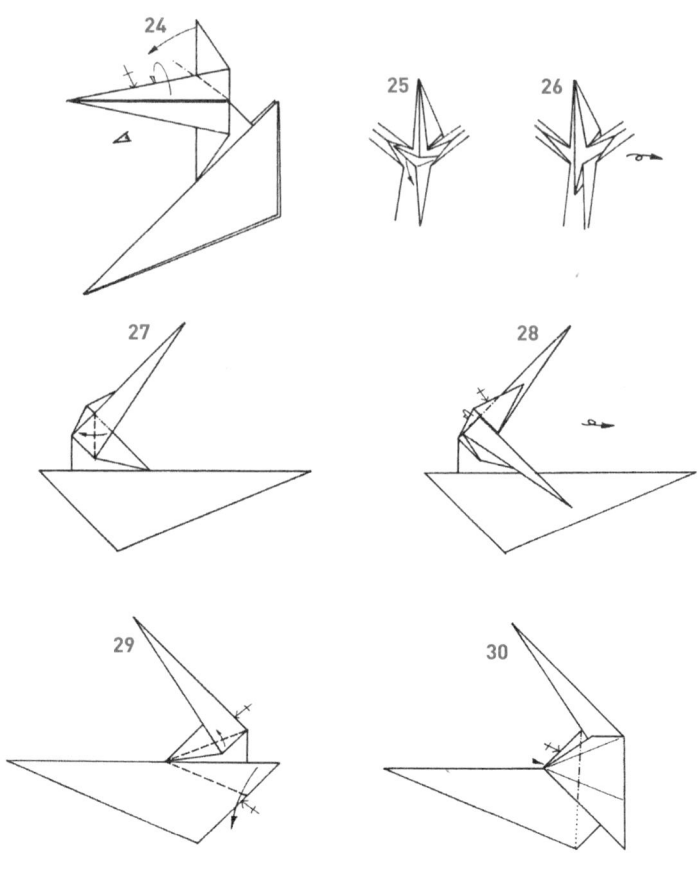

24 머리(위의 뾰족한 부분)를 아래로 앞뒤주름을 만든다. 종이 세 겹은 같은 방향으로 보내고, 둘은 반대편으로 보낸다.

25 24번에서 본 모습. 가운데 종이 겹에 아래로 주름을 만든다.

26 접힌 모습. 모형을 도로 접고 뒤집는다.

27 팔을 돌린다.

28 머리 가장자리를 산접기한다. 종이를 뒤집는다.

29 팔 아래 긴 삼각형을 골접기한다. 뒤쪽도 반복한다. 발(오른쪽)을 아래로 골접기한다. 뒤도 반복한다.

30 그림에 표시된 뾰족한 부분을 닫힌함몰시킨다. 뒤쪽도 반복한다.

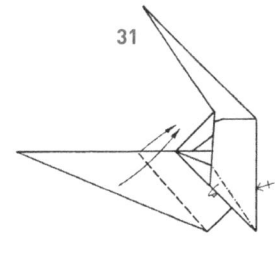 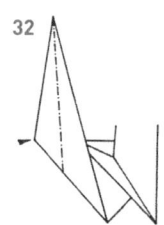

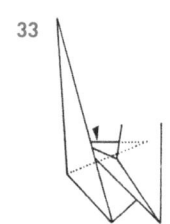 

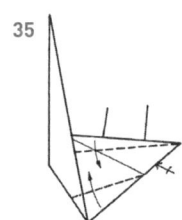 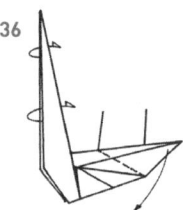

31 왼쪽의 뾰족한 부분(콘트라베이스)을 뒤집어접기한다. 다리 가장자리를 산접기한다. 뒤쪽도 반복한다.

32 긴 가장자리를 함몰시킨다.

33 표시된 부분을 함몰시킨다.

34 다리를 위로 골접기한다.

35 윗부분을 골접기한다. 아랫부분을 뒤집어접기한다. 뒤쪽도 반복한다.

36 다리를 다시 아래로 접는다. 콘트라베이스를 펼친다.

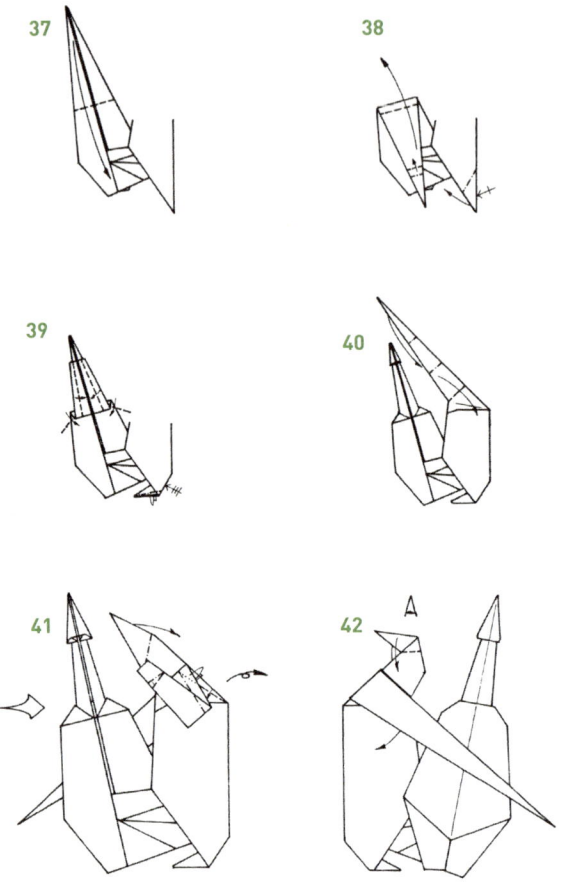

37 콘트라베이스의 위쪽 절반을 아래로 접는다.

38 콘트라베이스의 머리와 목에 주름을 만든다. 발을 뒤집어접기한다.

39 콘트라베이스의 목과 발을 가늘게 만든다.

40 왼팔 끄트머리를 뒤집어접기한다. 주름을 접어서 팔꿈치로 만든다.

41 확대한 모습. 팔 가장자리를 산접기해서 어깨와 팔꿈치를 고정시킨다. 손에 앞뒤주름을 만든다. 머리를 뒤집어접기한다.

42 머리카락을 뒤집어접기한다. 오른팔을 몸 바깥쪽으로 펼친다.

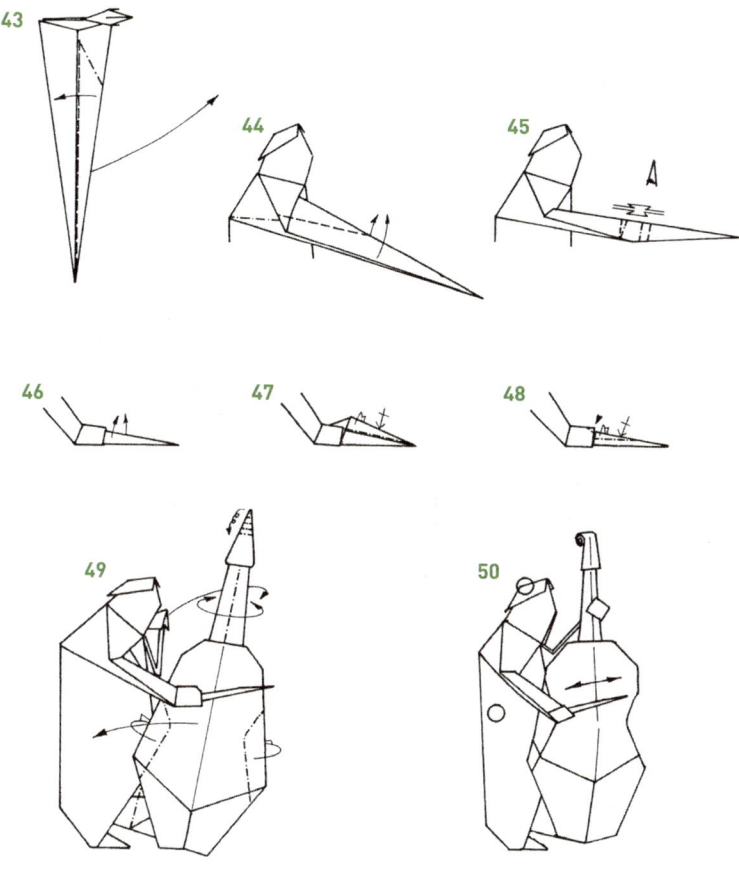

43 42번에서 본 모습. 팔을 앞쪽을 가리키도록 뒤집어접기한다.

44 팔을 밖으로 뒤집어접기한다.

45 손과 활을 앞뒤주름접기한다.

46 45번에서 본 손의 모습. 활에서 여분의 종이 겹을 당겨서 빼낸다.

47 종이를 안으로 산접기한다.

48 활을 가늘게 만들고 손을 둥글린다.

49 산접기로 콘트라베이스의 몸통 모양을 잡는다. 모형의 아래쪽에 주름을 만들고 콘트라베이스가 몸 바깥쪽으로 나와 보이게 비튼다. 콘트라베이스 위쪽을 둥글게 다듬어 준다.

50 콘트라베이스 연주자가 완성되었다. 연주자의 머리와 몸을 잡고 당기면 콘트라베이스를 연주할 것이다.

36
피아니스트

● 종이_ 1:3.874 비율의 얇은 직사각형 종이 또는 호일을 댄 종이
(30×116.22센티미터 이상)
● 색깔_ 색깔 면을 위로

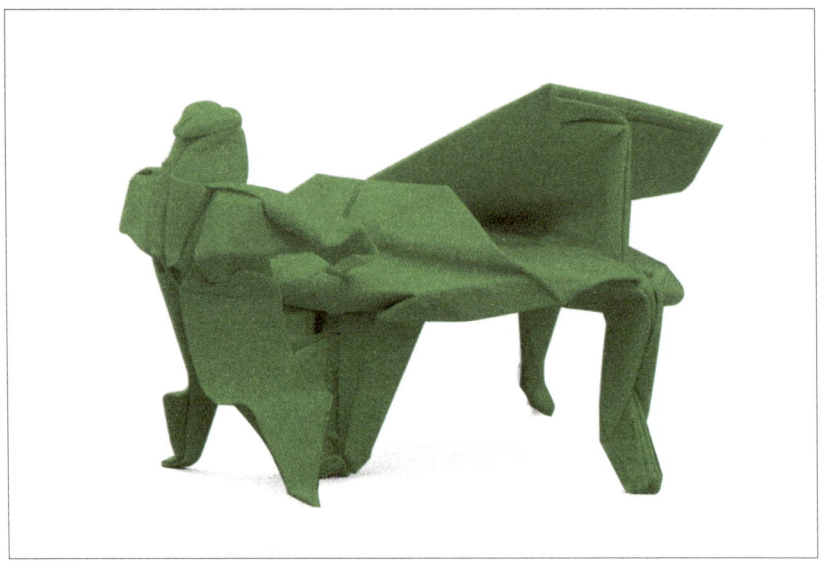

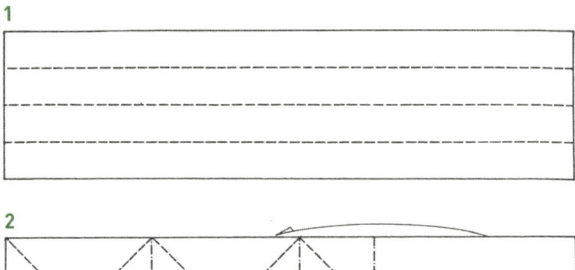

1   가로로 사등분선을 만든다.

2   왼쪽부터 시작해서 대각선 골접기를 이용해서 정사각형을 2와 1/2개 만든다. 정사각형이 끝나는 부분에 세로로 산접기를 한다. 마지막 산접기는 펴지 않고 접힌 채로 종이를 뒤집는다.

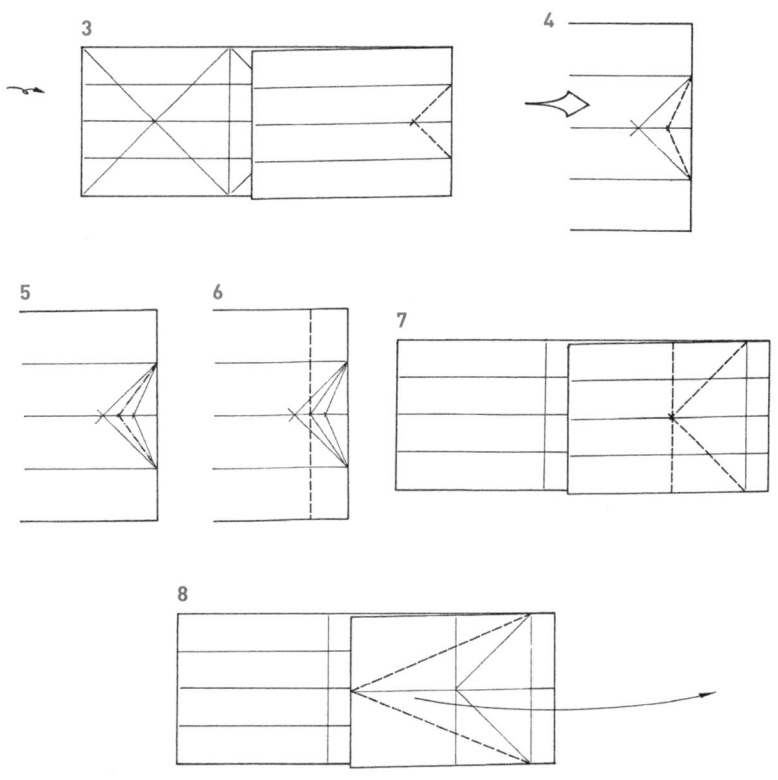

3 각의 이등분선을 이용해 종이 두 겹 모두에 작은 삼각형 선을 만든다.

4 확대한 모습. 각을 다시 이등분한다.

5 새로 만든 각을 산접기로 다시 이등분한다. 이번에도 종이 두 겹을 한꺼번에 접는다.

6 그림처럼 교차점을 따라 골접기를 한다.

7 그림처럼 정사각형의 절반에 골접기로 선을 만든다.

8 7번의 선과 가장자리 사이의 각을 이등분한다. 두 선은 이전까지 선을 정확하게 만들었다면 종이 끄트머리의 가운데에서 만날 것이다. 더 긴 직사각형 종이를 사용했다면 이제 이 두 선의 교차점을 넘어가는 부분은 잘라낸다. 오른쪽 부분을 펼친다.

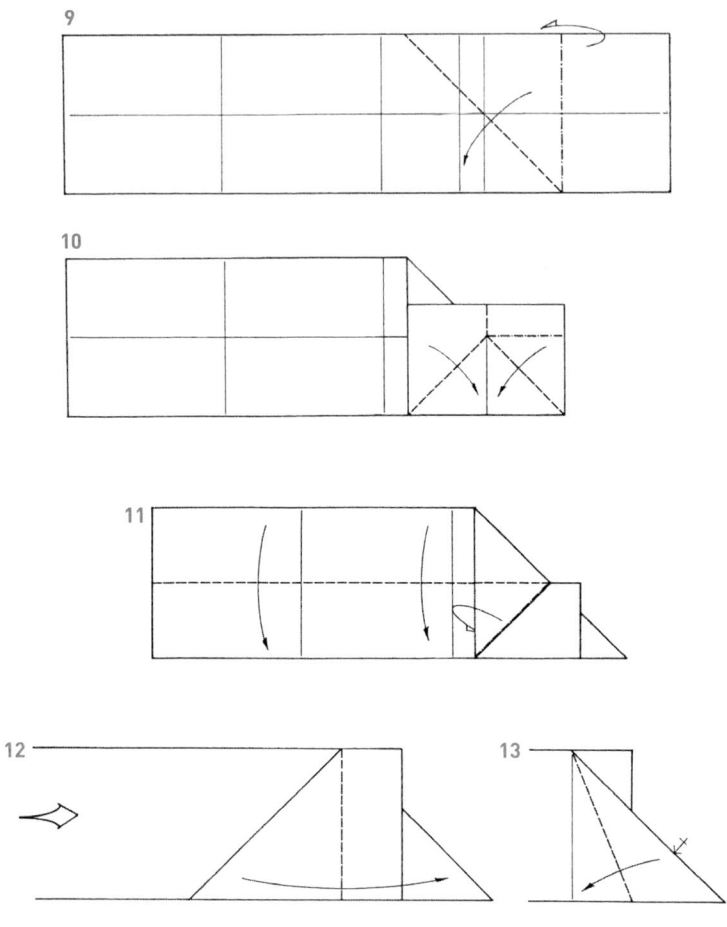

9 산접기한 부분은 미리 만든 선 위를 지날 것이다. 종이 아래쪽 가장자리에 맞춰 이것을 접는다.
10 오른쪽의 날개를 토끼귀접기한다.
11 종이 위쪽을 아래로 골접기하고 오른쪽을 뒤집어접기한다.
12 확대한 모습. 삼각형 덮개를 오른쪽으로 넘겨 접는다.
13 오른쪽 가장자리를 세로선에 맞춰 골접기한다.

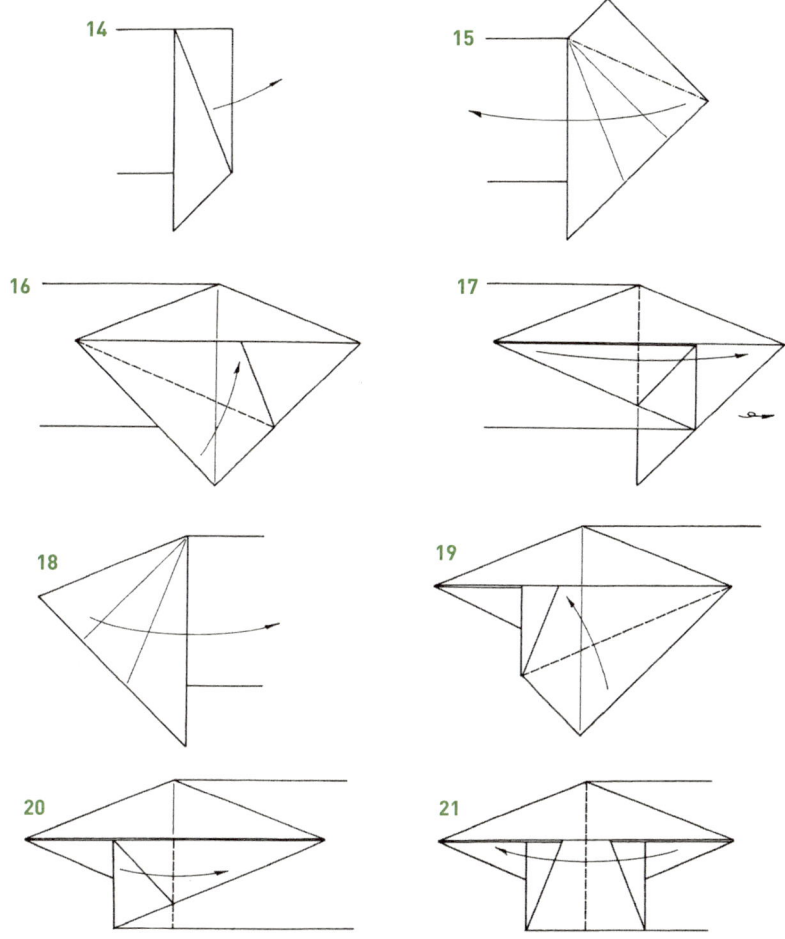

14 사이에 낀 종이를 꺼낸다.
15 윗부분의 종이를 왼쪽으로 완전히 접는다. 위쪽 모서리가 펼쳐지고 아래로 내려올 것이다.
16 한 겹을 골접기한다.
17 뾰족한 부분을 왼쪽에서 오른쪽 위로 책접기한다. 종이를 옆으로 뒤집는다.
18 한 겹을 최대한 멀리까지 책접기한다.
19 골접기한다.
20 한 겹을 책접기한다.
21 두 겹을 한꺼번에 책접기한다.

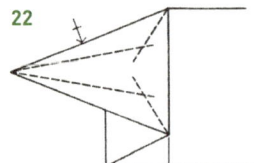 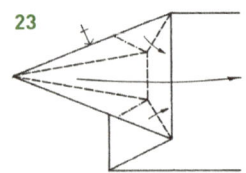

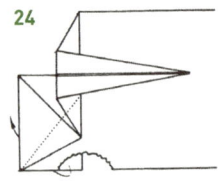 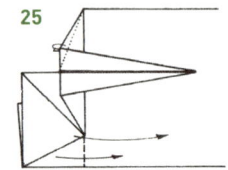

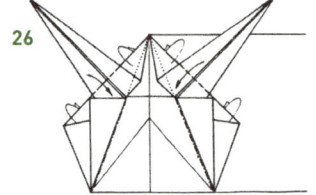 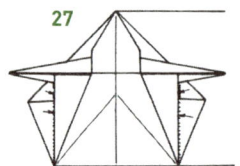

22 각의 이등분선을 만든다. 뒤쪽도 반복한다.

23 이중토끼귀접기한다. 뒤쪽도 반복한다.

24 가려진 모서리를 뒤집어접기한다.

25 한 겹을 오른쪽으로 가져오고 팔(길고 가늘고 뾰족한 부분)을 바깥쪽으로 돌린다.

26 팔을 골접기하고 몸 가장자리를 중심선에 맞춰 산접기한다.

27 양옆을 뒤집어접기한다.

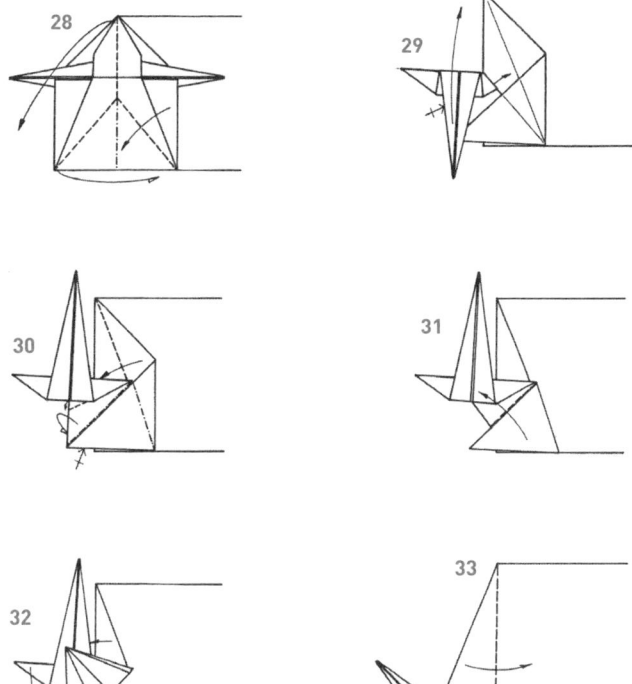

28 몸을 점선을 따라 내려 접는다. 왼쪽 부분을 뒤로 넘긴다.
29 팔을 다시 위로 올리고 오른쪽에 겹쳐 있는 종이를 당겨서 꺼낸다.
30 여분의 종이를 뒤에서 꺼내 왼쪽 아래 모서리의 삼각형 뒤로 밀어 넣는다. 뒤쪽도 반복한다. 몸 오른쪽 가장자리들을 뒤집어접기한다.
31 종이 한 겹을 위로 당기고 눌러접기한다.
32 몸을 아래로 당겨 내리고 모형 아래 있는 종이 겹을 꺼낸다.
33 몸을 반으로 접는다.

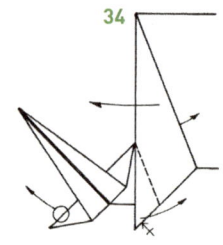 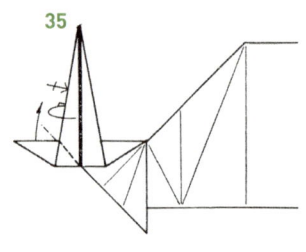

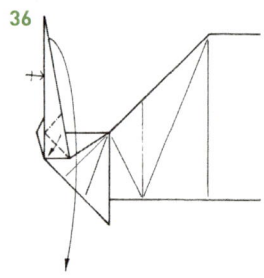 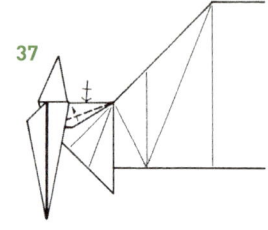

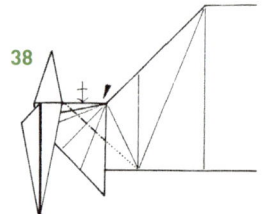 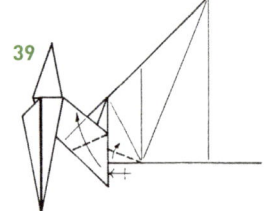

34 몸에서 여분의 종이를 꺼낸다. 조그만 삼각형을 아래로 골접기한다.

35 머리를 앞쪽으로 앞뒤주름접기를 한다.

36 팔을 눌러접기한다.

37 표시된 가장자리를 위로 골접기한다. 뒤쪽도 반복한다.

38 삼각형 부분을 닫힌함몰시킨다. 뒤쪽도 반복한다.

39 다리를 위로 회전접기한다.

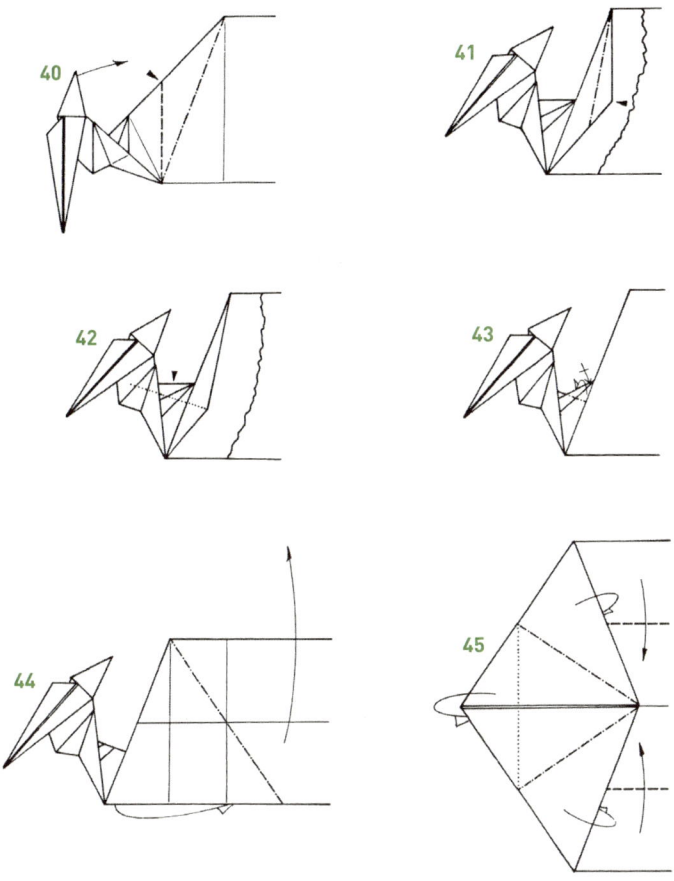

40 몸의 오른쪽으로 앞뒤주름을 만든다. 두 선 모두 이미 만들어 두었다.

41 긴 가장자리를 모형 안쪽으로 함몰시킨다.

42 삼각형 부분을 안쪽으로 함몰시킨다.

43 삼각형 덮개를 아래쪽으로 접어 넣는다.

44 종이 나머지 부분을 펼치고 피아니스트를 반시계방향으로 돌린다.

45 피아노 연주자는 관련된 다른 번호에서 설명할 것이기 때문에 이번부터 이후의 그림들에서 생략한다. 피아노 연주자를 포함하는 부분의 튀어나온 곳을 점섬을 따라 안으로 접어 넣는다. 그다음 뒤로 넘겨 접는다.

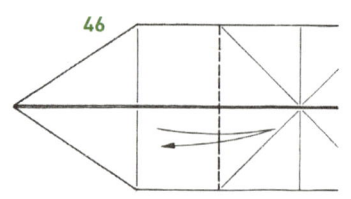
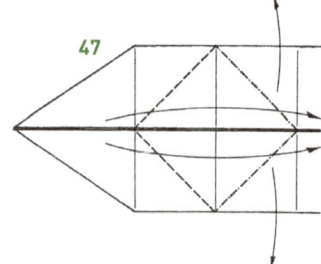
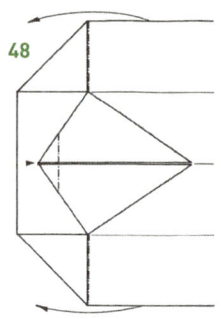
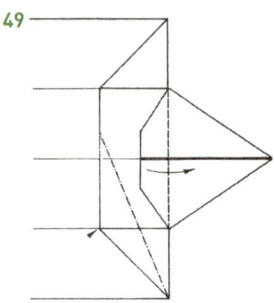
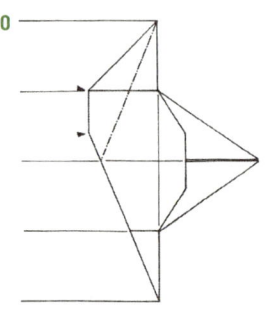
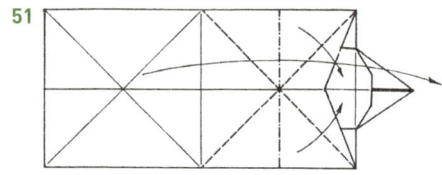
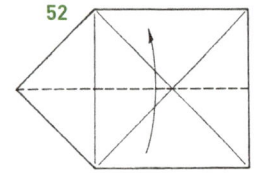

46 그림의 위치에 골접기 선을 만든다.

47 종이의 긴 부분의 옆면을 펼치고 피아노 연주자를 다시 오른쪽으로 보낸다.

48 삼각형의 3분의 1 지점까지 닫힌함몰시킨다. 종이 나머지 부분을 뒤로 산접기한다.

49 삼각형(악보대가 될 것이다)을 오른쪽으로 접는다. 표시된 모서리를 닫힌함몰시킨다.

50 다른 모서리를 닫힌함몰시킨다.

51 축소한 모습. 그림의 정사각형 부분에 삼각주머니 기본형을 접는다.

52 아랫부분을 위로 접는다.

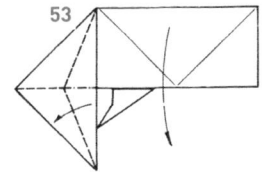 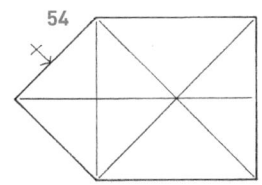

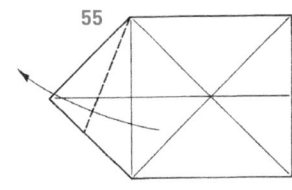 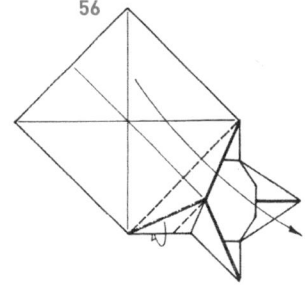

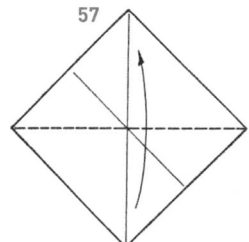 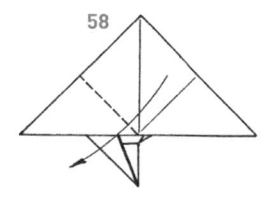

53 다시 아래로 내리며 그림의 점선을 함께 접는다.

54 위쪽에도 52번과 53번을 반복한다.

55 각의 이등분선을 따라 골접기한다.

56 아래쪽 가장자리를 뒤로 산접기한다. 커다란 정사각형을 오른쪽으로 내려 접는다.

57 정사각형을 대각선을 따라 반으로 접는다.

58 날개를 아래 왼쪽으로 내려 접는다.

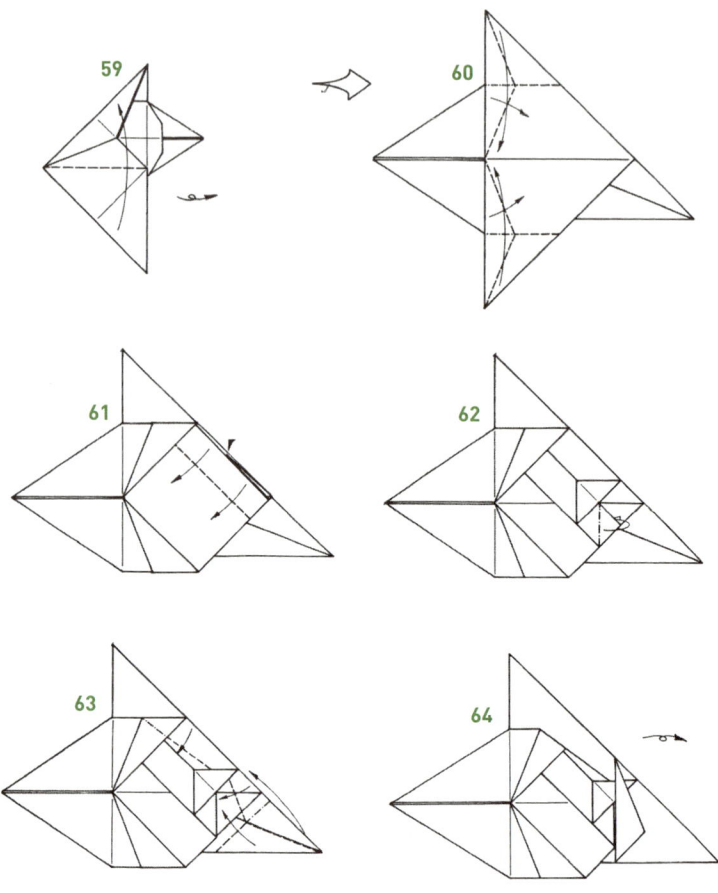

59 삼각형 날개를 위로 올려 접는다. 모형을 뒤집는다.

60 확대한 모습. 두 날개를 토끼귀접기한다.

61 그림의 종이 겹을 골접기한다. 펼치는 안쪽의 모서리는 눌러접기한다.

62 작은 삼각형을 산접기한다.

63 위쪽 가장자리를 뒤집어접기한다. 오른쪽 뾰족한 부분을 토끼귀접기한다.

64 모형을 뒤집는다.

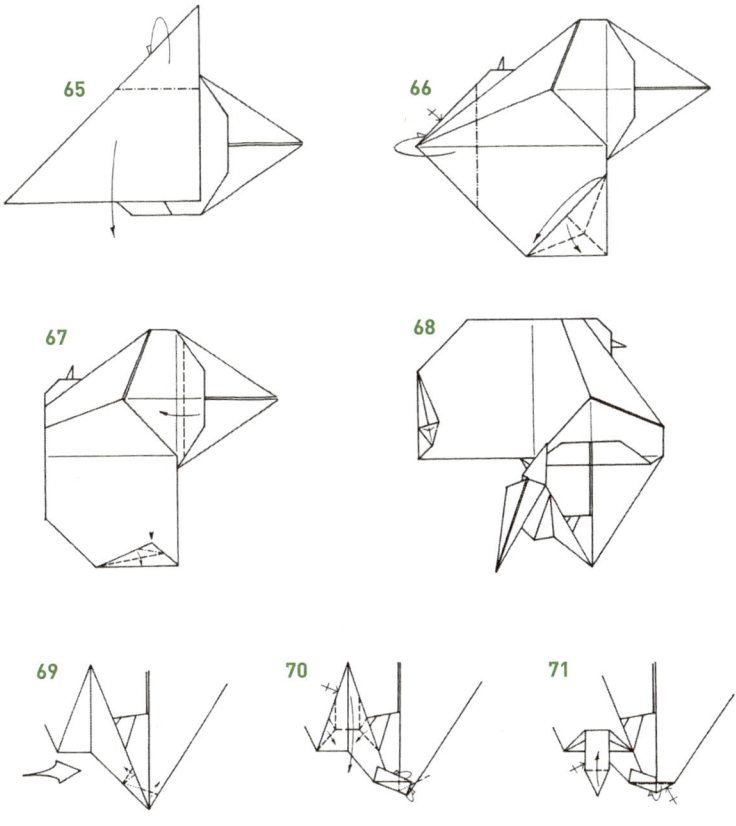

65 아래쪽 삼각형의 끄트머리를 산접기해서 위와 아래에 똑같은 넓이만큼 피아노가 보이게 만든다. 삼각형 전체를 아래로 내려 접는다.

66 왼쪽 모서리를 모형 안쪽으로 산접기해서 넣는다. 그 아래의 종이 겹에도 반복한다. 모서리의 뾰족한 부분에 토끼귀접기를 한다.

67 악보대를 세워 접는다. 아래쪽 모서리를 내려 접으면서 함몰시킨다.

68 피아노 연주자가 나타난다.

69 피아노 연주자의 발을 확대한 모습. 발에 앞뒤주름을 만들고 돌린다.

70 의자 다리에 이중토끼귀접기를 한다. 발 끄트머리를 뒤집어접기한다. 뒤쪽도 반복한다.

71 의자 다리를 골접기한다. 발 아래쪽을 산접기한다. 뒤쪽도 반복한다.

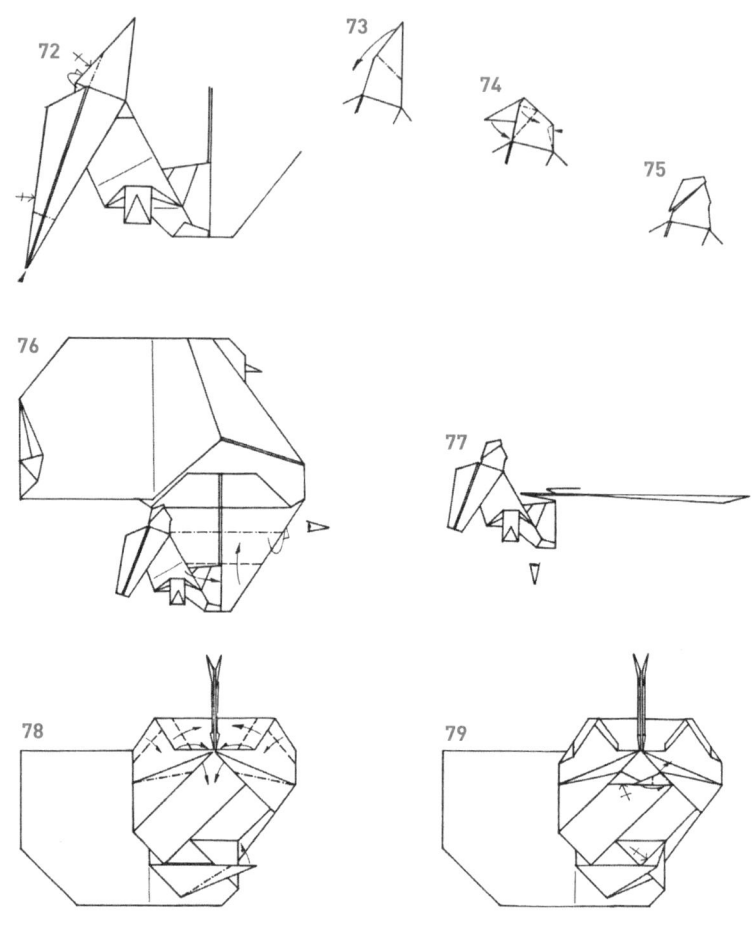

72 팔 끄트머리를 함몰시킨다. 머리 뒤쪽의 가장자리를 산접기한다.

73 머리를 뒤집어접기한다.

74 머리카락을 밖으로 뒤집어접기한다. 얼굴을 움푹 들어가게 해서 코를 만든다.

75 완성된 머리.

76 건반에 주름을 만든다. 연주자를 피아노 바깥쪽으로 돌리고 피아노 나머지 부분을 아래쪽으로 돌린다.

77 76번에서 본 모습.

78 77번에서 본 모습. 건반 가장자리를 회전접기한다. 세 개의 다리를 뒤집어접기한다.

79 피아노 발을 뒤집어접기한다.

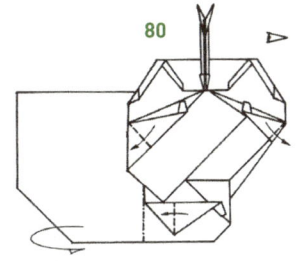
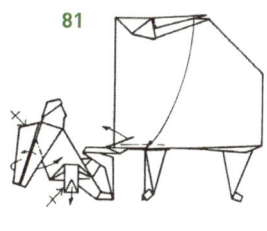

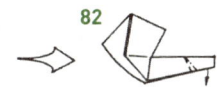

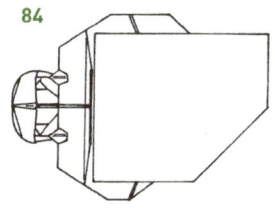
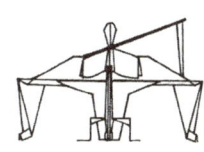
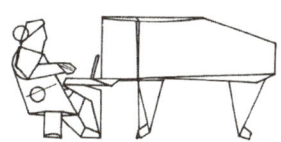

80 다리를 피아노 몸통 반대쪽으로 돌리고 윗부분을 뒤로 접는다.

81 80번에서 본 모습. 팔을 앞쪽으로 뒤집어접기한다. 의자 다리를 아래로 접는다. 악보대를 세운다. 뚜껑 받침대를 내려접고 그 끝부분을 피아노 가장자리 덮개 아래로 끼운다.

82 팔을 확대한 모습. 손을 납작하게 눌러 펼친다.

83 완성된 팔의 모습.

84 피아니스트가 완성되었다. 머리와 등을 잡고 당기면 건반 위로 손을 움직일 것이다.

37
뻐꾸기시계

● 종이_ 한쪽 면이 호일인 1:7 비율의 직사각형 종이
(30×210센티미터 이상)
● 색깔_ 하얀 면을 위로

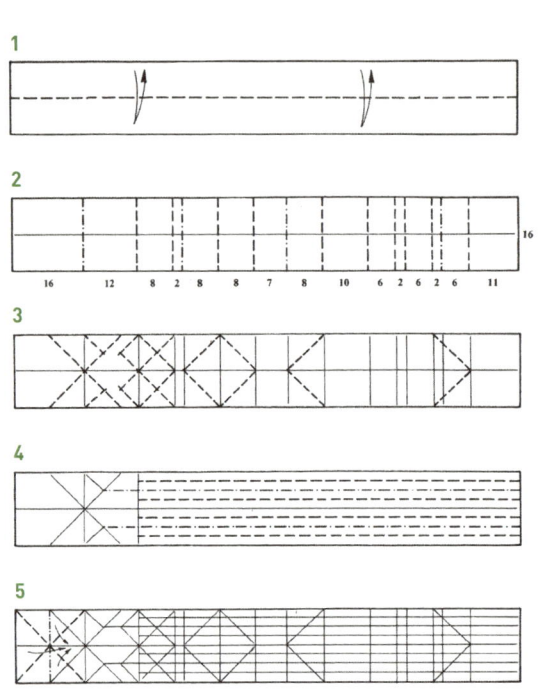

1 종이를 가로로 반 접은 후 펼친다.
2 종이의 짧은 변의 길이를 잰 다음 그것을 16으로 나눈다. 이 수치가 1단위가 된다. 아래쪽을 따라 표시된 단위 숫자에 맞춰 세로선을 만든다. 이 선은 모형 전체를 정확하게 만들기 위한 기준선으로 사용될 것이다.
3 그림처럼 대각선을 만든다.
4 가로선을 만든다.
5 왼쪽 부분에 삼각주머니 기본형을 만든다(가로 등분선은 그림이 복잡해 보이지 않도록 필요할 때 표기할 것이다).

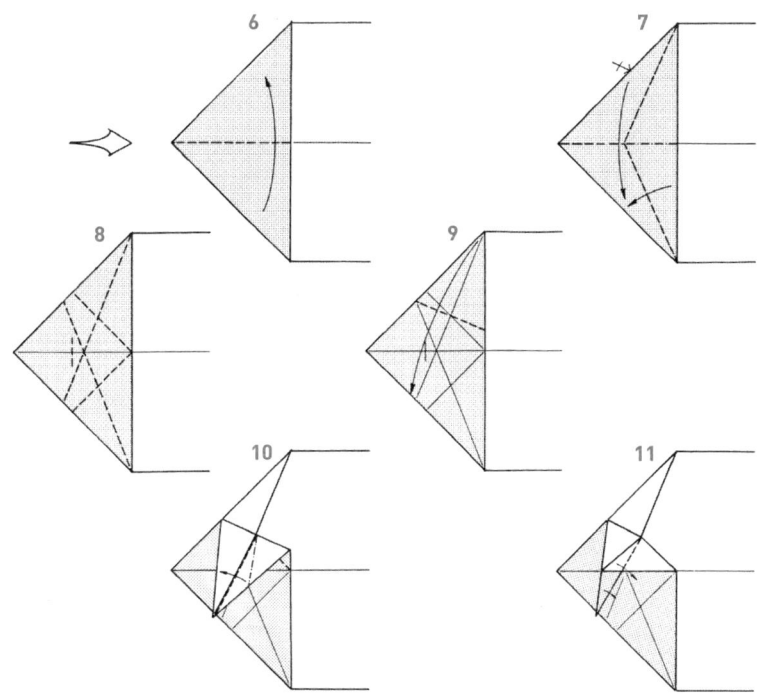

6 확대한 모습. 종이 한 겹을 위로 접는다.
7 종이를 다시 아래로 펼치면서 뒤집어접기를 한다. 위쪽 종이에도 6번과 7번을 반복한다.
8 각의 이등분선을 만들고 왼쪽 끄트머리와 오른쪽 가장자리 사이 중간 지점을 찾는다.
9 뾰족한 부분을 왼쪽으로 내려 접는다. 골접기 선이 8번에서 만든 각의 이등분선 두 개(45°선과 위쪽 22.5°선)의 교차점을 지나고, 끝부분은 선과 가장자리의 교차점에서 약간 왼쪽에 위치한다.
10 회전접기한다.
11 덮개를 다시 오른쪽으로 접는다.

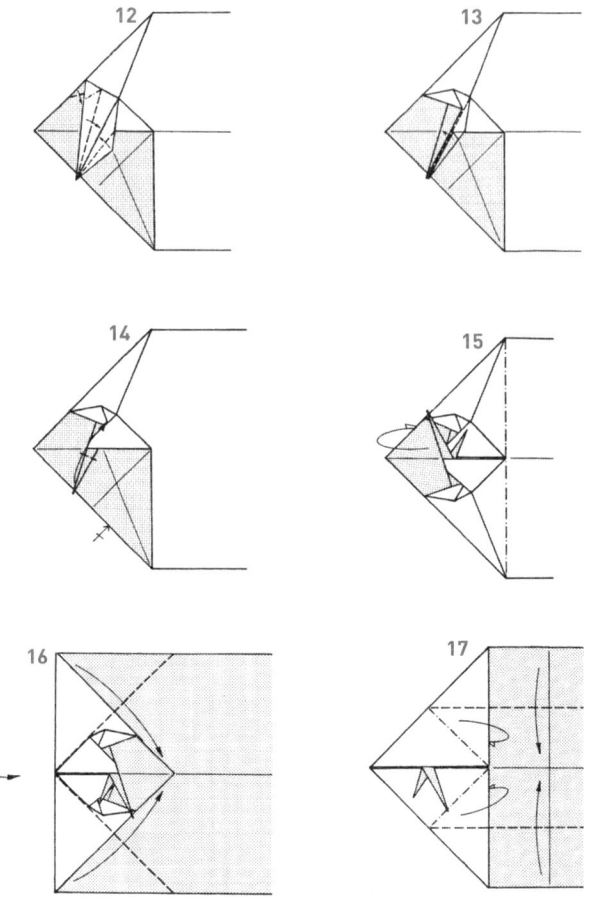

12 골접기와 회전접기 선을 이용해 덮개를 가늘게 만든다.

13 뾰족한 부분을 반으로 접는다.

14 뾰족한 끝부분을 다시 오른쪽 위로 올려 접는다. 아래쪽 종이에도 9-13번을 반복한다.

15 삼각형을 뒤로 산접기하고, 모형을 위아래로 뒤집는다.

16 모서리들을 가운데로 골접기한다. 뾰족한 부분 두 개(시계의 시침과 분침)를 틈새를 통과시켜 모은다.

17 옆면을 뒤집어접기한다.

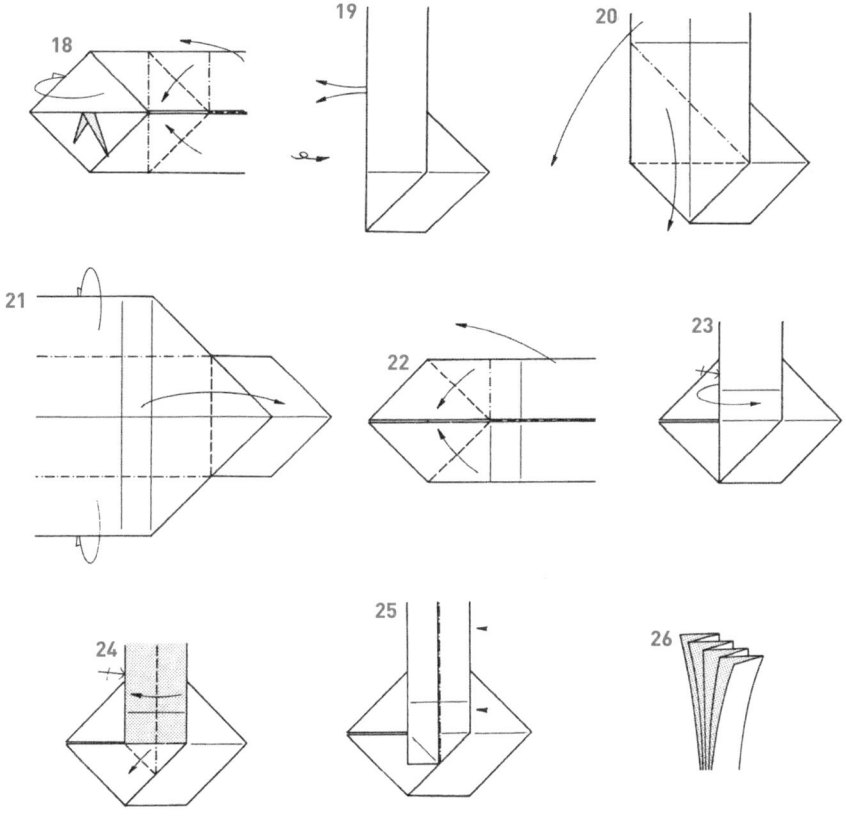

18 모형의 기다란 부분을 토끼귀접기한다. 왼쪽 부분을 뒤로 산접기한다. 모형을 옆으로 뒤집는다.

19 안쪽의 종이를 당겨서 꺼낸다.

20 모형의 기다란 부분을 눌러접기한다.

21 모형의 기다란 부분을 점선을 따라 오른쪽으로 넘겨 접는다.

22 기다란 부분에 토끼귀접기를 한 번 더 한다.

23 가려진 종이 겹을 끄집어내서 바깥쪽을 감싼다. 뒤쪽도 반복한다.

24 긴 가장자리를 골접기한다. 아래쪽에서 삼각형 부분을 당겨서 꺼낸다. 뒤쪽도 반복한다.

25 긴 가장자리를 함몰시킨다.

26 결과물은 이 그림처럼 주름이 끝까지 만들어져야 한다.

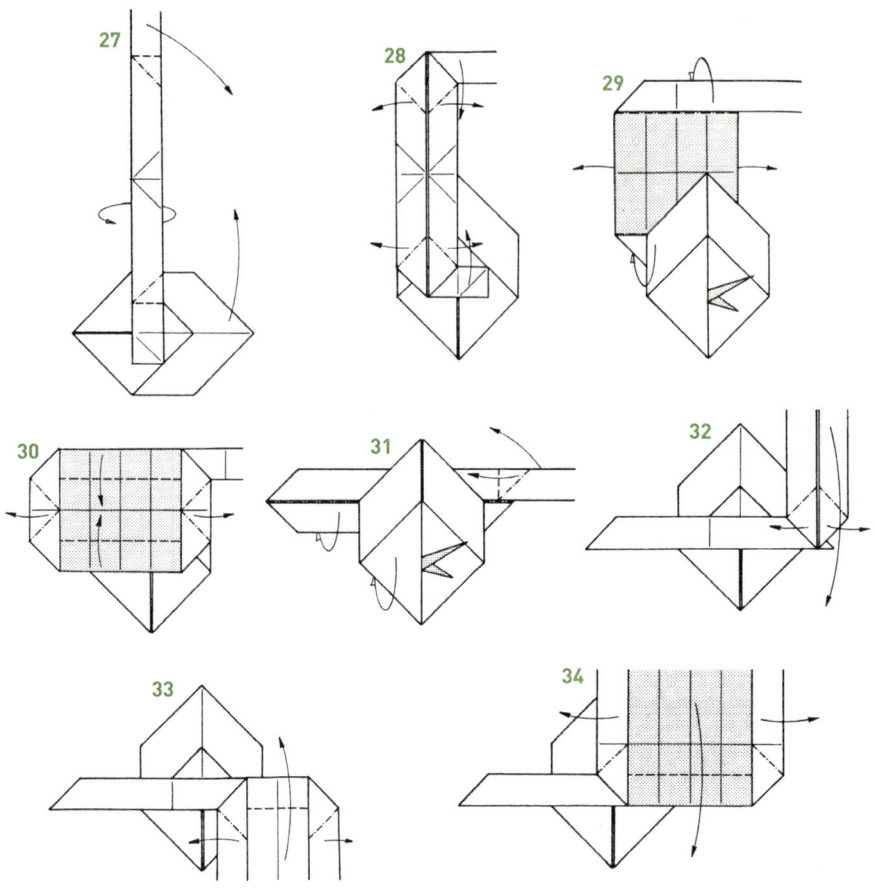

27 그림처럼 긴 주름 부분을 펼친다. 제일 위와 아랫부분은 눌러접기해서 시계판과 종이 나머지 부분이 회전하게 만든다. 골접기 선은 미리 만들어 둔 선이다(27-30번 접기는 두 개의 연이은 주름접기를 만든다).

28 겹쳐진 가장자리를 펼치고 시계판과 모형의 나머지 부분이 서로 가까워지게 돌린다.

29 뒤쪽 양옆의 주름을 앞으로 꺼내는 동시에 위아래 점선을 따라 시계판과 막대를 뒤로 넘긴다.

30 양끝을 벌리고 시계판과 모형의 나머지 부분이 서로 가까워지게 돌린다.

31 남은 부분을 눌러접기한다. 골접기 선은 이미 만들어져 있다. 시계판을 뒤로 산접기한다.

32 가장자리를 펼치고, 펼친 종이를 아래로 내려 접는다(또 한 번의 주름접기를 하는 중이다).

33 양옆을 펼치면서 종이를 다시 위로 올려 접는다.

34 다시 아래로 내린다. 주름접기가 완성되었다.

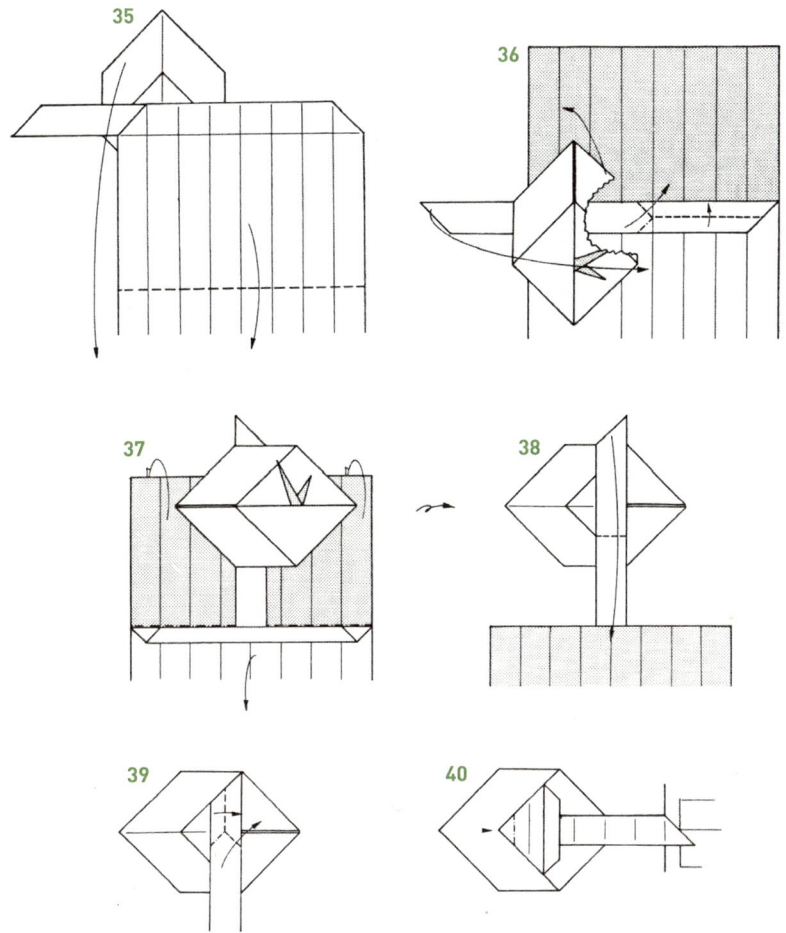

35 미리 만든 선을 따라 구성 부분을 통째로 골접기한다.

36 시계판과 뒷부분을 연결하는 종이 부분을 위로 돌려서 세로가 되고 뒤쪽 가운데로 오게 만든다. 이것은 그림처럼 수평 골접기 선을 만드는 데 꼭 필요하다. 제일 왼쪽의 뾰족한 부분을 아래로 돌린다.

37 시계판을 위로 당긴다(시계판에 이 그림에는 표시되지 않은 종이 한 겹이 튀어나와 있을 것이다). 모형을 옆으로 뒤집는다.

38 긴 종이를 아래로 접는다.

39 통째로 오른쪽으로 넘겨 접어서 36번에서 한 것과 똑같이 세로로 골접기 선을 만든다.

40 표시된 모서리를 함몰시킨다.

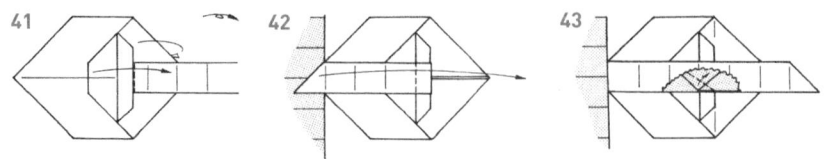

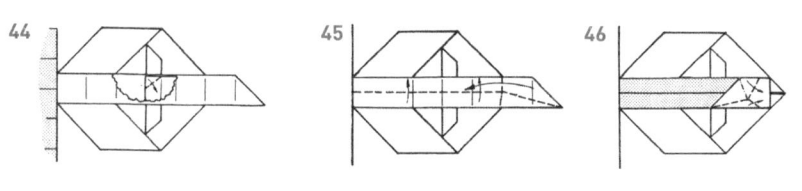

41 시계판을 오른쪽에 튀어나와 있는 종이 날개 주위로 돌린다.

42 그림의 뾰족한 부분을 오른쪽으로 넘겨 접는다.

43 가려진 종이 겹을 최대한 크게 접는다.

44 반대편도 반복한다. 이 두 고정 부분은 움직이는 과정에 핵심적이다.

45 오른쪽의 뾰족한 부분을 왼쪽으로 접는다. 동시에 긴 골접기 선을 만든다.

46 비대칭 토끼귀접기를 한다.

47 뻐꾸기 부분 확대. 머리에 아래쪽으로 앞뒤주름을 만든다.

48 부리에 앞뒤주름을 만든다. 배의 종이 겹을 안으로 뒤집어접기한다.

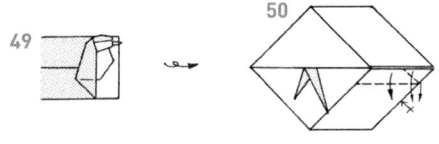

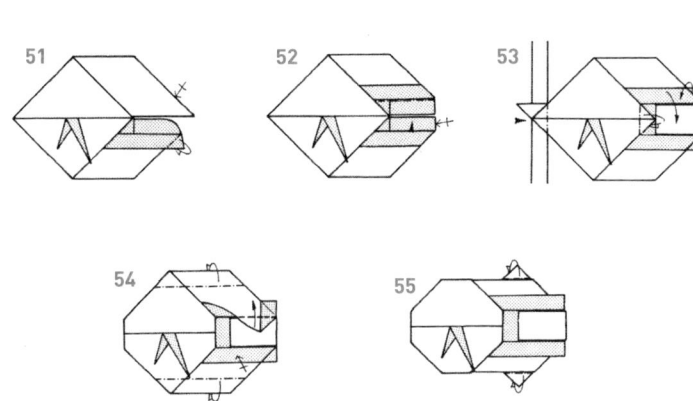

49 이렇게 된다. 모형을 뒤집는다.

50 시계판의 부분 확대. 앞과 뒤의 종이 겹을 골접기한다. 끄트머리를 펼치고 주위를 감싼다. 이때 종이가 찢어지기 쉬우니 조심해야 한다.

51 감싸기가 거의 끝났다. 종이를 납작하게 만들고 위쪽에도 반복한다.

52 긴 가장자리를 함몰시킨다.

53 시계판의 오른쪽 모서리를 뒤로 산접기한다. 왼쪽 모서리를 함몰시킨다. 오른쪽에서 가려진 종이 겹을 끄집어낸다(54번 그림 참조).

54 위쪽과 아래쪽 가장자리를 뒤로 산접기한다. 53번에서 끄집어낸 덮개를 도로 닫는다. 시계판의 아래쪽 부분에 반복한다.

55 튀어나온 양 모서리를 산접기한다.

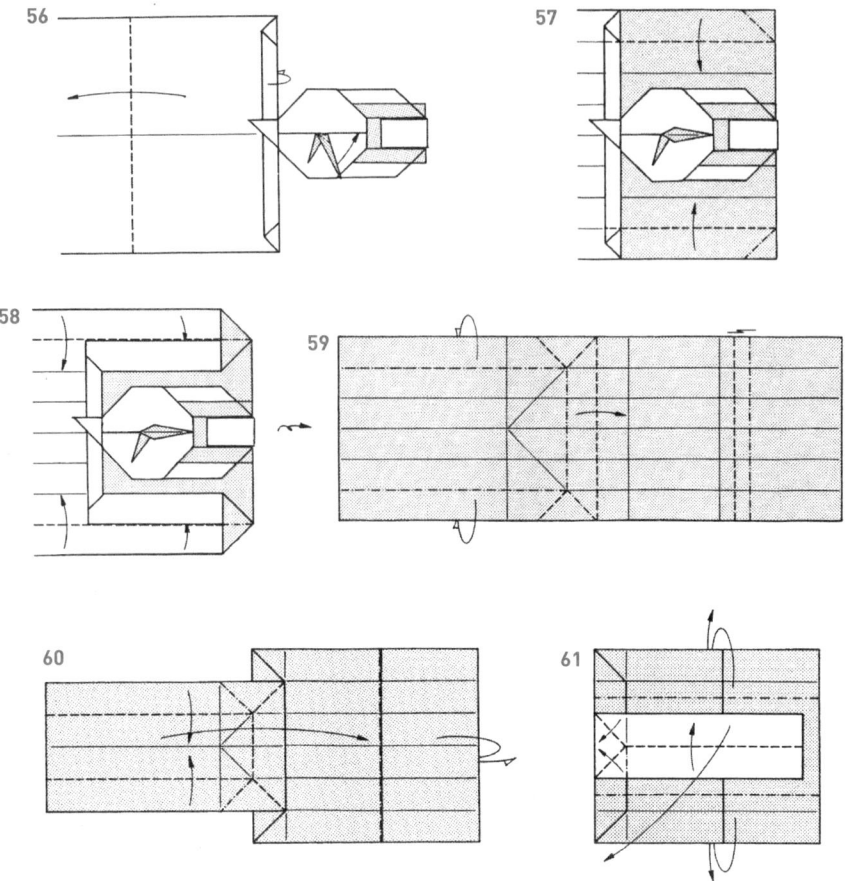

56 미리 만든 선을 따라 골접기를 하되 시계판은 같은 방향으로 유지한다. 큰 바늘을 눌러접기한다.

57 위와 아래에서 종이 한 겹씩을 눌러접기한다.

58 가장자리들을 아래로 끼워 넣는다. 모형을 위아래로 뒤집는다.

59 오른쪽에서 종이 제일 윗겹에 주름을 만든다. 세로 산접기는 미리 만든 선을 따라서 하고, 골접기는 미리 만든 선과 그 옆의 선 사이에 만들어진다. 왼쪽의 세로 주름을 따라 종이의 가장자리를 접는다.

60 오른쪽 주름 아래쪽에 종이 두 겹을 산접기해서 선을 만든다. 왼쪽은 점선을 따라 오른쪽으로 모아 접는다.

61 가장자리들을 가운데로 가져와서 산접기 선을 만든다. 흰 부분은 반으로 모아 접어 아래로 내린다.

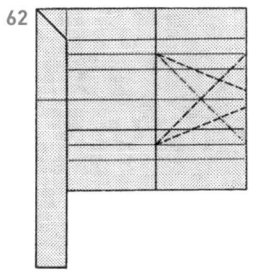 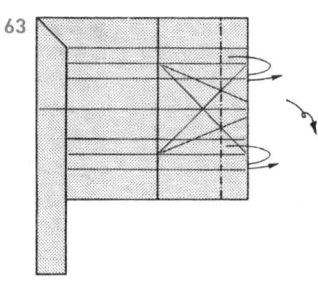

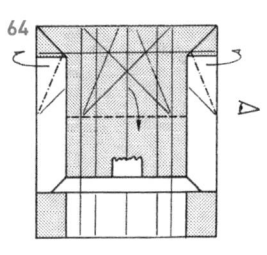 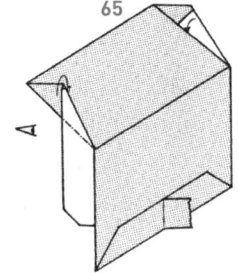 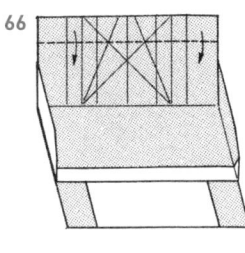

62 각의 이등분선을 만든다.

63 각의 이등분선의 교차점을 지나도록 산접기 선을 만든다. 모형을 옆으로 뒤집고 시계방향으로 90도 돌린다.

64 지붕을 135°로 내려 골접기하고 옆면을 위로 감싼다.

65 64번에서 본 모습. 세로로 서 있는 종이를 지붕 가장자리 아래로 끼워 넣는다.

66 65번에서 본 모습. 위쪽 가장자리를 63번에서 만든 선을 따라 아래로 골접기한다.

 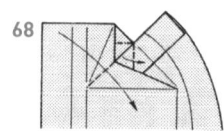

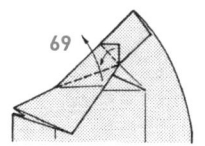 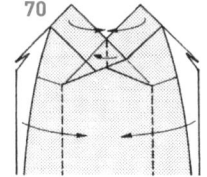 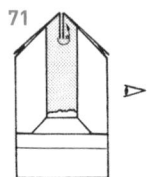

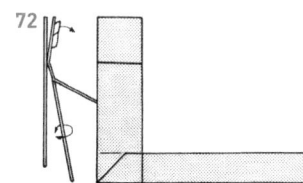 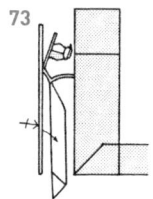 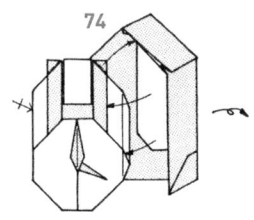

67 지붕의 위쪽 가장자리 부분의 모습. 미리 만든 선을 따라 오른쪽에 주름을 만든다. 종이는 납작해지지 않을 것이다.

68 왼쪽 옆을 내려 접으면서 조그만 가운데 부분을 오른쪽으로 당긴다.

69 작은 삼각형을 왼쪽으로 넘겨 접는다. 그런 다음 왼쪽 옆을 위로 접어 이것을 가린다.

70 지붕의 양쪽 절반씩을 한데 모으고 66번에서 접은 모서리들을 끄집어내 수직으로 세운다.

71 두 모서리를 함께 말아서 지붕을 고정시킨다.

72 71번에서 본 모습. 이것은 시계판과 뻐꾸기, 레버, 그리고 이 모두를 시계 몸통에 연결시켜주는 종이의 모습이다. 새를 뚜껑문과 수직이 되게 당기고 레버를 반으로 산접기한다(위쪽 끝에 토끼귀접기를 해야 한다).

73 시계 옆면을 시계판과 수직이 되도록 당긴다.

74 시계를 조립한다. 몸통 옆면은 시계판과 거기서 이어진 좁은 종이 날개 아래로 가고, 시계판 모서리는 지붕 가장자리 안으로 끼워 넣게 된다. 시계를 뒤집는다.

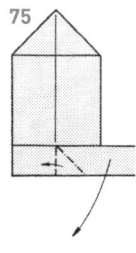 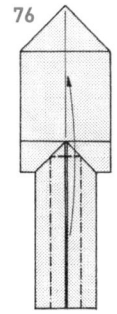 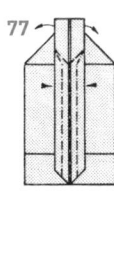

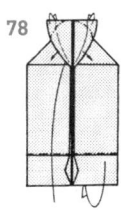 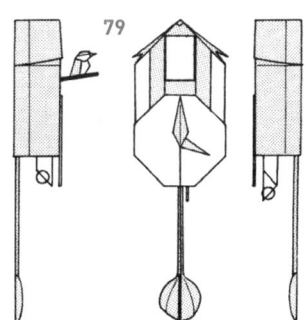

75 뒤쪽에서 튀어나온 긴 종이를 눌러접기한다.

76 긴 종이를 점선을 따라 올려 접는다.

77 긴 종이 부분을 세로로 주름접기해서 가늘게 만들되 위쪽 끝의 뭉친 종이를 당겨서 꺼낸다.

78 시계추 가장자리를 산접기해서 둥글린다. 시계 바닥을 위 안으로 뒤집어접기한다. 시계추는 아래로 내려온다. 이렇게 되면 시계가 완전히 고정된다.

79 뻐꾸기시계가 완성되었다. 레버의 표시된 부분을 잡고 당기면 뻐꾸기가 튀어나온다.

감사의 말

이 책은 1983년 미국 종이접기 센터에서 앨리스 그레이Alice Gray, 릴리언 오펜하이머Lillian Oppenheimer와 이야기를 나누다가 탄생했다. 그들의 충고는 아주 소중했기에 감사의 마음을 전하고 싶다. 존 몬트롤John Montroll은 나에게 그림에 관해 여러 가지 도움 되는 제안을 해 주었고, 스티븐 와이스Stephen Weiss는 종이접기 기호에 관한 조언을 해 주었다. 피터 엔겔은 그림과 기호 두 가지에 모두에 대해 의견을 제시해 주었다. 루이스 쿠퍼Louise Cooper는 내가 책의 삽화 그리기와 '서해안 종이접기 모임' 활동 양쪽으로 정신이 없을 때 계속해서 격려를 해 주었다. 로빈 메이시Robin Macey는 사진을 찍고 또 찍으면서 엄청난 재능과 참을성을 보여 주었다. 그리고 끊임없이 편집하고, 교정하고, 읽고 또 읽으며 책의 배치에 대해 조언을 해 준 나의 아내 다이앤Diane 역시 엄청난 수고를 했다. 여기 언급한 모든 사람들에게 진심 어린 마음으로 고마움을 표하고 싶다.

감수자의 말

세계적인 종이접기 작가 로버트 J. 랭의 《완벽한 종이접기 The Complete Book of Origami》를 드디어 국내에서 만날 수 있게 되어 기쁘게 생각한다. 로버트 J. 랭은 종이접기 창작기법에 대한 체계적인 이론을 정리한 선구자로 손꼽히는 작가다. 그는 사실적이고 완벽한 종이접기를 위해 다수의 작품에 한지를 사용하고, 종이접기 활동을 위해 내한한 적도 있었기에 이 책의 한국어판 출간이 더욱 뜻깊게 느껴진다.

종이접기는 누구나 종이 한 장으로 가볍게 즐길 수 있는 취미이자 예술 활동이다. 이 책은 모두 37가지 모델을 다룬다. 쉽게 접할 수 있는 전승 기본형 접기로 시작하는 작품부터 종이접기로 느껴지지 않을 정도로 정교하고 놀라운 작품까지 담고 있다.

물론 멋지고 어려워 보이는 작품 접기에 도전하기 위해서는 쉬운 작품부터 정복하며 차근차근 난이도를 높여 가야 한다. 종이접기를 하다 보면 때로는 쉽게 구할 수 없는 크기의 종이를 준비해야 할 때도 있고, 몇 시간이나 투자를 해도 실패를 거듭할 때도 있다. 이런 상황에 부딪히면 "이렇게까지 해서 종이접기를 해야 하나?"라는 의문이 드는 사람도 있을 것이다.

하지만 일단 완성하고 나면, 그런 어려움이 몇 배의 성취감과 기쁨으로 돌아온다. 잘 이해가 가지 않던 복잡한 과정의 이유를 알게 되면서 상상력과 창의력이 자극받게 된다. 종이접기 작품 자체의 아름다움과 더불어 이런 효과로 여러분은 종이접기의 진정한 매력을 느끼게 될 것이다. 이 책을 통해서 예술적이고 경이롭기까지 한 종이접기 세계에서 새롭고 즐거운 경험을 만끽하기를 기원한다.

감수자 **장용익**
종이접기 작가·그래픽디자이너·한국종이접기협회 창작위원

로버트 랭의
완벽한 종이접기

초판 1쇄 발행 2019년 5월 2일
개정판 2쇄 발행 2025년 11월 17일

지은이 로버트 J. 랭
감 수 장용익
옮긴이 김지원
펴낸이 이범상
펴낸곳 (주)비전비엔피·비전코리아

기획편집 차재호 김승희 김혜경 한윤지 박성아
디자인 김혜림 이민선 인주영
마케팅 이성호 이병준 문세희 이유빈
전자책 김희정 안상희 김낙기
관리 이다정
인쇄 위프린팅

주소 우)04034 서울시 마포구 잔다리로7길 12 (서교동)
전화 02) 338-2411 | **팩스** 02) 338-2413
홈페이지 www.visionbp.co.kr
인스타그램 www.instagram.com/visionbnp
이메일 visioncorea@naver.com
원고투고 editor@visionbp.co.kr

등록번호 제313-2005-224호
ISBN 978-89-6322-213-4 13630

· 값은 뒤표지에 있습니다.
· 잘못된 책은 구입하신 서점에서 바꿔드립니다.